JN125536

日韓関係の
あるべき姿

垂直関係から水平関係へ

編著 **鞠重鎬**

木宮正史

箱田哲也

小倉紀蔵

南　基正

黄　仙惠

明石書店

プロローグ

尹　喜粲　（駐横浜大韓民国総領事館総領事）
　　ユン　　ヒチャン

　本書のプロローグを記すことになり嬉しい限りです。まず、私がプロローグを担当することになったきっかけについて申し上げたいと思います。2021年10月22日、日韓（韓日）の課題解決を模索するシンポジウムが、駐横浜大韓民国総領事館主催、横浜市立大学地域貢献センターやソウル大学日本研究所など16団体の共催で行われました。そのシンポジウムのテーマが、「日韓関係のあるべき姿」でありました。本書は、同シンポジウムで行われたご講演や討論を一部活かしたものでもあります。そのシンポジウムにおいて、僭越ながら、私が開会の挨拶を述べさせていただいたことが良いご縁につながり、プロローグを執筆させていただくことになりました。

　昨今、日韓関係がそれほど芳しくなく、「嫌韓」や「反日」など感情のむき出しも見受けられますが、多くの方々の底流には関係改善を求める声も潜んでいることも察知しております。日韓関係のどこに何の問題があり、どう改善するかと言いましても、実に多岐に分かれ数多くの分野が含まれます。当然のことながら、上記のシンポジウムで取り上げられたテーマだけではないわけで、かつ一冊の書物にも収まることでもないでしょう。ところが、幾つかの重要なトピックを対象に問題提起を行い、その認識を深めることは非常に意味深く、書物出版としての発信は、大変意味深い作業であると考えております。

　日韓両国は1965年の国交正常化以降、葛藤や困難もありましたが、政治・安保・経済・文化など様々な分野において緊密な協力関係を発展させてきました。最近の日韓関係の悪化は、政府間の問題に限らず、政治・経済・歴史・安保などにも悪影響を与えているところです。また総領事として活発に行ってきた両国の民間交流も冷え込み、長期化されてきたことは残念でなりません。その冷え込みは、両国が共有して来た民主主義と市場経済という価値観を活かし

3

ていないことでもあるでしょう。上記のシンポジウムは、両国が相互の価値観を活かすための一石の波紋だったかもしれません。

　その一石の波紋に加え、本書の出版が二・三・四石の波紋と化し、それが契機となり、両国の関係改善に向かうことを切に望みます。率直に申しまして、私としては、本書で取り扱っている経済・政治・哲学・歴史・文化・考え方などに関し、具体的な中身までに踏み込みコメントする自信はありません。本書の中身の紹介については、このプロローグに続く鞠重鎬先生による「編者のことば」に委ねたいと思います。鞠先生は同シンポジウムの企画も担当されたこともあり、大変お世話になっております。この場を借り感謝の意を表します。

　日本・韓国を含む東アジアは、米中競争時代の到来と全人類を襲ったコロナ禍が相まって、かつてない経験をしているところです。そのさなか、ロシアによるウクライナ侵攻もあり、世界は未曾有の国際秩序の変動の中にいるような気がいたします。このような変化のうねりが長期化し、不安定、不平等、不可測を特徴とするニュー・ノーマルが個人の日常生活から国際秩序まで混乱を招くのではないか、という心配もあります。そのような混乱の中、東アジアの中心国家としての日韓が、感情をあおることなく真の協力関係を築いていくことを願いながら、プロローグに代えさせていただきたいと思います。

日韓関係のあるべき姿

―垂直関係から水平関係へ―

目次

鞠　重鎬　（横浜市立大学）

　日韓関係が良くないと言われるが、それはいつの時期を切り取ったかによっ て異なる判定である。一喜一憂の「良い」と「良くない」に囚われるよりは、 各自の持ち味の潜在能力を発揮し、それぞれの発展につなげていくことが肝心 であろう。その際、否定的な言葉に縛られるのではなく、主体的な当事者意識 を踏まえ、「良いところ」や「強いところ」をどうやって伸ばしていくかが一 層の進展を成し遂げることになる。真の良さと強さを発揮するには、「彼を知 り己を知る」こと、つまり、相手と自分の優劣長短を把握することが大切であ ろう。

　相互間の特徴の差を観察し、自分とは違う能力に気付くとするならば、それ を謙虚に受け入れたり活用したりしながら、自分の才能をさらに引き出すスタ ンスが望まれる。日韓それぞれの自国民の中にも、個性豊かで優れた能力の持 ち主がいて、国内だけで補い合うことも十分考えられる。ところが、より「広 い視野と深い知見」を得るには、開かれた視点に立った多様性の確保が求めら れる。その一つの方法が、日本としては韓国の、韓国としては日本の、秀でた 特徴を活かす戦略である。地理的に最も近く、外見は似ているが互いに相当異 なる特徴を帯びる両国民として、相互活用のやり方は、所得の増加だけでなく 生活の質も高めてくれるだろう。

　国際貿易の基本理論の一つに、「比較優位」という概念がある。国同士がそ れぞれの長所を発揮し生み出した生産物を、相手と交易することが生活水準を より豊かにしてくれる、というのが比較優位理論の要のメッセージと言える。 たとえ自国が相手国よりも、複数の分野で優れているとしても、自前主義で全 てを抱え込むよりは、自分にとってより得意な領域を担当し、そこから創り出 した生産物や成果物を取引した方が良い結果をもたらす。相互の長所を活かす

9

方法とも言える。そのためには、自分と相手がどのような特徴を備えているか知り合う必要があろう。

　本書には、日韓それぞれがものごとにどのようなやり方で臨むのか、どういう類似点と相違点があるのかが盛り沢山含まれている。本書では、日韓の経済パフォーマンスの比較と日本経済の低迷の原因（第1章）、韓国大統領選挙と政治（第2章）、近隣外交（第3章）、日韓哲学（第4章）、従軍慰安婦問題と政治的責任（第5章）、文化交流とコンテンツ（第6章）、日韓の考え方の比較（第7章）、日韓の認識の差（第8章）を取り上げ、日韓関係と絡んで議論している。より詳しい各章の概要については、第1章の末尾にまとめているが、ここで本書のイメージをつかむために各章の粗筋を提示しておきたい。

　日本の高度経済成長が終わる1973年には、韓国よりも10倍近く高かった日本の所得水準は、今や韓国とほぼ同じ水準になった。物価水準を考慮に入れた購買力平価で見た所得水準では、2018年から韓国がむしろ日本より高くなった。第1章では、このような経済面における日韓間の対称的または水平的関係を示す。それとともに、なぜ日本経済が低迷することになったのかについて、産業政策、財政政策、金融政策の面に分けて述べた後、日韓関係の改善が日本の閉塞感からの脱出や日韓経済の活性化にも役立つことを指摘する。

　第2章では、第20代韓国大統領選挙と外交政策における日韓の政策協調について取り上げる。第20代韓国大統領選挙において、保守野党の尹錫悦候補が進歩リベラル候補を抑えて当選した原因を探る。その上で、1965年の「完全かつ最終的な解決」という日韓請求権協定の合意も尊重し得るような妙案を尹政権がひねり出し、日本政府の協力を求めることが、外交政策における日韓の政策協調を進めるための条件となることについて議論する。

　かつて多くの分野で垂直的に推移してきた日韓関係が、いまや水平化しつつある構造的変化が起きている。他方、現在の日韓関係の厳しい状況は、多分に人為的に生み出されたといっても過言ではない。第3章では、安倍晋三元首相と文在寅前大統領を取り上げる。二人は国内のナショナリズムをあおったことで、日韓関係の外交は大きくマイナスに働いた。政治による「無知」と「悪意」に彩られた事実関係を踏まえつつ、その惨状をいかに打開すべきかを考える。

　第4章では、戦後（解放後）日本と韓国が、「日韓モデル」ともいうべき和解と繁栄と平和のプロセスを築いてきたという考えを示し、互いに自制する高度に知的で創造的な二国間関係であり続けてきたことに着目する。「日韓モデル」とは、ほうっておくと破綻と相互憎悪と暴力の関係に陥るデフォルト（初期設定）状態を、日韓がマネージメントしてきたことを戦後（解放後）の両国関係の本質と見るモデルである。つまり、破綻と相互憎悪と暴力の関係に陥らなかったこと自体が価値を保ち、その価値の実現のために多数で多様なアクターが多方面で、自らを変化させ続けながら努力してきたその現実を直視しなくてはならない。

　「従軍慰安婦」問題を取り上げる第5章では、その問題解決の中心が「事実認定、謝罪反省、法的賠償」から「真相究明、記憶継承、歴史教育」に移っていることや被害・生存者なき時代の被害者中心主義は政治的責任となり、その課題は「記憶後の世界の被害者記憶」の構成と継承であることを指摘する。それに加え、国際社会の勧告を反映し、「未来に開かれた形」の解決を図りながら、「2015年合意」の意味確認、両国政府による日本政府提供の10億円の処理交渉の開始、今後の措置の講究、という慰安婦問題の解決策が提案される。

　第6章は、日韓文化交流の架け橋としての「コンテンツ」について述べる。共に泣き笑いながら共感と感動を覚える交流の実践が、文化コンテンツを介した活動であり、世界では「韓流」という文化現象が起きている。日本における韓流は、2003年の『冬のソナタ』から始まったと言うが、一時的な「ブーム」にとどまらずその勢いは今も続き、「越境する文化交流」として役割を果たしてきた。これらについて議論した後、ジャンル、市場、消費者のニーズによって変貌していく韓国コンテンツビジネスを展望し、コンテンツビジネスの現場の声もベースにした日韓文化交流の有り様を描き出す。

　第7章では、「ストックの日本 VS. フローの韓国」「アナログの日本 VS. デジタルの韓国」「狭く深くの日本 VS. 広く浅くの韓国」という3つの軸を提示し、日韓の考え方を比較する。これらの3つの軸は、筆者が長年にわたる日韓社会の観察から導き出したものである。その3つの軸について議論した後、互いに違う特徴を帯びる日本と韓国が、どのような関係を目指したら良いかについて、「ストック感性とフロー感性の兼備、アナログとデジタルの調和、広く

深くの追求」を提案する。

　最後の第8章では、日韓の認識の差と日韓関係について、一市民の立場から見た見解を披歴している。まず、両国の認識の差については、歴史的背景、歴史教育、価値観の差を取り上げ、擦れ違う見方を浮き彫りにする。次に、日韓関係については、安倍・菅政権、岸田政権の韓国への見方について述べた後、米中対立やロシアのウクライナ侵攻という国際情勢の変化を勘案した日韓関係のあり方を探っている。さらに、タテ社会の色合いを持ち技術蓄積の多い日本（J）のタテ糸と、ヨコへあっちこっち広げようとする韓国（K）のヨコ糸を編み合った「JK網」という相互活用戦略または戦略的協調関係の構築を提案する。それに加え、第8章の最後では、各章からの提言をまとめている。

　本書の執筆には6名の執筆者が参加し、経済・政治・外交・社会・文化の各分野にかかわる日韓関係を取り扱っている。多様な分野を扱いながらも日韓それぞれのものごとへの処し方を究明し、その議論をどのように活かすかの思考が込められていることは共通であると言えよう。本書では日韓関係をどう保っていくのが良いかの提言も忘れていない。それぞれに渡るより具体的な提言については第8章の末尾に委ねることになるが、各々の提言句を簡略に記すと以下の通りである。

　つまり、その提言句は、日韓経済の活性化や日本の閉塞感からの脱出のためにも両国関係の改善が求められること（第1章）、日韓の共通利益の存在を認識しそうした利益の実現に向け両国が知恵を出し合うこと（第2章）、日韓が等身大の隣国を冷徹に「知る」作業から「何をやってはならないか」を考えること（第3章）、日韓が苦痛に満ち和解と繁栄と平和の道としてつくりあげた「日韓モデル」を今後も歩み続けるしかないこと（第4章）、従軍慰安婦問題が「真相究明、記憶継承、歴史教育」に移っていることを鑑み「未来に開かれた形」の解決を図ること（第5章）、「共に考え・創り・伝え続ける」という3つを実践し日韓のコンテンツ交流を進めること（第6章）、日韓相互の特徴を活した「ストック感性とフロー感性の兼備、アナログとデジタルの調和、広く深くの追求」（第7章）、日韓の歴史的背景の違いによる認識の差を承知し上述した「JK網」という相互活用戦略を駆使すること（第8章）である。

　本書を企画するきっかけとなったのは、2021年10月22日「日韓関係のあ

るべき姿」をテーマに開かれた「日韓の課題解決を模索するシンポジウム」である。とはいえ、本書は、シンポジウムのテープ起こしを単に文書化したものではない。8つの章立てになっている本書構成のうち、2つの章（第3章と第4章）が同シンポの講演をベースとしたものであるが、それ以外の6つの章はシンポジウム以降に新たな企画のもと加わった。多岐にわたる日韓関係を取り扱う一つの書物として、その体系が整うよう、再三の心血を注いだつもりである。

　執筆を担当してくださった方々は、それぞれの分野で造詣の深い方々であるという自負がある。執筆者として承諾してくださった、木宮正史、箱田哲也、小倉紀蔵、南基正、黄仙惠の各先生方に感謝の意を表したい。以上の執筆者の方々の他にも、上記のシンポジウムにて開会の挨拶をしてくださった駐横浜大韓民国総領事館の尹喜粲総領事がプロローグを、閉会の挨拶を担っていただいた横浜市立大学の小山内いづ美理事長がエピローグを書いて下さり、本書に花を添えることができた。尹総領事と小山内理事長にも感謝の言葉をお送りする次第である。以上の方々と編者の紹介は本書の末尾に載せている。

　スマホの普及とともに間近に目にする情報が溢れる時代と相俟って、残念なことに出版市場があまり奮わない感じである。良書の出版にも助成金が必要な昨今になったような気がしてならない。本書の出版にも駐横浜大韓民国総領事館と横浜市立大学学術研究会から助成金を頂き、出版にまでたどり着くことができた。同総領事館の尹総領事を始め、金成連副総領事、李恩娅専門官に、また横浜市立大学学術研究会の安川文朗運営委員長、中谷崇編集委員長、松井真喜子事務方にお礼を申し上げたい。最後に本書の刊行に関しては明石書店の安田伸取締役編集部長及び今枝宏光様に、刊行作業への素早い対応から完成に至るまできめ細かに配慮していただいた。大変お世話になり深く感謝している。

2022年8月吉日

鞠重鎬

第1章

日本経済の停滞と日韓関係の諸問題

鞠　重鎬　（横浜市立大学）

1．韓国に追い越された日本の所得水準

　日本は幕末、西洋に力の差を見せつけられた。明治維新後、西洋に「追いつき追い越せ！」とし、近代化を成し遂げ所得水準は著しく増加した。戦後、韓国は日本を「追いつき追い越せ！」と、速いスピードで経済成長を成して来た。伝統的な知識・技術・資本の蓄積（ストック）において、日本は韓国をはるかに上回る。とはいえ、購買力平価で表した所得（一人当たり国内総生産）や賃金水準は、最近になって韓国に追い越されるようになった。

　所得水準が豊かさを測る唯一の尺度ではないが、所得や賃金水準は豊かさを示す代表的な物差しである。ある対象となるもの（例えば、所得、消費など）が一定期間（例えば、1年間）の変化分がどの程度なのか（例えば、所得をいくら稼いだか）を測ったものがフローである。マクロ経済において所得や消費はフロー変数の代表的な例である。

　戦後、所得水準が非常に低く極貧状況に陥っていた韓国は、高い経済成長を成し遂げ、1996年経済協力開発機構（OECD）メンバー国になり、先進国入りを果たした。2018年からは購買力で表した一人当たり国内総生産（GDP）水準において、韓国が日本を上回るようになった。所得増加のスピードが日本よりも速かったことを物語る。韓国が日本をキャッチアップしてきたことからすると、韓国の所得水準が日本よりも高くなったことは、大きな出来事であり隔世の感がある。

　世界銀行（The World Bank）の「世界発展指標」（World Development Indicators）のドル建て一人当たり名目 GDP データに基づき、日韓の所得水準を比較して

みよう。戦後日韓の間に所得水準の差が最も開いたのは、日本の高度成長が終わりを告げる 1973 年である。1973 年の所得水準（一人当たり GDP）を比較すると、日本は 3,998 ドルで韓国の 407 ドルよりも 10 倍近く（9.8 倍）高かった。1973 年以降、日韓の所得水準の差は縮小に転じて来た。韓国の高度経済成長の期間が日本よりも長かったからである。戦後日本の高度経済成長の期間は 1950 年代から 1973 年までであるが、韓国の高度経済成長期は 1963 年から 1997 年までであり、日本に比べおよそ二倍の期間に及ぶ。

日本は 1960 年代池田勇人内閣における「所属倍増計画」の時期を経て、第一次オイルショックが起きた 1973 年まで高度経済成長を謳歌した。ところが、1991 年バブル経済がはじけてから、日本経済は成長の止まった「成長喪失期」が続いている。通常の（購買力平価でない）一人当たり名目 GDP で表した所得水準は、2021 年日本が 3 万 9,340 ドル、韓国が 3 万 4,801 ドルで、まだ日本が韓国よりも高い水準であるものの、その差は 1.1 倍に過ぎない（IMF 統計）。この一人当たり名目 GDP も何年も経たないうちに、韓国が日本を上回ることになると考えられる。

物価水準を考慮し、同じお金でどれ位モノやサービスを購入できるかを表す指標が、購買力平価（purchasing power parity: PPP）である。より明確に言うと、購買力平価とは、物価水準を考慮し財・サービスを購入する能力を表す指標であり、国家間の所得や賃金水準を比較する際によく用いられる。**図 1-1** のグラフをご覧いただきたい。

図 1-1 は一人当たり GDP を用いて、1990 年以降購買力平価で見たドル建ての日韓の所得水準の推移を示したものである。**図 1-1** に見るように、1990 年の所得水準は、日本（1 万 9,973 ドル）が韓国（8,355 ドル）に比べ 2.4 も高かった。その後韓国が日本に追いつき、ついに 2018 年からは日本（4 万 2,202 ドル）よりも韓国（4 万 3,044 ドル）の方が高くなる。2020 年には日本（4 万 2,390 ドル）が韓国（4 万 5,226 ドル）の 0.9 倍を記録しその差が開いている。つまり 2020 年時点で日本の所得水準は韓国よりも 10% 低くなっている。今後も、韓国の所得水準の増加スピードは日本よりも速く、さらに差をあけていくと思われる。

日韓の所得水準がほぼ同じ水準となったことが、日韓関係にも影響を及ぼし

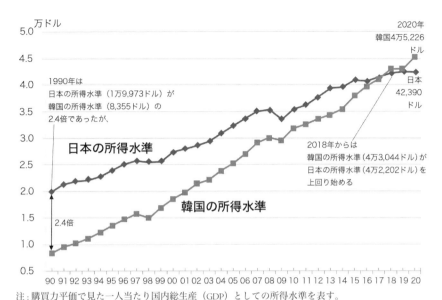

注：購買力平価で見た一人当たり国内総生産（GDP）としての所得水準を表す。
出所：The World Bank, *World Development Indicators*（https://data.worldbank.org/indicator/NY.GDP.
PCAP.PP.CD?locations=JP）。2022 年 5 月 27 日最終閲覧。

図 1-1　日本と韓国の所得水準の比較

ている。所得水準の面から見たとき、以前は日本の所得水準が韓国よりもはる
かに高かったという意味で「非対称的な」または「垂直的な」関係であったと
言える。今はほぼ同程度の所得水準という意味で「対称的な」または「水平的
な」関係となった。所得水準において対称的になったことが、過去の非対称的
な位置付けで築かれていた出来事やものごとへの修正を迫り、両国間の向き合
い方を難しくしている。多様な方面で「非対称」から「対称」関係へと変容し
たという日韓関係については、木宮正史『日韓関係史』（岩波書店、2021）に
詳しく述べてあるが、本書の第 2 章でも簡略に触れている。

　本章では経済と関連した日韓関係について扱うが、第 2 章からは経済面以
外も取り上げる。本章の前半では、バブル崩壊後における日本経済低迷の位置
付け、成長喪失期 30 年の期間を対象とした政策評価、日本経済の展望と課題、
及び日韓関係の改善は両国経済の活性化につながる一つの方法でもあることに
ついて述べる。後半では本書の概要をまとめる形として、第 1 章から第 8 章（終
章）までの日韓関係の諸問題について紹介する。日韓関係にかかわる本書から

の提言については、第8章の末尾に提示している。

2．日本経済の位置付けの低迷

1）名目GDPと賃金水準からの検証

　第3章の箱田哲也の議論にも一部載っているが、朝日新聞は2021年10月20日から26日にかけて、「日本経済の現在値」というテーマで特集を組んだことがある。その特集では、1990年から2020年までの30年間を対象に、主要国の経済変数を比較しながら、日本経済の低迷について警鐘を鳴らす。その朝日新聞の特集や、国際通貨基金（IMF）、経済協力開発機構（OECD）などの国際機関のデータも参照しながら、以下では、日本経済の立ち位置を明らかにしていきたい。

　まず、名目GDP（国内総生産）を用いた日本経済のパフォーマンスを見てみよう。**図1-2**は、日本経済がバブル経済崩壊直前である1990年の名目GDPの値を100とした時、日本と韓国を含む主要国の名目GDPがどのようなトレンドになっているかを比較したものである。朝日新聞の図の作製においては、

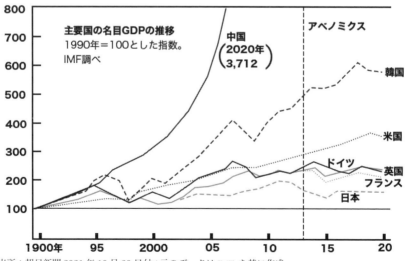

出所：朝日新聞2021年10月20日付（元のデータはIMF）を基に作成。

図1-2　主要各国におけるGDPの成長指数比較

国際通貨基金（IMF）の資料が基になっている。**図 1-2** に基づくと、主要国の名目 GDP の成長指数の推移が一目瞭然に比較できる。

　1990 年から 2020 年に至るまでの 30 年間の名目 GDP を見ると、1990 年の水準に比べ、中国はおよそ 37 倍、韓国は約 6 倍、アメリカは約 4 倍も増加したのに対し、日本は約 1.5 倍の増加にとどまっている。この名目 GDP の実績からしても、他の主要国に比べ日本経済の停滞が際立つことがわかる。1991 年のバブル崩壊から 2020 年までの 30 年の期間を、「成長喪失期」と呼ぶことができよう。日本の経済停滞は今後もしばらく続くかもしれない。日本は他の主要国に比べ、付加価値の高いデジタル分野に大きく立ち遅れていることが主な要因と言えよう。

　図を用いて示してはいないが、主要国の平均賃金指数を比較してみても、日本の賃金水準の停滞が読み取れる。経済協力開発機構（OECD）のデータに基づくと、1990 年の平均賃金を 100 としたとき、1990 年から 2020 年までの 30 年間の平均賃金は、韓国が 2 倍近く（1.9 倍）増加し、アメリカが約 1.5 倍（47.7％）増加したのに対し、日本はこの 30 年間 4.4％増にとどまり、ほぼ横ばいとなっている。

　具体的に日韓の平均賃金（年収）の大きさを比較すると、2015 年から日本は韓国に追い抜かれている。OECD の購買力平価で見た平均賃金データによると、2020 年日本の平均賃金は 424 万円である（1 ドル =100 円にして計算）。それに対し、韓国は日本よりも 38 万円多い 462 万円を記録する。今後も平均賃金（年収）は韓国が日本よりも高い水準を保つと考えられる。ちなみに、アメリカは 763 万円であり日本の 1.8 倍に達している。韓国の賃金水準が日本を追い越したことは、韓国の家計の平均生活水準が日本よりも高くなったことを意味する。

　韓国の所得や賃金水準が日本よりも高くなったからといって、それが直ちに、韓国が日本よりも社会への満足度が高いとは一概に言えない。所得不平等度は韓国が日本よりも高いからだ。所得水準が同じであるとするならば、所得不平等度の高い社会が、それの低い社会よりも社会への満足度は低い。同じ所得水準であっても、富や所得が少数の高所得層に集中していると、言い換えれば、格差社会が格段に進んでいると、相対的剥奪感に陥りやすく生活への満足度も

落ちることになる。人々の満足度（幸福度または厚生水準）は、所得水準だけでなく、富の蓄積の程度、所得不平等度、また経済以外の文化的要因にも依存する。これらの要因も取り入れると、韓国の所得水準は高くなったものの、韓国が日本よりも社会への満足度は低いことも十分あり得る。

　実際、韓国の所得の不平等度は日本よりも高く、富の蓄積（ストック）も少ないのが現状である。さらに社会全般の専門分野における知識や、アナログ伝統産業の技術蓄積においても、日本が韓国よりもはるかに多いのが現状である。注意すべきは、多額の富や様々な技術の蓄積を抱えていることと、それが有効に活用されているかどうかとは別の話であることである。日本には活用されず眠っている「宝の持ち腐れ」も多いからだ。

２）製造業生産性の弱体化
　冒頭に述べたように、1973 年には、日本の所得水準が韓国よりも 10 倍近く（9.8 倍）高かった。それがなぜ今は韓国に追い越されるようになったのだろうか。その理由は、両国の産業構造と密接にかかわる。日本は素材・部品・機械・装備分野などのアナログ性の高い産業や手描きのアニメーションなどに強みを持つ。日本に比べ韓国はデジタル分野に強みがあり、デジタル化の進展に伴いその付加価値が大きく伸びた。そのことが、韓国が日本に追いつき追い越した大きな要因であったと言える。

　韓国が日本よりもデジタル分野で相当進んでいるとはいえ、アナログ性の伝統・技術の蓄積は、日本が韓国よりもはるかに多い。実態をより正確に言うならば、日本のアナログ産業の価値が下がったというよりも、デジタル化の急速な進展とともに、アナログ分野の価値が相対的に縮小し、半導体や情報通信技術（ICT）を始めとするデジタル産業の付加価値が大幅に伸びるようになったということである。NEC や東芝などに教えを乞い、成長しはじめた韓国のサムスン電子の売上げは、今や日本の電子企業の全売上げ総額よりも大きくなった。韓国のデジタル企業の実績が、日本をはるかに上回ることになった象徴でもある。

　上記に、デジタル産業において日本よりも強みを発揮してきたことが、韓国の所得水準が日本を追い抜いた主な要因と述べたが、それは日韓の考え方の特

微の差にも深くかかわる。第 7 章では、日韓の考え方の特徴を表す一つの軸として、「アナログの日本 vs. デジタルの韓国」を挙げている。憂慮されるのは、近年日本企業のアナログ技術を含む全体的な生産性が弱まっていることである。お家芸と言われてきた製造業の生産性さえも、主要国の中で日本の順位低下が見られる。

　日本労働生産性本部のデータによると、日本企業に強みのあった「製造業」の生産性（就業者一人当たり付加価値額）の順位は、1990 年には主要 37 カ国中 1 位だったが、2018 年には 16 位にまで低下する。一人当たりの「労働」生産性は、2019 年 37 カ国中 26 位を占めており、主要 7 カ国（G7）の中で 1993 年以降最下位になっている。このように、労働生産性の低迷も日本経済の成長を遅らせる要因となっている。

　コロナ禍によって日米企業の明暗が分かれた。情報技術（IT：information technology）を駆使したアメリカの企業はその業績を伸ばし、企業価値を大幅に増大させてきたが、日本企業の価値は相対的に大幅に下落した。ここで「相対的に」と言ったのは、たとえ日本企業の実績が上がったとしても、世界の大手企業は日本企業の実績をはるかに超える伸張を成し遂げたという意味が込められている。**表 1-1** は、11 位まで世界主要企業の時価総額ランキングとともに、サムスン電子とトヨタ自動車の時価総額とその順位を示したものである。

表 1-1 に見るように、時価総額（＝発行済み株式数×株価）で測った企業価値を見たとき、世界トップ 10 に日本企業は一社も入っていない。2022 年 1 月の時点で世界トップ 10 には、アメリカの情報技術（IT）企

表 1-1　世界主要企業の時価総額ランキング

順位	企業	国	時価総額
1	アップル	米国	2.8 兆ドル
2	マイクロソフト	米国	2.3 兆ドル
3	サウジアラムコ	サウジアラビア	1.8 兆ドル
4	アルファベット	米国	1.8 兆ドル
5	アマゾン	米国	1.6 兆ドル
6	テスラ(EV メーカー)	米国	1.0 兆ドル
7	メタ(旧フェイスブック)	米国	0.9 兆ドル
8	バークシャー・ハサウェイ	米国	0.7 兆ドル
9	エヌビディア	米国	0.6 兆ドル
10	TSMC	台湾	0.5 兆ドル
11	テンセント	中国	0.5 兆ドル
16	サムスン電子	韓国	0.4 兆ドル
29	トヨタ自動車	日本	0.3 兆ドル

注：「時価総額＝発行済み株式数×株価」で、2022 年 1 月 7 日時点の値である。
出所：朝日新聞（2022 年 1 月 11 日付）を基に作成。

業6社も入る。その6社は、1位アップル、2位マイクロソフト、4位アルファベット（グーグルの親会社）、5位アマゾン、7位メタ（旧フェイスブック）、9位エヌビディア（半導体大手）である。それに米国企業の電気自動車（EV）大手のテスラが6位、投資会社のバークシャー・ハサウェイが8位に入っている。このことから、日米の企業価値の差は歴然と現われていることがわかる。

　表1-1の下にはサムスン電子とトヨタ自動車も載せている。日本はトヨタ自動車の29位が最高である。時価総額からして、アップル（2.8兆ドル）はトヨタ自動車（0.3兆ドル）の10倍近く（9.3倍）に上る。トヨタ自動車の時価総額は、台湾のTSMC（半導体製造大手）の10位、中国のテンセントの11位、韓国のサムスン電子の16位よりも下位に位置する。今後EVはIT技術を存分に用いるように変わるだろう。遠くないうちにEVが主流になる時代が到来することが予想される。そのことを勘案すると、トヨタ自動車のEV化がテスラを始めとする他国のEV会社より遅れることになるとしたら、トヨタ社の時価総額ランキングはさらに下落するかもしれない。

3．政策評価から見た日本経済低迷の要因

　日本が1970年代高い経済成長を経て1980年代後半のバブル経済期に至ると、「トップとしての日本」という言葉が出るほど世界が日本を注目していた。例えば、エズラ・ヴォーゲル『ジャパン・アズ・ナンバーワン』（広中和歌子・木本彰子訳、CCCメディアハウス、1979）では、日本の高度成長の要因として、日本的経営、日本人の高い学習意欲、日本特有の社会・経済制度に注目していた。ところが、脚光を浴びていた1980年代が去り、1991年にバブル経済が崩壊すると、経済実績は見すぼらしくなった。

　バブル崩壊後から今まで、日本の立ち位置は「失われた（成長喪失期の）30年」と言われるほど大きく失墜した。経済政策が功を奏さず閉塞感に陥っていて足踏み状態に置かれているような感じである。以下では、成長喪失期30年にかかわる政策評価を、①産業政策、②財政政策、③金融政策の面に分けて試み、政策評価から見た日本経済低迷の原因を探りたい。本節の最後には、日韓関係の改善が、閉塞感や低迷からの脱出や両国経済の活性化に役立つ一つの方法で

もあることを添えている。

1）産業政策

　まず、産業政策に露呈した閉鎖性の問題が挙げられる。日本企業は集団（または組織）内に定められた規則の下で協業するアナログ産業、例えば、自動車製造を始め素材・部品・装備産業において強みを発揮してきた。日本の政策当局も技術流出を憂慮するあまり、閉鎖的な産業政策を展開し、企業の行動もそれに応じていた。その典型的な例がかつて液晶テレビで世界を席巻していたシャープである。シャープは三重県亀山市に工場を閉鎖的に構え、「メイドイン亀山」という製品で勝負しようとした。それに対し、韓国・台湾・中国などの電子企業は、世界から進んだ技術を取り入れる戦略に出た。内向きだったシャープは世界を見据えた戦略に負け、結局衰退し台湾企業に吸収された。

　日本の他のデジタル企業も韓国・台湾・中国に遅れを取り、その格差はさらに広がってしまった。デジタル企業の基盤沈下は、日本の内向きの閉鎖的モデルに比べ、外部との意思疎通を図った開放的モデルが、より大きな成果を創り出してきたことを物語る。経済産業省などの政策当局も、デジタル化潮流への迅速な対応には至らなかった。世界を巻き込んだオープンな政策に転ずるよりも、日本の技術が流出されないよう守ることに力点が置かれていた。日本が内部固めに走り足踏みの現状維持をしている間、他の国の企業に先を越された格好であった。

　昨今、グローバル化とデジタル化が進み、世界の流れが急速に変わってきた。米中対立やロシアのウクライナ侵攻は、企業の技術と国の安保とを絡める経済安保を前面に出すことへ拍車をかけている。中国やロシアは、民主主義・市場経済とは違う政策運営や政権交代のやり方が取られていることもあり、その政治経済がどのように展開するかを予測するのは難しい。米中対立やロシアのウクライナ侵攻後、民主主義・市場経済の国々が、中国とロシアを牽制する動きが加速しているが、市場経済の国々同士では安保の名目で経済活動を縛ることが望ましいとは言えない。

　韓国の大法院（最高裁判所）の徴用工判決への事実上の報復措置として、安倍政権は韓国を対象に輸出規制強化措置を取ったことがある。ところが、その

ように政治や歴史問題を経済領域にまで巻き込んだことは、日韓関係を悪くしただけでなく、日本経済にも望ましくない結果をもたらしたことが明らかになった。個人や企業間の自由な交流が盛んで、相手を尊重する政策スタンスが日韓経済を活気づける。徴用工問題と輸出規制強化措置の経緯などについては第3章に詳しく述べている。

2）財政政策

　次に、財政政策の対応失敗も成長の足かせとなったことである。「福祉元年」と称される1973年、日本では先進的な社会保障制度が整うようになった。当時は、少子高齢化の急速な進行についてはあまり意識しておらず、経済成長率もそれなりに高く保っていくと想定していた。そのような想定の下、日本政府は分厚い給付の社会保障制度を設計したが、あいにく「福祉元年」の直後に高度成長は幕を閉じた。バブル崩壊後に本格化した少子高齢化の進行は、巨額の社会保障財源を必要とさせたが、経済成長率は低く税収も増えなかったため、社会保障関係費を賄うには国債発行に頼らざるを得なかった。

　年金や医療保険などの運用に使われる社会保障財源は、保険料や税収を用いるのが通常である。日本ではその財源が足りなかったため、税収に加え多額の赤字国債を発行して充てることになった。それが国家債務を累増させた最も大きな要因となった。その背景には、設計時に高い成長を見込んで設けられた社会保障制度の下、老年層への給付水準が厚く支給される仕組みを作った政策ミスがあった。それが世代間における受益・負担間の不公平をもたらすとともに、成長を阻害する方向へ働いた。世代間の不公平を是正する（または動学的な最適化を図る）ことも、政府の重要な役割の一つであるが、今日の日本は世代間の不公平が大きいという問題も抱えている。

　国家債務が累増したことは、少子高齢化の影響だけではない。1990年代初頭にバブル経済が崩壊するや、莫大な国債発行に基づく緊急経済対策とか総合経済政策といった大型財政支出・減税政策が行われたが、所得増大への効果は乏しかった。大量の国債発行に基づくその場しのぎの注ぎ込み政策では、景気の低迷から脱することはできないということが判明されたとも言えよう。付加価値の高い情報通信技術（ICT）産業への構造転換を伴う改革の推進ではなく、

利用度の低い道路、展示場、会議場、休養施設の建設など、無駄な公共支出が多かったからである。

　政府支出が増加したとき、国民所得がどれほど増えるかを測る尺度に「政府支出乗数」がある。政府支出乗数とは、国民所得の増加分を政府支出増加分で割ったもので、その値が大きければ大きいほど乗数効果が大きくなる。逆に、乗数効果が低いことは、政府支出の経済成長への寄与度が低く、税収もあまり増えないことを意味する。上述した無駄な公共支出というのは、政府支出による所得増加効果の小さかったこと、つまり、乗数効果の低い非効率的なところに財政資金がふんだんに使われたことに他ならない。そのような無駄遣いも国の借金を増やした一因となった。財政政策の対応失敗が成長喪失をもたらす方向へと尾を引いたわけだ。

3）金融政策

　最後に、「大胆な金融緩和」と言われる「異様な」金融政策の運用である。それは日本銀行が国債を買い入れる「買いオペ」によって通貨量（マネーストック）を増やす量的緩和が主な政策となる。現在の日銀は国債の最大保有者である。2022年3月末の時点で国債の48.2%を日銀が保有している（日本銀行「資金循環統計」）。さらに日銀は、株価下落を防ぐため株式市場に介入し、証券市場における筆頭株主として、ETF（上場投資信託）の買い入れを通じ、資金を供給し円安と低い金利を維持するのに徹している。このような日銀の異例の介入による「官製株価」としての影響が大きくなると、株式市場が実体経済とは離れてしまう恐れがある。

　財政や金融政策は、所得水準、雇用、物価など多岐に渡って影響を及ぼすため、政策効果を簡略にまとめるのは難しいが、結局は所得水準にどのような効果をもたらすかに帰着する。2013年3月より実施されたアベノミクスの所得水準への効果は、「国際的に見たときの日本経済の位置付けの低下」と集約できよう。日本の所得水準をドル換算で表すと、その真の姿が浮き彫りになる。ドル建てで見ると、国際的に占める日本の立ち位置が客観的に現れるからだ。

　確かにアベノミクスの実績として高い求人倍率が挙げられるが、所得水準が高くなったわけではない。ドル建ての一人当たりGDPからすると、日本は第

2次安倍政権発足直前の2012年に4万8,603ドルを記録していた（IMF統計）。それが、同政権が終わる前年の2019年には4万247ドルへと、第2次安倍内閣期間中に8,356ドルも低下している。このようなドル建ての所得水準の低下は、量的緩和による円安が進んだ要因が大きい。アベノミクスの延長線上にあると言える2021年の一人当たりGDPも3万9,340ドルに下落する。円建ての一人当たりGDPがほとんど増加しておらず、ドル建ての一人当たりGDPが大幅に減ったことは、世界の国々との比較から見たとき、日本経済の立ち位置がそれだけ大きく下がったことを意味する。

　日本企業や家計の受け身的態度も経済を足踏みさせた要因である。日本企業は2020年末時点でGDPに匹敵する484.4兆円の内部留保を積み上げている（財務省「法人企業統計」）。内部留保とは法人税や配当を支払った後の利益を指す。企業が内部留保を多く抱えていることは、高収益の投資先を見つけ出していない現れでもある。

　企業だけではない。2021年末の時点で家計金融資産は2,023兆円に上り、そのうち現金・預金が1,092兆円と過半（54％）を占める。2021年3月末の時点で、日本のこの家計金融資産のうち、株式・投資信託が占める比率は14％に過ぎない。それに対し、アメリカは株式・投資信託が51％、ユーロ地域（欧州）は28％の構成となっている。日本企業の内部留保金の多さや家計の現金・預金保有の割合が高いことは、日本企業や個人が挑戦的な投資に消極的であることを浮かび上がらせる。

　資金供給が豊富だが資金需要（つまり、投資）が少ないと、金利（利子率）が下がる動きとなる。実際に日本の金利は0％に近いほど低い。マクロ経済学の基礎理論では、金利が低いと投資が活性化され経済状況が良くなると見るのが定説である。それにもかかわらず、日本企業の冒険的な投資は停滞したままで経済状況も芳しくない。大胆な金融緩和による円安が輸出企業の業績を一時的に改善させた側面はあるものの、産業構造の転換には至っておらず、丈夫な体質になったという兆しは見えないのが現状である。付加価値の高い産業への構造改革が伴わなかったと言えよう。今のままだと、日本経済の成長エンジンがあまり稼働していないことが何よりも懸念される。

4）3つの政策の関連

　上述した産業・財政・金融政策は政策間の相互関連が強く、互いに深くかかわる。例えば、「産業」政策と絡み、自民党政権は農漁村地域を支持基盤とするところも大きいため、地元企業への「財政」援助もやぶさかではない。農漁村地域の高齢化が急激に進展し、一人当たりの福祉財政支出も多くなり、その財源の多くは国債発行によって賄われる。地元産業や福祉への支援の多くが国債発行を財源として行われ、かつ国債発行の大半を日銀が間接的に引き受けるという「金融」政策が支えている格好である。

　日本は国債発行の累積による莫大な国家債務を抱えているため、国債利払い費を減らそうと躍起になっている。国際通貨基金（IMF）の統計によると、日本の国債残高のGDP比は2021年時点で、天井知らずの256.9％に上る。膨大なボリュームの国債にかかわる利払い費を低く抑える方法が、日銀が国債の買い入れ金融緩和を行うことでもあった。今日の日本は、金融緩和という金融政策と国債発行という財政政策とは、切っても切れない結び付きである。利払い費が膨らむと、相対的に教育、公共投資、社会保障のような政策経費への支出が逼迫するようになり、裁量的な財政政策が利かないという「財政硬直性」がさらに進む恐れがある。

　日本の成長喪失期の30年は、「政策の誤謬と民間部門の萎縮がもたらした合作」であったと総括できよう。タテ社会の特性を持つ日本では、組織の頂点と言える国の政策決定に、国民は抵抗できず（あるいは、抵抗せず）に従おうとする傾向が強い。そのため、失敗した政府政策に対し、国民の牽制は弱くて済む嫌いがある。典型的な例として、いわゆるアベノマスクの配布政策が挙げられる。同マスクの製作・配布・保管などに、政府予算の無駄使いや非効率性が随所に現れたが、その責任追及や効率性の高いところへの軌道修正はできないでいた。

　以上の日本の政策運用は、「閉鎖的な政策実施が行われるとき、批判的な牽制力が働かないと経済は停滞する」ことを如実に示したともいえよう。開かれた考え方と間違ったことへの牽制力が、堅実な社会を作り上げる。オープンな視点に立ち、他国の良いところを受け入れ活用し、自国の足りないところを補うことが賢明な方法であろう。悪い仕来りにこじれ閉塞感が漂うとき、その閉

塞感を打破し真の発展を進める方法が、新しい横風を入れるやり方である。日韓関係の改善によって韓国のダイナミズムを横風として取り入れ、日本の蓄積された知識・資本・技術を活用するやり方は、韓国経済にも便益をもたらし日本経済の活性化にもつながる。

４．日本経済の課題と展望

　今後、日本経済が足踏み状態または停滞から抜け出すかどうかについて、マクロとミクロ経済の政策面から、大まかに以下のことが指摘できよう。マクロ面からは「出口戦略」が成功するか否かであり、ミクロ面からは「デジタル化」の波に上手く対応できるかどうかである。これらを踏まえ日本経済の課題と展望について述べよう。

１）出口戦略が成功するか

　まず、「出口戦略」が成功するか否かが、日本経済に重要な転機になると考えられる。出口戦略とは、今の大胆な金融政策緩和から抜け出し、正常な金融政策に戻すことを意味する。正常ではない現今の金融政策が続くことになると、いずれ破綻しかねない。自国通貨（すなわち、円貨）のたが外れの増加は、自国通貨への国際的な信用失墜をもたらすからである。それを勘案すると、国債や株式を買い入れる（つまり、買いオペを行う）金融緩和を際限なく継続することは、長期的に日本経済の健全な発展を阻害する。国家債務の縮小と金融引き締めに絡む「出口戦略」と経済構造改革が、今後日本の経済政策展開のカギとなろう。

　大胆な金融緩和は、国債の買い入れ（買いオペ）という形で国家財政と密接な関係を持ちつつ行われてきた。出口戦略はその逆の金融引き締めであるため、国家債務残高をどのように減らしていくかと直結する。金融引き締めを行うと出回る貨幣量が少なくなり、金利（利子率）を上げる方向へ働く。利子率が上がると、膨大な国債残高を抱える日本政府として、国債の利払い費が膨らんでしまい財政を圧迫することになる。通常、歳出総額に制限があるため、国債の利払い費が膨らむことは、それだけ教育や公共事業支出など裁量的支出への余

裕がなくなるからである。出口戦略の実施が「財政硬直化」を生じさせかねなくなるわけだ。

　正常な経済政策運営に戻るには、利子率の機能が上手く働く（または政策変数として利子率が機能する）ことが求められる。現在日本は利子率が 0％に近く、投資コストがほとんどかからない状況が続いている。それにもかかわらず、日本企業が投資をためらっているのは、リスク回避性向が高いことを物語る。利子率ゼロの状況下でも投資をためらっているところで、利子率が上がるとしたら、さらに投資を控えてしまうことを政策当局は恐れているかもしれない。政府の正常でない金融緩和政策と相俟って、日本企業の内向き行動も経済成長への期待を削いでいる。

　黒田東彦日銀総裁はアベノミクス実施を機に、2013 年から大胆な金融緩和政策を支えてきた。黒田の任期は 2023 年 4 月に終わる。それを鑑みると、金融緩和政策の基調は彼の任期中は維持され、出口戦略もそれまで遅れることになると予想される。つまり、黒田総裁の退任後出口戦略の取り組みに直面すると思われるが、その戦略の操縦が上手く利かないと、日本経済は今よりももっと厳しい局面を迎えるかもしれない。

　出口戦略がさらに先延ばしされる可能性も出てきている。2022 年 5 月 31 日岸田文雄政府の「新しい資本主義実現会議」が取りまとめた実行計画案において、「大胆な金融政策」などのアベノミクスの枠組みを堅持することが謳われているからだ。岸田政権では「新しい資本主義」を掲げ、経済状況の厳しい家計を対象に支援を増やす、という分配政策を強調していたが、同実行計画案では分配よりも成長を促す色合いが強くなった（実際に成長につながるかどうかは別にしても）。分配政策であれ成長戦略であれ、その政策に必要な財源は借金に頼らざるを得ないのが今の財政状況である。

　岸田政権は、「分配と成長の好循環」を打ち出しているが、その実現は至難の業でもある。経済理論上、分配と成長とは逆の方向に動きやすいという相反関係（trade-off）があるからだ。上記の実現計画案と同じ日に出された日本政府の「骨太の方針」（経済財政運営と改革の基本方針）では、基礎的財政収支（PB：プライマリーバランス）の 2025 年度黒字化目標も外された。借金頼みの政策を続けることだが、今までも低かった借金頼み政策の効果が一転し、「分配と

成長の好循環」が達成できることを期待するのには厳しいところがある。

　日本の財政は現状でも支出の硬直性が十分高い状況下にある。遠くない将来、出口戦略が求められるが、日本政府はその出口戦略が「財政硬直化」をさらに生じさせ経済の低迷を一層進行させるのではないかと恐れているだろう。いずれにせよ、昨今の政策基調のままだと、日本経済の展望が明るいとは言えない。経済成長を高め税収を増やす道筋が求められるが、成長エンジンを稼働できないでいることに問題の深刻さがある。

　出口戦略の際、日本経済に強い衝撃を与えるハードランディングで景気の急な失速になるか、それとも経済への衝撃が和らぐソフトランディング（緩やかな着陸）になり、正常な経済政策の運用に取り戻せるかが問われる。出口戦略は非常に高度な舵取りでもあるわけだ。

２）デジタル化対応の如何

　次に、デジタル化対応への遅れである。1990 年代初めまで世界をリードした日本の電子産業は、今は世界競争に負け、半導体や情報通信技術（ICT）を主とするデジタル分野では大分遅れている。デジタル産業は失敗も多くリスクが高いが、成功すればアナログ産業より付加価値が大きいという特徴がある。リスク回避性向の強い日本企業は、デジタル化への対応に積極的な取り組みよりは、既存のアナログ産業に留まろうとする傾向がよく現れる。とはいえ、今後付加価値の大きいデジタル化への対応に乗り遅れてしまうと、パイ（所得）を大きくする力が弱まり、日本経済の立ち位置はさらに低下しかねない。

　マクロ経済学の基礎理論では、消費は所得に依存して決まる（つまり、消費は所得の関数である）と想定する。1990 年代初めのバブル経済崩壊以降、所得がほとんど増えない成長喪失期が続いたが、それは国全体の消費額もあまり増えなかったことを意味する。パイが大きくならなかった（または国民所得が増えなかった）ことは、与えられたパイをめぐって企業同士が奪い合うゼロサム（zero-sum）ゲームに陥りやすいことを意味する。全体の国民所得が変わらないとき、ある企業の売上げが増えることは、他の企業の売上げが減ることを意味するからだ。

　2020 年初めから始まった新型コロナ・パンデミックの影響により、オンラ

イン空間上の家庭内消費が大きく増加した。そうした状況の出現は、企業が家庭内消費品目への選択肢を増やし対応した方が、企業実績アップへより有効に働くことを示唆する。実際の物理的市場からインターネット取引の方へ消費トレンドが移っていくシグナルでもある。しかもインターネットまたはデジタル・オンライン上の商品注文は、通常国や場所を問わない。デジタル化への対応が喫緊の課題であるにもかかわらず、日本企業はその対応への取り組みよりも、既存のアナログ的な考え方の下、パイの奪い合い商戦を繰り広げているところが多い。

　デジタル化進行の機会を逃さず、世界でのプラット・フォーム（仮想空間での取り引きサイト）構築を強めたのがアメリカ企業である。その代表例として、アマゾンのようなアメリカの大手デジタル企業であり、その力を存分に発揮し業績を伸ばしてきた。世界主要企業の時価総額を表す**表 1-1** は、仮想取り引き空間やデジタル化におけるアメリカ企業の強さを如実に物語る。日本が内向きのアナログ産業にこだわる限り、デジタル先進国の企業と日本企業との間の格差はますます開くことになろう。

　岸田政権もデジタル化への対応が成長を高めてくれるという認識を持っている。2022 年 5 月 31 日の「新しい資本主義実現会議」の実行計画案には、4 本柱の目玉政策が盛り込まれた。それは、「人への投資」、「科学技術」、「脱炭素化への GX（グリーン・トランスフォーメーション）及び DX（デジタル・トランスフォーメーション）」、そして「スタートアップ」の 4 つである。つまり、この 4 本柱の中にもデジタル化推進への意気込みが感じられるが、アナログ性向の強い日本であるだけに、デジタル化の促進にスピードを出し切れるかが問われる。

　日本のデジタル化へのスピードは、デジタル性向の強い韓国に比べさらに遅れることが予想される。2021 年 9 月より日本でデジタル庁がその業務を始めたものの、デジタル化を官主導で進めることには限界が大きい。民間の自由な発想が尊重され、その発想を育てる環境が整わないと真のデジタル化とは言えないからだ。伝統的に日本の経済政策の推進は、「官がこしらえ主導し、民がそれに追随する」という「官製民追」のやり方が取られてきた。今後はそれとは逆に、官が民をサポートすることに徹し、国際的にも実績を伴うスタンスで、

民の活躍の場が広がるようにすることが肝心であろう。

5．アナログ日本・デジタル韓国の協働への模索

1）職人技術に長けた日本

　日本は職人が自分の領域の仕事に就き、身につけた技術を生かすアナログ産業に長けている。蓄積技術が生かされる素材・部品・機械・装備など、「ものづくり」のアナログ産業に比較優位を占める。具体的な例として、セラミック素材・部品製造の日本ガイシ、自動車のトヨタ、機械装備のコマツなど、世界をリードする日本企業は数多い。その反面、日本企業は、価格や市場変動の激しい半導体や情報通信技術（ICT）競争には、アメリカ・韓国・台湾・中国企業に負けている。とはいえ、東京エレクトロンのような半導体製造のための機械装置に強みを見せる日本企業は健在である。

　さらに日本人は、具体的なイメージを浮かばせる視覚的表現が得意である。アニメーションは視覚的表現の代表格といえる。アニメだけではない。公共空間でよく目にする緑色の非常口を表す標識や車いすのマークのような視覚記号は、「ピクトグラム（pictogram）」と呼ばれる。ピクトグラムは 1964 年東京オリンピック開催時に、言語問題で意思疎通がはかりにくい状況を想定し、言葉が分からなくてもその意味が伝わるように、日本人がアナログ表現の仕草を描き開発したのが、その始まりとされている。デジタル空間においても、日本人は視覚的なアピール感に優れている。スマホのラインのやり取りに頻繁に使われるスタンプも、日本人が初めて創り出したものである。

　日本は職人（プロフェッショナル）精神を大切にする国である（永六輔『職人』岩波新書、1996）。職人とは、「自分の分野に自負を持ち、自らの価値を高める人」を指す。カリスマ性の強いリーダーを求めるよりは、それぞれ自分に与えられた仕事を全うし、全体の付加価値を高めていくやり方が日本の情緒に似合う。職人魂の情緒に適合するのが「暗黙知」である。日本の技術は、繊細な感覚や経験で培われた、「暗黙知」を通じ磨き上げてきた要因が大きい。「暗黙知」とは、「言葉では説明できない経験値や体で覚えて磨き上げた知識」を意味する（野中郁次郎『知識創造の経営』日本経済新聞社、1990）。

　暗黙知は「匠の精神」や長い伝統を受け継ぐ会社や組織に内在する場合が多い。韓国人のデジタル的思考とは違って、日本人は組職内の人々と連携し、これまでのやり方を「少しずつ改善」していく、というアナログ的思考に慣れている。長期に渡るそのような思考の形成が、技術や伝統の蓄積型の分野において、日本に強みをもたらした原動力といえる。ところが、デジタル化が進むにつれ、アナログ技術が生み出す付加価値は相対的に低下した。

　第 7 章で具体的に示しているように、デジタルの変化のスピードは、アナログの変化のスピードよりもはるかに速い。デジタルとアナログの特徴の差は、日韓の得意な企業または産業との関係にも現われている。1970 年代を経て 90 年代初めまで、東芝・NEC・シャープ・パナソニック・日立など日本の電子産業は世界の注目を浴びていた。そのような日本の電子・デジタル産業が、何故次第に韓国に遅れを取るようになったのか。その理由の一つにスピード感が挙げられよう。

　日本では何かのものごとを進める際、自然数的に一つ一つの段階を踏み、規則やマニュアルに沿ったやり方が取られる。デジタル産業の展開においても、アナログ的なやり方や考え方をもってアプローチしようとしてきたともいえる。日本人のスピード感覚は、「パルリパルリ」（速く速く）の敏捷性が身についている韓国人にかなわない。それにはあっちこっち行き来する半島国家としての韓国と、定住性の強い島国としての日本という地政学的な要因もかかわる（第 7 章を参照されたい）。

２）日韓協働への模索

　表 1-1 に載っている GAFAM（グーグル（アルファベット）、アップル、フェイスブック（メタ）、アマゾン、マイクロソフト）のような世界を席巻するデジタル企業よりも、日本はアナログ属性の地場産業に強い。地場産業の中には大手企業もあるが、代々に受け継がれてきた町工場や飲食店などがはるかに多い。最近、多くの長寿企業に後継者が見つからず、職人が棲み付ける企業が段々と減っているとはいえ、日本には 100 年以上続いている企業が 3 万 3,076 社もあり世界で最も多い。創業 100 年以上の世界の企業のうち、日本企業は 41.3％を占める（日経 BP コンサルティング、2020 年 3 月発表、周年事業ラボ

の調査）。歴史の長い企業が多いことは、依然として長期雇用や積み上げたアナログ技術蓄積が、日本の企業風土に似合う証左でもあろう。

　日本の製造業またはものづくりが、世界的に信頼性の高いことは自慢しても良かろう。ところが、「ガラパゴス化」とよく言われる自嘲的な表現が象徴するように、急速な変化への対応が追い付かず内向きに進む状況から、日本経済はなかなか抜け出すことができないでいる。伝統産業やモノづくりにこだわりすぎると、時代の変化に取り残される恐れもある。既に述べたように、発展初期では日本企業が半導体やICT分野で世界をリードしていたものの、今や韓国・台湾・中国の企業に追い抜かれてしまった。アナログ属性の強い伝統産業への需要減少が拍車をかける中、日本の対応能力が問われている。

　コロナ禍であっても比較的に給与上昇の高かった業種は、情報通信、運輸・郵便、建設などである。コロナ禍が終息したとき、日本企業の業種別の見通しはどうなるだろうか。コロナ禍においては、宿泊・飲食サービス、卸売・小売、医療・福祉業種において給与下落の幅が大きかった。コロナ禍が終息すると、これらの業種が回復し、給与水準の引き上げと雇用の増加が見込まれる。しかし、コロナ禍でも業績を伸ばした業種の賃金が下落するとは思わない。コロナ禍の影響で、デジタル化が進み情報通信技術（ICT）の利用が加速されたことや、旅行・出張などを控えていたことが、その理由として挙げられる。

　ある国があらゆる分野を抱え込み自前主義で行う、という閉鎖的な対応は非効率が生じやすい。本書が日韓関係に注目している視点からすると、日本よりもデジタル化が進んでいる韓国とのコラボレーション（協働）への模索が、両国の経済活性化をもたらす可能性は大である。日韓の間では、得意な産業または事業、地域伝統への考え方・かかわり方も大きく異なる。得意分野を活かし協働しながら互いに貿易を行うことが、より豊かで文化的な生活の質の向上につながる。日本経済の足踏み状態から脱出するためにも、良好な日韓関係が望まれる所以である。経済安保という口実が相互貿易への妨げになってはならない。

　日韓が互いに補完への方策を目指すには、日本にない側面を韓国が持ち、逆に韓国にない側面を日本が持つところも多いことに着目し、互いにそれを活かす方法が良かろう。例えば、第7章に述べるように、日本は韓国のダイナミックなデジタル属性を活かし、韓国は日本の安定的なアナログ技術の蓄積を活用

する戦略が考えられる。

6．日韓関係の諸問題

　以下では日韓関係の諸問題として、本書の各章別の概要を紹介する。各章の執筆者に概要を書いてもらったこともあり、ここまでの第 1 章の述べ方とは違う色合いが出てき得ることもことわっておく。

1）日本経済の低迷と日韓協働の模索

　本章（第 1 章）では、既に述べたように韓国の所得水準が日本に追いつき追い越したことや日本経済が何故低迷したかについて議論した。第一次オイルショックのあった 1973 年、日本の所得水準（一人当たり GDP）は韓国よりも10 倍近く（9.8 倍）も高かった。その後韓国の高度成長の期間は日本よりも長く続き、日韓の所得水準の差は縮小に転じてきた。高度成長の期間を比べると、韓国（1963 ～ 97 年）が日本（1956 ～ 73 年）のおよそ 2 倍の期間に及ぶ。2018 年からは韓国の所得水準が日本を追い抜くこととなった。所得水準から見たとき、以前の「非対称的な関係」（または垂直関係）から「対称的な関係」（または水平関係）へと変わったと言える。「対称的な関係」になるにつれ、過去の「非対称的な関係」には埋もれていた決め事や出来事に修正を迫り、両国間の向き合い方を難しくする現象も現れている。

　1991 年にバブル経済がはじけてからの日本経済は、成長の止まった「成長喪失期」に陥り今も続いている。第 1 章では、日本経済の国際的な位置付けの低下を、名目 GDP、平均賃金（年収）、製造業生産性などの指標を用いて検証してきた。それに加え、「成長喪失期 30 年」の間、なぜ日本経済が大きく低迷したかについて、産業政策、財政政策、金融政策の面から調べ、成長喪失期は、「経済政策の誤謬と民間部門の萎縮がもたらした合作」と総括している。日本経済の展望は、今の大胆な金融緩和を正常に戻す「出口戦略」が成功するか否かや、「デジタル化」の進行に上手く対応ができるかどうかにかかっている。日韓関係の改善は、両国経済の活性化や日本の閉塞感からの脱出にも役立つ。

2）外交政策における日韓協調の可能性

　第2章では、直近の韓国の大統領選挙と外交政策における日韓協調の可能性について議論する。2022年3月の第20代韓国大統領選挙は、保守野党の尹錫悦（ユンソンニョル）候補がわずか0.7%ポイントの得票率の差で、進歩リベラル与党の李在明（イジェミョン）候補を抑えて当選し、5月10日尹政権が出帆した。第一に文在寅（ムンジェイン）政権の業績投票において、わずかだが不支持が支持を上回ったこと。特に、ソウルにおける得票で尹候補が上回ったが、文政権の不動産政策の失敗が作用したこと。第二に、従来進歩リベラル支持が多かった20・30歳代で、男性を中心に保守支持が拮抗したこと。投票率は77.1%であり政治的関心が高い。但し、政治が何か有益なことをしてくれるという保障はない。

　尹政権は「与小野大」の国会、政治に対する社会の高い期待に対応しなければならず、権力基盤が安定しているわけではない。特に、外交政策において違いが見られるだろう。北朝鮮に対しては厳格な相互主義に基づいて、従来よりも強硬な姿勢になる。米中対立への対応に関しては、従来の「戦略的曖昧性」を放棄して、中国を念頭に置いた米韓同盟の強化の方に軸足を移すことになる。その一環として、日米韓の安保協力にも積極的になる。日韓関係の雰囲気はよくなるが、懸案となっている韓国の司法判断にどのように対応するのかという問題は残る。司法判断を尊重しながらも、日韓請求権協定の「完全かつ最終的な解決」という合意も尊重し得るような妙案を、まず尹政権がひねり出したうえで、日本政府の協力を求める。そうすることが、外交政策における日韓の政策協調が進むための条件となる。

3）水平化しつつある日韓間の構造的変化

　第3章ではこんにちの日韓関係から学ぶべきものを取り上げる。日本と韓国の政治・外交関係は長らく、好転の糸口すら見つけがたい状態が続いている。かつて多くの分野で垂直的に推移してきた両国関係は、いまや水平化しつつある。そんな構造的変化が起き、ただでさえ難しい時期を迎える中、安倍晋三元首相と文在寅前大統領という2人の政治指導者は、ことごとく政治判断を誤り、日韓関係のさらなる悪化を招いてしまった。つまり、現在の日韓関係の厳しい状況は、多分に人為的に生み出されたといっても過言ではないのである。

　左右の政治志向の違いこそあれ、2人のリーダーには実に多くの共通点がある。ともに、独特の歴史観に執着し、イデオロギーを前面に押し出して国内のナショナリズムをあおるだけあおった。多くのスローガンを掲げてはみるものの、目に見える実績は非常に乏しいという点も似ている。日韓関係においてもそんな似たもの同士の外交は、大きくマイナスに働いた。双方の市民感情を傷つけたのは、日韓ともに隣国に対する先入観や根拠のない正常性バイアスを伴う「無知」と、正当性を強調し、国内の支持をとりつけようとする「悪意」である。

　この間の政治による無知と悪意に彩られた事実関係を踏まえつつ、ではこの惨状をいかに打開すべきかを考える。

4）マネージメントしてきた「日韓モデル」

　1965年以後に日韓が歩んできた歴史を過小評価してはならない。日韓両国は、戦後（解放後）、「日韓モデル」ともいうべき和解と繁栄と平和のプロセスを築いてきた、というのが第4章の筆者の基本的な考えである。つまり日韓関係というのは自己中心的で暴力的な二国間関係だったのではなく、互いに自制する高度に知的で創造的な二国間関係であり続けてきたのである。

　日韓関係はほうっておけば良好になるようなものでは決してなく、なにもしなければ破綻と相互憎悪と暴力の関係に陥るはずのものであった。これがデフォルト（初期設定）なのである。良好な関係がデフォルトなのではない。そのデフォルトをなんらかのやり方でかろうじてマネージメントしてきたのが、戦後（解放後）の日韓関係の本質だった。それが「日韓モデル」である。

　だから、破綻と相互憎悪と暴力の関係に陥らなかったことそれ自体が、価値があり意味があることだったわけだ。その価値の実現のために、実に多数で多様なアクターが多方面で努力してきた。この現実を直視しなくてはならない。

　わたしたちは日韓ともに、近代化以後、もっぱら西洋からのみ学び続けたと考えているが、事実はそうではない。日韓が双方から実にたくさんのことを学び続け、そして自らを変化させ続けてきたのである。この双方向のプロセスの総体が「日韓モデル」なのだ。

5）「従軍慰安婦」問題と政治的責任

第5章では政治的責任と絡んだ「従軍慰安婦」問題やその解決策について考える。「従軍慰安婦」問題は、最初の問題提起から一世代を過ぎ、被害・生存者なき時代を迎えようとしている。慰安婦問題解決運動の30年を迎えて、問題解決の中心は「事実認定、謝罪反省、法的賠償」から「真相究明、記憶継承、歴史教育」に移っている。一方、加害者の処罰が中心ではなく、問題の背景となった権力関係の解体を目的とする場合、被害者中心主義は、法的・道徳的責任の問題ではなく、政治的責任の問題になる。そこで、被害・生存者なき時代の被害者中心主義は政治的責任となり、その具体的課題は、記憶後の世界（post-memory world）の被害者記憶の構成と継承である。

現在、慰安婦問題を解決するためには、まず、現実に存在する「2015年合意」の意味を確認することから始め、次に、日本政府が提供して韓国政府が一部使用した10億円の処理について両国政府が交渉を開始し、最後に、韓国政府と日本政府が「2015年合意」に基づいた必要措置として今後の措置をとっていくべきである。他方、国際社会は、「2015年合意」が被害者中心主義を反映して「改正（revise）」されなければならないとし、合意の中で被害者が反発した「最終的かつ不可逆的解決」という形の解決に問題があることを指摘した。日韓両国政府は国際社会の勧告を反映し、「未来に開かれた形」の解決を図るべきである。こうしたことから、「真相究明、記憶継承、歴史教育」のための施設を設立することが一つの解決策である。

6）文化交流の架け橋としての韓流コンテンツ

第6章では日韓文化交流の架け橋としての「コンテンツ」に注目する。様々なコンテンツをきっかけに、両国の異なる文化や社会、歴史などをお互いに知り、より深く理解しようとする行動そのものが文化交流であろう。両国がコンテンツという架け橋を行き来する際、共に泣き、笑い、推しなどをすることで、共感という共通の感動が生まれる。それをみんなで共有することが、文化交流の実践である。このような一連の実践が、日本を含め、世界で「韓流」という文化現象を引き起こしている。

日本における韓流は、2003年のNHK衛星放送『冬のソナタ』から始まっ

たという。一時的な‘ブーム’にとどまらず、その勢いは今にまでも続いている。この20年間に及ぶ韓流は「越境する文化交流」として非常に重要な役割を果たしたと言える。特に世代を超えて韓国をより知ろうとし、日常生活で韓国の‘モノ’や‘コト’を楽しもうとする人々が一層増えている。

　日本に限らず、世界中に旋風を巻き起こしている韓国コンテンツは、企画・制作・流通などのプロセスによる国内外の産業側面でも激変と急速成長が見える。ジャンル・市場・消費者のニーズなどによって多様に変貌していく韓国コンテンツビジネスは、どのように成長していくのか、今後の展望について探っている。ビジネスデザインの観点から、知られざる韓国コンテンツの底力を述べる。コンテンツビジネスの現場の声をベースにしながら、コンテンツという架け橋で日韓相互の文化交流のありようを描き出す。

7）日韓の考え方の違いと3つの軸

　第7章では日韓の考え方の違いを示す3つの軸として、「ストックの日本 vs. フローの韓国」「アナログの日本 vs. デジタルの韓国」「狭く深くの日本 vs. 広く浅くの韓国」を提示する。アジア大陸の東端の島国としての日本は、地政学的にモノやコトが蓄積（ストック）されるところに位置するのに対し、半島国家としての韓国は、大陸文化と海洋文化が流れる（フローされる）ところにある。日本はストック特性が強いため、安定性はあるが閉塞感に陥りやすく、フロー特性の強い韓国は、ダイナミックではあるが不安定的になりやすい。日本は連続性を重視し一つひとつ積み上げていくアナログ的特徴を示すのに対し、韓国は「パルリパルリ」（速く速く）先へ進もうとするデジタル的特徴を帯びる。与えられたところ（一所）を命を懸けて守るという「一所懸命」からも窺えるように、日本は「狭く深く」という事柄を見せる反面、周辺国のうちどちらが強いかを鑑みあっちこっち動き回りながら生存してきた韓国は、「広く浅く」の考え方や行動パターンが身につきやすかった。

　以上の3つの軸を踏まえたとき、互いに違う特徴を帯びる日本と韓国が、何を目指したら良いだろうか。目指すは、「ストック感性とフロー感性の兼備」「アナログとデジタルの調和」「広く深くの追求」という3つの軸の接点探しと言える。ストックとフロー感性の兼備は、ストックの安定感とフローの融通性を

併せ持つことである。アナログとデジタルの調和は、アナログとデジタルの融合時代の到来を見据え、アナログの安心感とデジタルの便利さを志向することである。生き方を豊かにしてくれる「広く深く」の追求方法として、夏目漱石の『文芸の哲学的基礎』での力説を参照して言うならば、「実直な経験と読書」の勧めである。

8）日韓の認識の差と日韓関係

　第8章では日韓の認識の差を探る。昨今の日韓の政界やマスコミでは、感情や思い込みが先走ってしまい、非難合戦も飛び交いその歯止めが掛からないことも起きた。悪感情交じりの非難合戦からは、何の生産的、創造的なことは生まれない。相手を傷つけるだけで善意な交流さえも妨げる。互いの理解を深めるには、なぜ相手が自分とは違う思考なのかを「知り合う」ことが求められる。人々の考え方の形成は、その国の歴史展開と深層に関係するため、相手をより奥深く理解するには歴史的背景の学習が欠かせない。

　政治批判を嫌う順応的な日本では、保守右翼の安倍政権に同調する空気が漂うとともに、日韓国民間の好感度も低くなっていた。日本の政治家及び一般国民に、韓国は「国民情緒法が支配する国」という感情を抱いたりしていた。その一方で、民主化や人権などを掲げ、日韓関係に臨もうとした文在寅政権では「右傾化が現れる日本」という印象が強く残ることとなった。岸田政権になって安倍政権のような保守右翼という色は薄れたが、岸田も韓国に「国民情緒法が支配する国」という認識を持っている。

　今の韓国を対等な立場の国として見るべき変容が起きているにもかかわらず、日本の多くの年長男性は、韓国を低く見る傾向がある。一方、日本と韓国が対称または水平になる位置まで発展したにもかかわらず、多くの韓国人には依然として日本に駄々をこねる意識が残っている。少なくない韓国人は日本からの被害意識が強いこともあり、日本が再び戦争ができる国として形成されていくのではないかと警戒する。日韓の抱える課題を解くための具体的な形作りとして、日本（Ｊ）のタテ糸と韓国（Ｋ）のヨコ糸を編み合う「JK網」のような戦略的協調関係または相互活用戦略が望まれる。第8章の末尾では本書からの提言や示唆をまとめる。

第2章

韓国の第 20 代大統領選挙、
尹錫悦新政権と韓国外交、そして日韓関係

木宮　正史　（東京大学）

1. 韓国の第 20 代大統領選挙

　2022 年 3 月 9 日に韓国で第 20 代大統領選挙が実施され、前検事総長で保守野党「国民の力」の尹錫悦候補が 48.56% の得票率で、進歩リベラル与党「共に民主党」の李在明候補をわずか 0.73%、25 万人弱の票差で抑えて当選し、5 年 1 期ぶりに進歩リベラルから保守への政権交代が実現した。出口調査では放送 3 社（KBS・MBC・SBS）の調査が尹候補の 1% 以内という僅差の優位を、逆に他の民放大手 JTBC の調査が同じく 1% 以内での李候補の僅差の優位という、それぞれ異なる結果を発表したために、出口調査を根拠に当確を打つことができず、実際の開票作業を見守るしかなかった。開票では、当初は李在明候補が先行したが、開票率が 50% を超えるくらいから尹候補が逆転し、結局、午前 4 時、開票率 98% の段階でやっと尹候補の当選が確定した。韓国の歴代選挙の中でも稀に見る大接戦だった。

　過去の大接戦の大統領選挙としては、1997 年第 15 代選挙での金大中 40.3%、李会昌 38.7% の得票率の差 1.6% ポイント、2002 年第 16 代選挙での盧武鉉 48.9%、李会昌 46.6% の得票率の差 2.3% ポイント、そして、2012 年第 18 代選挙での朴槿恵 51.6%、文在寅 48.0% の得票率の差 3.6% ポイント、と比較しても、格段の大接戦であることは明らかである[1]。

　当初は、両候補とも本人や家族のスキャンダルなどが暴露されたりして、

「どの候補にも投票したくない非好感度選挙だ」と言われ、今ひとつ盛り上がりに欠けると見られた。しかし、大激戦だと予想されたこともあり、蓋を開けてみれば全体で 77.1% の投票率を記録し関心の高さを示した。但し、朴槿恵大統領の弾劾訴追・罷免を受けて行われた 2017 年 5 月の前回選挙の投票率が 77.2% であったことを想起すると、飛び抜けて高い投票率であったとも言い難い。期日前投票率が 36.9% という歴代最高であったことを考慮すると、1997 年の第 15 代選挙以来、久しぶりに投票率が 80% を超えるのではないかという予測もあった。そうした予測から見ると、当日の投票率はそれほど伸びなかったと言えるかもしれない。

２．日韓の政治、選挙の比較

　大統領制と議院内閣制という違いがあるとはいえ、2021 年 10 月の日本の総選挙の投票率が 55.9% であったのと比較すると、韓国では政治的関心がいかに高いのかがわかる。ちなみに、日本における政権選択の選挙とも言える衆議院選挙の投票率は、1990 年 73.3%、1993 年 67.3%、1996 年 59.7%、2000 年 62.5%、2003 年 59.9%、2005 年 67.5 %、2009 年 69.3%、2012 年 59.3%、2014 年 52.7%、2017 年 53.7% である[2]。特に 2000 年代に入ってからは、小泉純一郎首相の「郵政改革解散」によって関心が高まった 2005 年選挙の 67.5%、次の民主党への政権交代に対する期待が高まった 2009 年選挙の 69.3% という高い投票率を記録した以後は、政権交代への期待が低いこともあり、投票率は 50% 台の低空飛行が続いている。韓国の高い投票率とはいかにも対照的である。韓国では、政治が自分たちの生活と直結し生活も変えてくれるという、政治への相対的に高い期待がある。しかも、自らの投票の如何によって、選挙を通して政治が変わり得るという意味で、投票の有効感覚も高い。それが高い投票率を維持することになる。過去、民主化以後の大統領選挙の投票率を見ても、1987 年第 13 代選挙の 89.2%、92 年第 14 代選挙の 81.9%、97 年第 15 代選挙の 80.7%、2002 年第 16 代選挙の 70.8%、07 年第 17 代選挙の 62.9%、12 年

2　日本の衆議院選挙の投票率などの数値に関しては、日本政府総務省の選挙関連資料を参照されたい。https://www.soumu.go.jp/senkyo/senkyo_s/data/shugin49/index.html（2022 年 5 月 10 日最終閲覧）

第 18 代選挙の 75.8%、17 年第 19 代選挙の 77.2% と、日本の総選挙とは比較にならないくらい高い投票率を記録する [3]（**図 2-1**）。

　韓国では、現政権に対する業績評価の如何が次の大統領選挙の結果に直結し、選挙による政権交代の可否につながる。一方で、韓国の大統領は再選の機会が閉ざされているために、政権末期になるとレームダックになりやすい。他方で、政権の業績評価が次の大統領選挙の結果を左右することになるため、政権運営には緊張感が常に伴う。しかも、民主化以後、当初の 4 つの政党から構成される多党制が、決選投票のない相対多数制の大統領選挙制度、小選挙区制を中心とする国会議員選挙制度などに起因して、次第に二大政党制に収斂することで、選挙による政権交代が起こり易い。

　それに対して、日本の場合は、野党が分裂しており、政権の業績評価の如何によって与野党政権交代が起こることは、現状ではまず期待できない。したがって、政権運営にも緊張感を欠くことになるし、有権者の投票有効感覚も低いために、投票率も低くなる傾向がある。こうした日本政治の現状を鑑みると、韓国の政治状況は「羨ましい」とさえ思う。

　しかし、「政治への高い期待」が本当に報われるのかどうか。朴槿恵政権に対するろうそくデモなどによる抵抗運動に力を得て、国会は朴槿恵大統領を弾

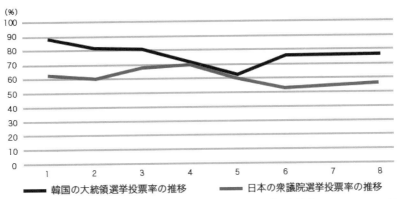

出所：韓国の大統領選挙投票率は韓国中央選挙管理委員会「選挙統計システム」http://info.nec.go.kr/、日本の衆議院選挙投票率は総務省選挙関連資料 https://www.soumu.go.jp/senkyo/senkyo_s/data/shugiin49/index.html

図 2-1　過去 8 回の日韓の政権選択選挙の投票率の推移（%）

3　韓国中央管理委員会のウェブサイトにおける選挙統計システム http://info.nec.go.kr/（2022 年 5 月 10 日最終閲覧）

劾訴追し、憲法裁判所も大統領の罷免を決定した。代わって登場したのが進歩リベラルの文在寅政権であった。確かに文政権は政権末期でも40％前後の高い支持率を維持したが、それでも、与党の「政権再創出」よりは野党への「政権交代」を望む有権者が相対多数を占めた。換言すれば、「政治への期待」はあまり報われず、期待外れに終わったといえるのではないか。韓国では、政治への期待は高いが、そうした高い期待に政治が応えているとはいい難く、政治が期待外れになることも多い。

　日本では、そもそも政治にそれほど期待しない。政治は変わらないし、変えられないし、変わったところで、自分たちの生活にはそれほどの影響はないという諦念が、社会に相当程度共有されているようにさえ思う。政治に高い期待を持っても、それが報われることはほとんどないということであれば、そもそも政治に期待しない方がいいという考えは、望ましくないと断定することもできない。政治に対して高い期待を持たず、政治の善し悪しにかかわらず、自分の生活を守ることに専念することの方が、「賢い」とも考えられる。日本のように「政治にそれほど期待しない」社会の方がむしろ健全だという見方もありうる[4]。

　近年の日韓関係の緊張の根底に、こうした日韓両社会における政治観の違いが存在すると考えられる。例えば、日韓の争点になっている歴史問題について、韓国では政府に対して「何かをしてくれる」「何かをしてもらわないといけない」という考えが強く、だからこそ、裁判に訴え、さらに、行政府に対しても「被害者中心主義」に基づいて何らかの行動をとることを要求する。そもそも、政府はそれに応える義務があると考えるのである。

　それに対して、日本では、こうした問題は政府次元の問題ではなく、個人次元で解決されるべき問題だと考える傾向が強い。そのために、「政府が何かをしてくれるはずだ」という期待はあまりない。そうした日本社会から見ると、なぜ、歴史問題に関して、韓国の司法もしくは行政が、国家間関係の約束や取り決めを覆すような決定をするのか、理解できないことになる[5]。

4　こうした日韓の政治文化の違いに関しては、木宮正史『韓国　民主化と経済発展のダイナミズム』筑摩書房、2002年、pp.178-182を参照されたい。

5　歴史問題をめぐる日韓の和解の困難さについては、木宮正史「第8章　現代日韓関係における和解と正義―日韓関係の事例をふまえて―」浅野豊美編『〈和解学叢書1＝原理・方法〉　和解学の試み：記憶・感情・価値』明石書店、2021年、pp.286-314を参照されたい。

3．文在寅政権の業績投票から見た第 20 代大統領選挙

　選挙の最も重要な争点は、文政権への業績投票であった。一方で、文政権は任期末にもかかわらず 40％前後の高い支持率を維持した[6]。こうした現象は、過去のどの政権にも見られなかったものだ。過去の歴代大統領は政権末期になるとほぼ例外なくレームダックになり、政権支持率に関してもどんなに高くても 20％台であったことと比較すると、異例の高さである。

　それにもかかわらず、調査時点によって変動はあるが、ほぼ、国政遂行に対する否定的評価、政権不支持率が、肯定的評価や支持率を大体 5％〜 10％程度上回っていたことも事実である。支持率は相対的に高水準を維持したことは間違いないが、任期終了前の一年間に関しては、不支持率もそれを若干上回る高水準を維持した。それだけ政治的に保守と進歩リベラルとの間の亀裂が顕著になったことを示しているとも言える。

　したがって、今回の選挙で与党の「政権再創出」よりも野党への「政権交代」を望む有権者が過半数を占めていた。だからこそ、与党李候補も、「政権交代」に対抗するために、当初の「政権再創出」に代わって「政治交代」という、若干耳慣れない言葉を掲げざるを得なかった。保守勢力と進歩リベラル勢力との対立構図とは距離を置き、どちらの政治勢力も共に「旧勢力」であり、それを担い手とする政治も「旧政治」だと批判し、それに代わる「新しい政治」を行う必要があると主張したのである。

　ただ、これはいかにも「苦肉の策」であった。李候補は、文政権の不動産政策は完全に失敗だったと批判するなど、文政権の業績に頼るのではなく、「脱・文在寅」を指向せざるを得なかった。大統領選挙の争点が文政権の業績投票になってしまうと、不利だと考えたからである。「文政権は『K 防疫』と呼ぶコロナ対策などそれなりによくやったかもしれないが、あと 5 年同じような政権が続くのはいやだ」と考える国民が相対多数であったと考えるべきだろう。そうした中で、李在明候補が 47.9％の得票率であったということは、「大善戦」であったと評価するべきかもしれない。

6　韓国リアルメーター「文在寅大統領国政遂行評価」http://www.realmeter.net/wp-content/uploads/2022/02/%EC%A3%B-C%EC%A4%911-%EB%AC%B8-%EA%B5%AD%EC%A0%95%EC%88%98%ED%96%89-1024x583@2x.png（2022 年 5 月 10 日最終閲覧）

４．保守と進歩リベラルの政治的亀裂

１）日本ではなぜ韓国の「進歩」を「革新」と呼ぶのか？

　まず、韓国政治における保守と進歩リベラルとの政治的亀裂について説明しておく。日本のメディアは、日本政治の 1955 年体制が保守と革新との対立図式であったこともあり、韓国政治にも「保守」と「革新」という用語を使用することが多い。保守は「保守」のままであるが、進歩は「革新」と呼ぶ。現在の「国民の力」が「保守」であり、「共に民主党」が「革新」というわけである。筆者は、これについては異論がある。つまり、韓国政治を日本に紹介する場合に、現在の「共に民主党」を「革新政党」と見ることには違和感を持つからである。

　「革新」は確かに「保守」の反対語の一つである。しかし、あくまで一つであるのに過ぎない。例えば、米国政治に関しては、共和党が「保守」であるのに対して、民主党は「リベラル」であると表現する。決して民主党を「革新」政党とは呼ばない。韓国では、「保守」と「進歩」を使用する。韓国語でも「革新」という言葉は存在するし、歴史上「革新政党」は存在した。1960年の４・19 革命後、61 年の５・16 軍事クーデタまでの第二共和国期という短い時期である。従来の第一共和国における与党自由党も野党民主党も、反共保守であるという点では変わりがなかった。しかし、第二共和国下で開かれた新しい政治空間の下で、北朝鮮との積極的な交流や社会民主主義など、従来許容されなかった新たな主張を展開する政党が登場し、これらを総称して「革新政党」と呼んだのである。

　しかし、その後、韓国政治においては「革新政党」は本格的に登場しなかった。というよりも、強固な反共体制下で存在を許されなかった。ところが、1987 年の民主化以後、再び新たな政治空間が開かれることになったが、当初は、それほど政治理念での明確な違いがない、ある特定の地域および地域出身者に主たる支持基盤を置く４つの政党から構成される多党制であった。しかし、政治指導者の世代交代や決選投票のない大統領制、小選挙区制を中心とした国会議員選挙制度などが作用して、主として慶尚道を支持基盤とする保守政党と全羅道を支持基盤とする進歩政党という二大政党制に収斂することになった。

　では、なぜ「革新政党」ではなく「進歩政党」という名称が使われるようになったのか。「革新」という言葉は、韓国政治においては、やはり「左翼」「社会主義」を連想させる。韓国は現在も北朝鮮と類似の主張をすることを国家犯罪として取り締まる「国家保安法」という法律がある。さらに、2014 年に「統合進歩党」という最左派の政党が、北朝鮮の主張と類似の主張を掲げ、さらに暴力的手段による革命を指向したという理由で、憲法裁判所によって解散命令を受けたことがある。韓国における政治空間を確保するためにも、「革新」ではなく「進歩」と自称したのである。保守に対する進歩というだけに、指向する理念的な違いは存在するが、必ずしも社会主義を指向するような政党ではない。

　ところが、日本で 1955 年体制における保守と革新という場合、革新を示すのは社会党や共産党であった。少なくともある時点までは党綱領として社会主義を指向することを明確にした。そうしたイメージが日本社会には依然として残っている。だからこそ、現在の野党第一党である立憲民主党を「革新」とは呼ばない。せいぜい「リベラル」である。にもかかわらず、なぜ、韓国の政党を日本に紹介する場合、わざわざ「革新」という用語を使用するのか。筆者には率直に言って理解し難い。

　日本の一部メディアは韓国の「共に民主党」を「左派革新」と表現するし、極端な場合には、それに加えて「反米・反日・親中・親北朝鮮」と相当に実態とかけ離れたレッテルを貼る傾向にある。日本に紹介される場合「左派革新」という表現で、日本の人たちはどのような政党をイメージするだろうか。かなり実態とはかけ離れたイメージで見るのではないか。例えば、韓国の「進歩」政党を英語に翻訳する場合、一番使われる訳語は「liberal」であって「progressive」ではない。韓国の二大政党の構図を、「保守」対「革新」ではなく「保守」対「進歩リベラル」で表現するべきだと、筆者が考える所以である。

　では韓国政治における「保守」と「進歩リベラル」の政治的亀裂は何を意味するのか。

２）対北朝鮮政策をめぐる「保守」と「進歩リベラル」

　第一に、最も顕著な違いは、北朝鮮に対する認識と政策をめぐる亀裂である。

保守が対北朝鮮強硬であり、進歩リベラルが北朝鮮に宥和的で弱腰だと認識されているようだが、こうした理解は一面的であるだけでなく、時に誤解を与える。重要なのは、こうした表面的な結果ではない。進歩リベラルは、北朝鮮に対する韓国の優位を南北関係の改善に最大限利用する指向を持つ。北朝鮮は基本的には韓国による吸収統一を恐れ南北交渉には消極的であるし、南北関係よりも米朝関係を重視するために、韓国のかなりの尽力や譲歩がないと、北朝鮮は南北交渉の枠組みに入ってこない。

　したがって、進歩リベラルは、優位な力を利用して譲歩をすることで北朝鮮を南北交渉の枠組みに取り込もうとする。保守政権による南北関係は、韓国が主導権を取って関係改善に踏み込もうとしなかったために、何の成果も上がらなかったのみならず、進歩リベラル政権が積み上げた南北関係改善の成果を台無しにしてしまったと批判する。北朝鮮に対する韓国の体制優位の「自信」が、対北朝鮮宥和政策の背後にある。但し、この「自信」が場合によっては根拠のない「過信」になってしまう危険性を内包する。

　それに対して保守は、北朝鮮に対する不信、警戒感が強く、たとえ韓国の体制優位があるとしても、それをもって北朝鮮に安易に譲歩することは危険だと見る。さらに、北朝鮮に対しては不必要に寛大な対応をするのではなく、厳格な相互主義という原則に基づく対応をするべきだと主張する。そして、進歩リベラル政権の対北朝鮮政策に対しては、南北関係改善の成果が期待できないにもかかわらず、関係改善に「前のめり」になっていると批判する。このように、「北朝鮮より韓国の体制が優位にあること」に関する「慎重な姿勢」が、対北朝鮮強硬政策の背後にある。

3）経済政策をめぐる「保守」と「進歩リベラル」

　第二に、経済政策をめぐる亀裂である。経済成長を重視し、韓国を経済大国にするという目標に関しては、保守も進歩リベラルも違いはない。しかし、その方法に関しては違いがある。保守は、基本的に政府の関与を最小限にして、市場メカニズム、民間企業の自律性に任せるのがいいと考えるのに対して、進歩リベラルは市場メカニズム、民間企業の自律性は重要だが、それに任せておくだけでは、雇用、福祉、公正を確保することは難しいので、政府が適切に介

入することが必要だと考える。

　但し、留保が必要なのは、韓国の保守勢力の代表格である朴正熙政権の経済
政策は、上記のような保守の経済政策ではなく、政府主導の開発主義であった
という点である[7]。保守勢力の考えは、そうした開発主義による経済発展を達成
したうえで、さらに経済発展を持続するためには、開発主義から脱して市場メ
カニズムを活性化するような政策選択をする必要があるということになる。そ
れから、こうした違いはあるとしても、実際に政権を掌握した場合の経済政策
に関しては、それほど政策選択の幅が広いわけではなく、政権与党としての政
策は収斂する方向にある。

４）歴史観をめぐる「保守」と「進歩リベラル」

　第三に、歴史観をめぐる亀裂である。保守の歴史観は、1948 年の建国以来
の大韓民国の歴史を、いろいろ問題を孕みながらも、全体としては肯定的に評
価する。それに対して進歩リベラルの歴史観は、1987 年以前の、特に独裁体
制の政治に対する評価は厳しい。独裁は不必要なものであったとして、否定的
に評価する。

　さらに、近年では、もう一つの争点も浮上しつつある。それは、大韓民国の
歴史的起源をいつ、何に求めるのかという問題である。従来は、1948 年 8 月
15 日の大韓民国政府の樹立を建国の起源とする見方が支配的であったが、近
年では、1919 年の三・一独立運動の直後に上海に作られた亡命政府である大
韓民国臨時政府を起源として考えるべきだという見方が、進歩リベラル勢力か
ら提起される。1948 年の大韓民国は分断国家としての政府樹立であるので不
完全なものであるのに対して、1919 年の大韓民国臨時政府こそ、朝鮮半島全
体を代表する「あるべき国家」であるし、現在の韓国の原型とも言える「民主
共和国」、つまり君主制ではない「共和制」を宣言したという点も重視される[8]。
実際に、進歩リベラルの文在寅政権の下で、2019 年には、大韓民国臨時政府
の建国百周年として大々的に祝われた。

7　朴正熙政権の経済政策に関しては、以下の拙著を参照されたい。기미야다다시（木宮正史）『박정희 정부의 선택 : 1960 년대 수출지향형 공업화와 냉전체제（朴正熙政府の選択:1960 年代輸出志向型工業化と冷戦体制）』후마니타스（フマニタス），2008 年。

8　こうした論争については以下の文献を参照されたい。小野容照『韓国「建国」の起源を探る：三・一独立運動とナショナリズムの変遷』慶應義塾大学出版会、2021 年。

そして、こうした歴史観の違いの根底には、日本の植民地支配に積極的に協力した、もしくは大した抵抗もしなかった「親日派」の問題が関係する。進歩リベラル勢力は、保守勢力を、「親日派」の系譜に位置づけることで批判し、本来であれば、韓国建国に主要な役割を果たす資格がなかったにもかかわらず、李承晩政権や朴正煕政権を担ったとみなす。

5）法秩序観・民主主義観をめぐる「保守」と「進歩リベラル」

第四に、法秩序観もしくは民主主義観をめぐる亀裂である。保守勢力は、体制としての自由民主主義が安定することを重視するのに対して、進歩リベラル勢力は、そうした体制の安定だけが重要なのではなく、直接民主主義によって既存の体制をより一層民主化させるのが重要だと、運動としての民主主義を重視する。保守勢力から見ると、こうした直接民主主義に基づく運動は、既存の体制の安定を脅かす危険なものとみなすが、進歩リベラル勢力から見ると、これは既存の民主主義体制をより一層民主化するために必要なものだとみなす。

李明博政権初期の狂牛病騒動に端を発した「ろうそくデモ」や朴槿恵政権を事実上弾劾訴追と罷免に追い込むのに多大な役割を果たした「ろうそくデモ」は、保守勢力からすると既存の自由民主主義体制の安定を脅かす危険なものとみなす。それに対して、進歩リベラル勢力から見ると、既存の民主主義体制に重大な欠陥がある場合には、運動としての民主主義は、既存の体制の欠陥を是正することを目指す。ただ、文政権の下では、保守勢力による草の根市民運動なども盛り上がる傾向もあり、こうした直接民主主義が進歩リベラル勢力だけを利するものではなくなりつつある。

6）米中対立・米韓同盟をめぐる「保守」と「進歩リベラル」[9]

保守と進歩リベラルの亀裂軸に、もう一つ別の争点が台頭しつつある。詳細は後述するが、米中対立の激化とともに、韓国にとって米韓同盟の意義をどのように位置づけ、米中対立の狭間でどのように対応するのかという問題に直面する。従来の韓国政府は保守も進歩リベラルも共に、「安保は米国、経済は中

9　米中関係への韓国の既存の対応に関しては以下の論文を参照されたい。木宮正史「韓国から見た米中関係——対米外交と対中外交との両立模索」川島真・森聡編『アフターコロナ時代の米中関係と世界秩序』東京大学出版会、2020年、pp.231-243。

国、北朝鮮問題は米中」に相当程度依存しなければならないことを前提に、米中対立の中での二者択一に追い込まれることを何とか避けるという立場、「戦略的曖昧性」を重視した。そして、米韓同盟関係に関しても、朝鮮半島有事に対応して、対北朝鮮を念頭に置くものに限定しようとした。

　しかし、米中対立の深刻化によって、「戦略的曖昧性」がもはや限界に直面するようになってきている。進歩リベラル勢力は、「安保は米国、経済は中国、北朝鮮問題は米中」に相当程度依存しなければならないので、何としてでも、米中対立に関する「戦略的曖昧性」を維持し、米韓同盟に関しても、それを強化することは必要だが、対中同盟としての性格が強まることは回避するべきだと主張する。つまり、現状維持である。しかし、保守勢力は、「戦略的曖昧性」は放棄せざるを得ず、外交の軸をもう少し米韓同盟強化の方向に踏み出す必要があり、そのためには、米韓同盟も対中同盟としての性格を持たざるを得ないと主張する。中国との関係は、経済関係を重視しつつも、従来以上に距離を置かざるを得ないことになる。

　以上は政党における保守と進歩リベラルの亀裂だが、有権者の自己認識における保守と進歩リベラルとの間の亀裂は、これと重なる部分もあるが、ズレもある。有権者の保守支持、進歩リベラル支持が、こうした 4 つ、もしくは 5 つの亀裂軸できれいに分かれるというわけではない。内政と外交とで力点の置き方が異なることになるし、個々の争点に関しても力点の置き方に違いが現れるからである。大体、保守勢力は、60 歳代以上を中心として、有権者の 4 割弱を占めるのに対して、進歩リベラル勢力は、40 歳代、50 歳代を中心として、有権者の 3 割強を占める。そして、残りの 3 割程度が中道という分布になる [10]。

5．韓国政治における社会的亀裂：地域・世代・ジェンダー

1）韓国における地域主義

　次に、1987 年の民主化以後の韓国政治を規定してきた地域主義、即ち、慶尚道に支持基盤を置く保守と、全羅道に支持基盤を置く進歩リベラルが、その

10　韓国社会世論研究所『KSOI-TBS 定例調査結果報告書　2022 年 2 月』http://ksoi.org（韓国社会世論研究所ウェブサイト）を参照（最終閲覧日 2022 年 7 月 8 日）

他の地域における得票を争うという構図は、若干弱まっているとはいえ、依然として韓国政治を説明するのに最も重要な要因である。第20代大統領選挙でも、**表2-1**に見られるように、進歩リベラルの李候補が全羅道では8割以上の得票を、逆に保守の尹候補が慶尚道で6割から7割の得票を、それぞれ獲得した。ある特定地域が政党の支持基盤となる現象は、日本ではかなり稀ではあるが、世界的に見ればそれほど異常なことではない。韓国の場合は、そうした地域が、保守と進歩リベラルの政治的亀裂とかなり重なっていることが特徴である。

　韓国の地域主義は、1960年代・70年代の朴正煕政権期と80年代初頭の全斗煥政権期に、その原因を求めるべきだと考える。朴正煕は、自らが慶尚北道亀尾出身であったこともあり、特に経済開発政策や官僚、軍部などの人事においても慶尚道を優遇した。全羅道が豊かな穀倉地帯であったのに対して慶尚道は平野が少なく農業地帯としては適していないということもあるが、朴正

表2-1　第20代大統領選挙（2022年3月9日）地域別得票率

	地域	選挙人構成比	尹錫悦 （国民の力）	文在寅 （共に民主党）
ソウル首都圏	ソウル	18.9	**50.6**	45.7
	京畿道	26.0	45.6	**50.9**
	仁川	5.7	47.1	48.9
慶尚道	釜山	6.5	**58.3**	38.2
	大邱	4.6	**75.1**	21.6
	蔚山	2.1	**54.4**	40.8
	慶尚北道	5.1	**72.8**	23.8
	慶尚南道	6.4	58.2	37.4
全羅道	光州	2.7	12.7	**84.8**
	全羅北道	3.5	14.4	**83.0**
	全羅南道	3.6	11.4	**86.1**
その他	大田	2.8	49.6	46.4
	世宗	0.6	44.1	51.9
	江原道	3.0	54.2	41.7
	忠清北道	3.1	50.7	45.1
	忠清南道	4.1	51.1	45.0
	済州道	1.3	42.7	52.6
	全国	100.00	48.56	47.83

出所：韓国中央選挙管理委員会　http://info.nec.go.kr/（2022年5月30日最終閲覧）

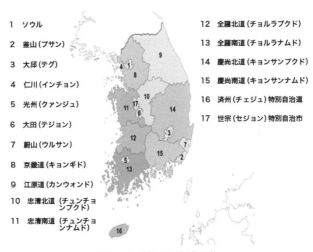

1	ソウル	12	全羅北道 (チョルラブクド)
2	釜山 (プサン)	13	全羅南道 (チョルラナムド)
3	大邱 (テグ)	14	慶尚北道 (キョンサンブクド)
4	仁川 (インチョン)	15	慶尚南道 (キョンサンナムド)
5	光州 (クァンジュ)	16	済州 (チェジュ) 特別自治道
6	大田 (テジョン)	17	世宗 (セジョン) 特別自治市
7	蔚山 (ウルサン)		
8	京畿道 (キョンギド)		
9	江原道 (カンウォンド)		
10	忠清北道 (チュンチョンブクド)		
11	忠清南道 (チュンチョンナムド)		

図 2-2　韓国の地域区分

熙政権による工業化に関しては蔚山、浦項、昌原など、慶尚道を中心とした経済開発を行った。そして、それに伴い社会インフラ整備も、京釜高速道路の建設など、慶尚道を優先した。その後、遅れて全羅道にも工場誘致などを行ったが、優先順位として慶尚道が上であった。

　それ以上に問題であったのは、官僚や軍部の人事に関して、慶尚道出身者が昇進などで優遇されたことである。慶尚道の人口は全羅道のそれの2倍以上あったので、やむを得ないという側面もあったが、こうした人事政策は、慶尚道の優越意識を形成したと言っても過言ではない。

　そして、何よりも決定的であったのが、1980年の5・18光州民主抗争が、全斗煥政権によって200人以上の犠牲者を出して暴力的に鎮圧されたことである。全斗煥政権も朴正熙政権を継承して慶尚道出身者が主流を形成した。そうした政権が全羅道の中心である光州において発生した民主化抗争を赤裸々の暴力で鎮圧した事件は、その後の全羅道の集団的記憶として刻印された。さらに、それに関連して冤罪によって死刑判決まで受けた金大中が、全羅道に支持基盤を置いた政党、しかも相対的に進歩リベラルな政党を結成して支持を求めたために、全羅道としても、地域を挙げて金大中および金大中が率いる政党を支持することになったのである。

しかし、現在、金大中が死亡してから既に15年くらい経っている。さらに、進歩リベラル政党の指導者、大統領候補は、全羅道出身では必ずしもない。多数派を形成するためには相対的に人口の多い慶尚道出身の方が有利だという側面もある。実際、盧武鉉、文在寅の両大統領共に慶尚道の釜山出身である。にもかかわらず、全羅道は依然として進歩リベラル政党の牙城であり続けている。朴正熙政権・全斗煥政権という「慶尚道政権」の下で虐げられ、さらに民主化抗争が軍事的に弾圧され多くの犠牲者を出したという歴史的経験の持つ意味は大きい。そして、地域的な少数派として多数派に対する抵抗を続けてきたという側面もある。こうした歴史的経験が、全羅道をして進歩リベラル政党を支持させることになる。

　では、慶尚道はどうなのか。全羅道と比べると、そうした地域意識は弱いことは確かだが、それでも、過去、保守政権を支えてきたという自負、そして、全羅道が進歩リベラル政党を圧倒的に支持することへの反作用などがあり、予見しうる将来にわたって、慶尚道が保守政党を支持するという構図も続くと考えるべきだろう。

　以前は、韓国政治において、こうした地域主義が存在するのは「病理」であり、悪いことであり、是正しなければならないことだという当為論があったが、必ずしも、そうではないと考える。保守政党にせよ進歩リベラル政党にせよ、こうした厚い支持基盤があるからこそ、どんな状況下の選挙においても、ある程度の得票を確実に確保することができる。だからこそ、大統領選挙にせよ、国会議員選挙にせよ、どちらの政党も存亡の危機になるほどの小政党に転落してしまうというようなことはなく、大統領選挙で言えば3～4割程度の支持率を、国会議員選挙で言えば100議席程度は確保することで、二大政党の一翼を担い続けることができる。これは、日本の民主党が一旦政権を取ったにもかかわらず、その後の選挙で、二大政党の地位から転落し、さらに分裂を繰り返すことで、政権を狙えるような政党でなくなってしまったことを想起すると、よく理解できるのではないか[11]。

　その他の地域に関しては、二大政党がほぼ対等に競争することになるが、や

11　기미야다다시（木宮正史）コラム［글로벌 In&Out］（일본도 주목해야 할 '정치 한류'「グローバルインサイドアウト『日本も注目しなければならない「政治韓流」』」『ソウル新聞』2021年9月8日。

はり最大の激戦地がソウルおよび首都圏の仁川、京畿道である。これは人口および議席の半分を占めるからである。過去の選挙を見ると、ソウル首都圏においては、相対的には進歩リベラルの方が優位を占めることが多かった。ただ、平準的にそうであるということではなく、ソウルでは、富裕層の多い漢江以南の江南で保守政党支持が圧倒的に多いのに対して、以北の江北で進歩リベラル支持が多い。京畿道は逆に軍事境界線付近の北部は保守支持が多いのに対して、南部地域は相対的に進歩リベラルに対する支持が多い。

　第 20 代大統領選挙では、ソウル首都圏のうち、前京畿道知事の李候補が京畿道で優位に立ったのは当然だが、ソウルでは約 5％の差で尹候補が優位に立った。過去の大統領選挙で、ソウルで保守系候補が優位を占めるのは稀な現象だった。1997 年以後の大統領選挙では、ほぼソウルにおいて最多得票を果たした候補が当選しているが、唯一、2012 年選挙では、当選した保守の朴槿恵候補でもソウルでは 48.2％の得票率で、51.4％の得票率であった進歩リベラルの文在寅候補の後塵を拝した。

　では、なぜ、ソウルで保守の尹候補が 50.6％の得票率を獲得して、45.7％の得票率の李候補を抑えたのか。この背景には、文政権の不動産政策が完全に失敗したという評価が作用した。政府規制を中心とした政策が、供給不足による不動産価格の高騰、さらに不動産関連税の増税をもたらした。持ち家がない人は不動産価格の高騰によって持ち家を持つことがより一層困難になった。また家賃も上がったために賃貸住宅に住む人にも経済的負担が増大した。複数の持ち家を持っていた人も含めて、既に持ち家を所有していた人も、不動産価格の上昇に応じて不動産関連税が高騰することで、これもまた経済的負担が増大した。このように、ソウルの有権者にとっては、こうした不動産価格の高騰は、立場の違いを超えて、経済的負担を増大させることになった。さらに、2021年に、韓国土地住宅公社（LH）の社員たちが都市開発に関するインサイダー情報を利用して予め土地を買い占めることで莫大な利益を得ていたことも明らかになった。これは、文政権の不道徳さを露呈し、不動産問題に関する文政権への最後の一撃になった。

　さらに重要なのは、韓国政治における新たな世代亀裂、さらにジェンダー亀裂の影響である。韓国政治は、民主化などの大きな政治的激動を経験したこと

もあり、世代による政治的性向の違いが、特に2000年代に入ると顕著になる。大体、60歳代以上の高齢層が保守支持、民主化を主導したそれ以下の40・50歳代が進歩リベラル支持と明確に分けられる（**表2-2**）。

表2-2　性別・年齢別得票率（%）（放送3社出口調査）

	20代以下		30代		40代		50代		60代	
	男	女	男	女	男	女	男	女	男	女
尹錫悦	58.7	33.8	52.8	43.8	35.2	35.6	41.8	45.8	67.4	66.8
文在寅	36.3	58.0	42.6	49.7	61.0	60.0	55.0	50.1	30.2	31.3

出所：韓国ＭＢＣ　https://imnews.imbc.com/replay/2022/nwdesk/article/6349044_35744.html
（2022年5月30日最終閲覧）

　なぜ、このように世代によって政治的性向がきれいに分かれるのか。2つの説明が可能である。1つは、人間は加齢によって政治的に保守的になる傾向にあるということからの説明である。こうした側面が確かにあることは否定できない。

　しかし、それ以上に、歴史に対する世代のかかわりの違いが、異なる政治的性向をもたらすという見方である。韓国の現代史は、朝鮮戦争、4・19革命、5・16軍事クーデタ、維新体制、5・18光州民主抗争、1987年の民主化など、激動の歴史を歩んできた。そうした歴史的な出来事に、それぞれの世代がどうかかわるのかによって、その世代の政治的性向の共有度が高まる。

　韓国の40・50歳代は、1987年の民主化を学生として担った人たちが多く、長年の苦難の上に勝ち取った民主主義は自分たちが作り上げ、維持してきたという自負がある。「民主化世代」と言える。したがって、そうした世代から見ると、民主化とともに生まれた進歩リベラル政党に対する支持、一体感が高いのである。

　それに対して、60歳代以上の世代は、北朝鮮と軍事的に対峙した状況下で、北朝鮮との体制競争に関して、経済発展を成功させることで追いつき、追い越したという自負がある。「産業化世代」と言える。したがって、そうした世代から見ると、反共意識が強く韓国の経済発展を牽引した保守政党に対する支持、一体感が高いのである。

　韓国の40・50歳代の進歩リベラル支持と60歳代以上の保守支持という顕

著な対照は、加齢効果と世代効果との複合作用として説明することができるのではないか。今後は、現在進歩リベラル支持の多い 40・50 歳代の有権者が年齢を重ねるのに応じて、その政治的性向に変化が見られるのかどうかに注目する必要がある。もし、加齢による変化が見られないということになると、予見しうる将来、進歩リベラル支持が相対的多数派を形成する可能性が高いように思われるが、果たしてどうだろうか。

2）韓国における世代亀裂とジェンダー亀裂

　では、それ以外の、もっと若い世代の有権者の政治的性向はどのようなものであり、それをどのように説明することができるだろうか。20・30 歳代の有権者は、過去の選挙では基本的に進歩リベラル支持が多かった。2017 年の第 19 代大統領選挙では、当選した進歩リベラルの文在寅候補が 20 歳代の 40％、30 歳代の 50％の得票を獲得することで、保守候補を含めた他の候補に大差をつけたのである。2012 年の第 18 代大統領選挙でも、保守の朴槿恵候補が、50 歳代の 6 割強、60 歳代以上の 7 割強の得票を獲得して当選したが、20 歳代と 30 歳代の得票は 3 割強に留まり、進歩リベラルの文在寅候補に大差をつけられた。全世代で保守の李明博候補が相対的多数の支持を獲得した 2007 年の大統領選挙は例外的であったが、その前の 2002 年の大統領選挙でも、進歩リベラルの盧武鉉候補が 20 歳代、30 歳代の 6 割強を獲得することで当選を果たした[12]。

　しかし、今回の第 20 代大統領選挙では、20・30 歳代の得票率は、両候補とも拮抗していたと見られる。過去の大統領選挙のように進歩リベラル候補への支持が相対的に多かったというわけでは必ずしもない。保守野党が 37 歳の若き党代表李俊錫を前面に立て、就職や結婚などの問題に悩む若年層に寄り添う政策をアピールすることで、20・30 歳代の支持を一定程度獲得することに成功したからである。その中でも兵役義務を抱え、女性に比べて就職などで不利を被っているという自意識を持つ男性にターゲットを絞って、例えば女性家族省の廃止を公約に掲げることで、20・30 歳代の主として男性有権者に寄

12　韓国の歴代大統領選挙における各候補の年齢別得票率に関しては、韓国ギャラップによる事後調査を参照されたい。韓国ギャラップ『第 16 代～ 19 代 大統領選挙投票行態』韓国ギャラップ、各出版年、2003 年、2008 年、2013 年、2017 年（韓国語）。

り添う姿勢を示した。

　しかし、今度は逆に、同世代の女性の批判を受けることになった。出口調査の結果から見ると、20歳代以下の男性の約6割が尹候補支持、逆に20歳代の女性の約6割は李候補支持という結果に表れたように、男性は保守支持、女性は進歩リベラル支持というジェンダー間の亀裂が明らかになった。保守野党が、同世代の男性有権者だけをターゲットとした政策を打ち出し女性有権者を無視した格好になったために、女性有権者は進歩リベラル支持に回帰したと考えられる。

６．尹政権の内政課題

　2022年5月10日尹新政権が出帆した。尹大統領は検事総長を辞職してからわずか14カ月で大統領になった「急造政治家」であったため、与党内の支持基盤は盤石ではない。現在の与党には以前存在したような「親李（明博）」派や「親朴（槿恵）」派のような、激烈に競争対立する派閥のようなものはなくなったが、その代わり、党の中心がどこにあるのかという点が不明確である。

　党代表の李俊錫は国会議席を持っていないし、大統領選挙で20・30歳代の男性有権者の支持を獲得するのに貢献したという「功」はあるが、逆に、その同世代の女性有権者の支持を離反させたという「罪」もあり、大統領選挙の当選を経て党内基盤が強化されたとは言い難い。元来が、党内基盤が脆弱であったが、党代表選挙で一般党員を初めとした世論の圧倒的支持を背景にして不利を克服しただけに、党の中心としての地位を確立したとは言い難い。そして、7月8日、個人的なスキャンダルで党倫理委員会から党員資格停止6カ月の処分を受け、党代表としての活動もできなくなっている。

　国会議員の代表である権性東（クォンソンドン）院内代表は尹大統領の側近であることを背景に院内代表選で圧勝した。しかし、後述する「検捜完剥（クォンスワンバク）（検察の捜査権を完全に剥奪する）」に関しては、一旦、国会議長の仲裁案に与党だった共に民主党の院内代表とともに合意したにもかかわらず、党内や検察の反対に直面し、その合意を破棄した。そのうえで、次期大統領選挙への出馬を念頭に置いて、選挙戦の最後になって候補を辞退して尹候補支持に回った安哲秀（アンチョルス）（大統領引き継

ぎ委員会委員長）が、党内基盤の確保を目指して党内の権力闘争に加わること
が予想される。その第一歩として、6 月 1 日の国会議員の補欠選挙に立候補し、
議席を獲得することに成功した。

　このように、まずは、与党国民の力の求心力が動揺しているのが現状である。
党の求心力を確かなものとしたうえで、大統領との関係をどのように構築する
のかが、尹政権の重要な課題となる。

　次に、国会、野党との関係をどうするのかが課題となる。2020 年 4 月の総
選挙で、共に民主党が 180 議席、国会議席の 6 割を占める安定過半数を獲得
した。それに対して国民の力は、103 議席に留まった。その後若干の変動があ
り、現在は与党国民の力が 115 議席、野党共に民主党が 170 議席と保守与党
の議席が若干増加した。今後補欠選挙で若干の議席の増減があるが、保守与党
が少数与党であることには変わりがない。したがって、尹大統領は、野党との
統治協力、「協治」が必要である。

　ところが、文政権の末期、「検捜完剥」、即ち、従来検察が広範に持っていた
捜査権限を警察や新設される「重捜庁（重大犯罪捜査庁）」に移して、検察に
は起訴権のみ持たせるための、検察庁法と刑事訴訟法の改正を、野党国民の力
や検察の反対にもかかわらず、与党だった共に民主党は、文政権の任期末期の
どさくさに紛れて強行突破で成立させた。文大統領もこれに拒否権を行使しな
かった。また、野党となった共に民主党は尹政権の国務総理人事をすんなりと
認めようとはしなかった。ただ、土壇場になって、国務総理人事を認める方向
に急旋回した。いずれにしても、前途多難な船出であることに違いはない。

　韓国政治は、少なくとも外から見ると、保守と進歩リベラルの間にそれほど
大きな理念や政策の違いがないにもかかわらず、政治の主導権をめぐってしば
しば激しく対立してきた。政権出帆直後から、こうした与野党の対決姿勢に直
面すると、対決法案の審議などに関しては、困難を余儀なくされる。

　6 月 1 日の統一地方選挙で、17 の広域自治体の首長のうち、4 年前の選挙で
わずか 2 しか獲得できなかった与党・国民の力は、12 を獲得することで圧勝
したが、国会に関しては、2 年後の総選挙までは「与小野大」の継続が確実視
される。そして、わずか 0.73% ポイントの得票率の差で当選が決まったように、
国民も、過去の戦いを水に流して新しい政権の船出を全面的に祝福するという

雰囲気では必ずしもない。尹政権に対する期待度、支持率は5割前後であり、歴代選挙と比較しても高くはない。ほぼ二大政党制が堅固になっているために、政界再編によって乗り切ることもできない状況である。尹政権が、圧倒的な国民の支持を獲得して、その力を背景に「与小野大」の国会を果たして乗り切ることができるのかどうか、予断を許さない。

7．尹錫悦政権の外交：何がどこまで変わるのか

おそらく、内政以上に外交の変化が顕著になる可能性が高い。しかし、大統領選挙において外交安保は主要争点になったとは言い難く、わずか得票率0.73％ポイントの差での当選だけに、それでもって外交安保政策の大胆な転換を認めていいものかどうか。そうした疑問が伴う。

1）対北朝鮮政策

第一に、最も大きく変わるのは対北朝鮮政策である。といっても文政権の対北朝鮮政策も、順調に進んだのは、2018年までであった。二度の南北首脳会談の開催やシンガポールの米朝首脳会談の開催によって、韓国が米朝を仲介して、北朝鮮の非核化を誘導し、米朝関係の改善に関する米国の積極姿勢を引き出すという韓半島平和プロセスが進むと期待した。そして、非核化をめぐる米朝交渉がある程度順調に行くことを前提に、開城工業団地や金剛山観光事業に代表される南北協力事業の再開などを視野に入れていた。

しかし、2019年2月のハノイ米朝首脳会談の決裂以後、米朝関係の進展は見られず、南北関係も同様に停滞した。バイデン政権になっても、コロナ禍で北朝鮮が鎖国状況に置かれたこともあり、何ら可視的な動きが見られない。2022年に入ってから、北朝鮮はそれまでモラトリアムとして自制してきた長距離弾道ミサイルの発射を含め、種々の異なるタイプのミサイル発射を5月末現在で既に17回も繰り返すようになった。

尹候補は選挙戦の最中から文政権の韓半島平和プロセスは完全に失敗だったと断定し、文政権の政策は北朝鮮に宥和的であり北朝鮮を増長させただけだと批判した。何よりも北朝鮮の非核化が前提であり、それがクリアされない限り

は南北関係の改善に踏み込むべきではないと主張する。文政権が南北関係の改善を通して非核化を引きだそうとしたのとは方法において対照的である。北朝鮮には厳格な相互主義に基づく、原則に基づく対応を行うべきであり、それが南北関係の「正常化」であると主張する。

　そのためには、韓国だけの力で対応することは困難であるので、何よりも米韓、さらには日米韓の安保協力を充実させることで北朝鮮の軍事挑発にびくともしない態勢を準備することを重要だと考える。文政権は、米韓の安保協力はともかく、日米韓の安保協力に関しては、過去の日本による侵略の歴史や現在の中国との関係を念頭において、慎重な姿勢を堅持しただけに、それに比べると、もう少し積極的に踏み込むことが予想される。日米韓を中心とする国際圧力を強化することによって北朝鮮の非核化を目指すことを、南北関係の改善よりも優先する考えのようだ。こうした姿勢は、対北朝鮮政策に関して、従来以上に日米などに接近する可能性を孕む。

　但し、そうした姿勢に北朝鮮がどのように反応するのか。北朝鮮は、2022年に入ってからミサイル発射を頻繁に繰り返している。さらに、2017年9月以降自制してきた核実験を再開する構えをみせている。しかも、従来は、大陸間弾道ミサイルを開発し、それに搭載可能な戦略核を開発することに主眼を置くことで対米抑止力を完成することを優先したが、最近は、日韓およびそこにある米軍基地を標的にした戦術核搭載可能で、迎撃が非常に困難な種々のタイプのミサイル開発に取り組んでおり、北朝鮮の核ミサイル開発が新たな段階に入っている。

　北朝鮮は、文政権に比べると対北朝鮮強硬政策を採用すると予想される尹政権に対して、揺さぶりをかけるためにも軍事挑発をエスカレートすることも予想される。しかし、そうした渦中で、北朝鮮は2022年5月12日に、それまでゼロだとしていたコロナ陽性者に関して、爆発的に陽性患者が発生したことを発表した[13]。これが軍事挑発にどのような影響を及ぼすのか注目される。

　韓国国防相による「（北朝鮮による韓国をターゲットとした）ミサイル発射兆候が明確な場合は発射点と指揮・支援施設を精密に打撃できる能力と態勢も

13　4月末から全国規模で35万人余りが発熱し、その内16万2,200人余りが完治した。5月12日の1日に全国で1万8,000人余りの発熱者が新たに出て、現在まで18万7,800人余りの隔離及び治療を受け6名が死亡した。北朝鮮中央通信2022年5月13日。http://kcna.kp/kp/article/q/8b0b3b2eb5e99dd2a58672fc8594f043.kcmsf.

備えている」という発言に対して、2022年4月3日と5日に、金正恩朝鮮労働党総書記の実妹金与正党副部長による硬軟両様のメッセージは示唆的である。一方で、その発言を猛烈に批判して韓国に対する核戦力行使の可能性を示唆したが、他方で、「韓国を武力（攻撃）の相手と見なさない」「南朝鮮を狙って銃砲弾一発たりとも撃たない」とも発言した[14]。

2）米中対立への対応

　第二に、米中対立への対応姿勢、さらにそれと関連して米韓同盟の対象範囲をどのように考えるのかについて、文政権との違いが見られる。韓国は米国の同盟国でありながら、中国を最大の貿易相手国とする。また、核ミサイル開発に邁進する北朝鮮に対して、非核化をめぐる米朝交渉に前向きに取り組むように迫り、韓国主導の南北平和共存の枠組みに取り込むという課題のためには、北朝鮮に対して大きな影響力を持つ中国との関係は重要だ。「安保は米国、経済は中国、北朝鮮問題は米中」に相当程度を依存せざるを得ないことになる。

　朴槿恵政権期の前半期、朴槿恵大統領は習近平中国国家主席との間で頻繁に中韓首脳会談を開催、さらに2015年9月中国の抗日戦勝利記念式典の軍事パレードに、所謂旧西側諸国の指導者としては唯一参加し、中韓関係を強化することで、北朝鮮の軍事的挑発を抑える中国の影響力行使に期待した。しかし、2016年1月に北朝鮮は4回目の核実験を実施するなど、朴槿恵政権は、北朝鮮の軍事的挑発を抑えられない中国に「失望」し、それまで中国に配慮して配備しなかったTHAAD（終末高高度防衛）ミサイルを駐韓米軍基地に配備することを決断した。これに激怒した中国は、韓国への団体観光を禁止したりするなどの報復措置を採ることで、中韓関係の緊張が高まった。

　これに対して、文政権は中国に対して、①THAAD（終末高高度防衛）ミサイルの追加配備はしない。②米国主導の対中ミサイル防衛システムに参加しない。③日米韓の三国軍事同盟は結ばない、という「三不政策」を約束することで、米中関係における「戦略的曖昧性」という立場に立脚して、米中の二者択一を迫られる状況を回避することで、中韓関係の打開を試みた。それは、ある

14　北朝鮮の朝鮮中央通信2022年4月4日・6日。http://kcna.kp/kp/article/q/fc509ed36fcc7016fe5f52a0f8c92cbc.kcmsf, http://kcna.kp/kp/article/q/55b4200677ac335514dedaac2e2bf564.kcmsf

程度奏功し、中韓関係のさらなる悪化は防がれた。

　その後、香港などに対する人権問題への対中批判が高まり、北京冬季オリンピックの開会式で、韓服を着た朝鮮族を中国の少数民族として示したことへの反発もあり、さらに、韓国が中国にほぼ全面的に依存してきた尿素水の対韓輸出が激減する出来事もあり、韓国社会における対中イメージは悪化した。

　こうした韓国社会における対中イメージの悪化や、文政権の楽観的予想を超えて、米中対立が深刻の度を深めたことを背景に、尹候補は選挙戦で、文政権が「三不政策」を中国との間で約束したのは不適切だと批判した。

　さらに、対中包囲網の形成もある程度は念頭に置いて形成された、日米豪印からなる QUAD（日米豪印戦略対話）に対しても、韓国の加盟を前向きに考えるべきだという姿勢を示した。文政権は、QUAD に関して軍事領域以外の環境や保健などの非伝統的な安保分野での関与を考慮する程度に留めるべきだという意見であった。しかし、尹政権は軍事的安保分野も含めてもっと積極的な加盟も考えるべきだという姿勢を示している。このように、米中の間での「戦略的曖昧性」を放棄し、米韓同盟の方にもっと軸足を移す「戦略的明確性」を指向すると見られる[15]。

　そして、北朝鮮の軍事的挑発への対応など、朝鮮半島有事に限定していた米韓同盟を、尹政権は、増大する中国の軍事的脅威にも対応する方向に向けて強化する指向を持つ。自ら主導的にそうした方向を指向するというよりは、米中対立の深刻度が高まるにつれ、韓国の「戦略的曖昧性」に対する米国の不信感が高まるので、それを防止するためにも、対中政策に関して米国の要望に相当程度応えるほかない「苦肉の策」という側面が強い。

　さらに、ロシアのウクライナ侵攻に関する、中国さらに北朝鮮のロシア寄りの姿勢は、米中対立の深刻度をより一層刻印することで、韓国の「戦略的曖昧性」を許さない方向に向かうことも予想される。そして、それまで国連安保理の常任理事国として、北朝鮮の核ミサイル開発には少なくとも形の上では厳しい姿勢を示した中国、ロシアも、北朝鮮の核ミサイル開発への制裁強化に対しては、より慎重な姿勢に変容しつつある。実際に5月末には、制裁強化決議

15　この点については、米国の民間シンクタンクである CSIS（Center for Strategic and International Studies）の The Capital Cable というインターネットのプログラム（2022年2月11日）で、尹政権の最も重要な外交ブレーンであると評価される金聖翰（現在は国家安保室長。当時の職は高麗大学教授）を招待して行った討論の中で議論された。https://youtu.be/_CqMRV85NXg

には中ロ共に拒否権を行使した。

　このように、米中対立の深刻化、ロシアのウクライナ侵攻に伴う米国と中ロ間の緊張の高まりとともに、重要な争点として浮上しつつあるのが、台湾海峡問題である。2021 年５月の文在寅・バイデンの米韓首脳会談後の米韓共同声明でも、中国を明記したものではなかったが、共通の関心事として「台湾海峡の平和と安定の重要性」が盛り込まれた。これは、直前の日米首脳会談後の日米共同声明と全く同じ内容であった。さらに、これと同様な内容が、2022 年５月のバイデン大統領の訪韓、訪日時における米韓共同声明、日米共同声明でも再確認された。台湾海峡有事の場合、駐韓米軍の関与の可能性も現実味を帯びようとしている。韓国政府としては、こうした米中関係の狭間で一体どのような対応をすることになるのか。

　大統領選挙戦では、こうした外交安保問題はほとんど争点にはならなかったのだが、一旦、政権交代が実現すると、以上のように、韓国外交の方向性に重大な変化が見られる可能性がある。但し、最大の貿易相手国として経済的な結びつきが強く、北朝鮮にも影響力を持つ中国との関係は依然として重要であり、尹政権が、こうした制約の中でどのような選択をするのか注視する必要がある。

８．日韓関係に変化はもたらされるのか

　2015 年 12 月の慰安婦問題に関する日韓政府間合意、徴用工をめぐり日本企業への損害賠償を命じた 2018 年 10 月の韓国最高裁の司法判断と、それへの文政権の「政府間合意では問題解決にならない」「司法判断を尊重せざるを得ない」という対応、そして、それに対する報復的な意味を込めた日本の対韓輸出管理措置の見直しなどに起因して、ここ数年の日韓関係は、政府間関係はもちろん、民間の関係においても、かつてない緊張状態が続いている。「歴史問題で、今まで日本は韓国の批判に対して守勢であったが、もうこれからは日本も反撃するべきだ」と、日本から「歴史戦（争）」という言葉が使われるようになっている。それに対して文政権はあまりにも「無策」であり、対日関係を悪化するのに任せて「放置」した。日本の一部メディアで報道されるように、文政権が「反日」だとは筆者は思わないが、「対日関係を軽視した」ことだけ

は否定できない。

　2018 年は、韓国外交にとって南北首脳会談や米韓首脳会談などを通して米朝交渉の仲介役を果たすのに精一杯であり、対日関係に神経を使う余裕はなかったのかもしれない。ただ、文政権の一部には、米朝の仲介外交さえうまくいけば、日本はそうした変化に乗り遅れまいと、日韓関係打開に日本の方から歩み寄ってこざるを得ないという「楽観論」があった。また、韓半島平和プロセスに対する日本の果たす役割はあまりないという、日本に対する「低い評価」もあった。しかし、2019 年以後は、米朝交渉は挫折し、韓半島平和プロセスも行き詰まった。そして、こうした行き詰まりの背景には、米国トランプ政権に対して「北朝鮮の非核化意思に対して強い不信感を持つ」日本の安倍政権の影響があったのではないかという疑念を、文政権は持ったようだ[16]。

　一方で韓国の韓半島平和プロセスに対する日本の不信が示されたことで、文政権の対日不信は高まった。他方で、韓半島平和プロセスを再活性化させるためには対日関係の改善が急務だという認識を改めて持つことで、2021 年になって、東京オリンピック開会式への文大統領の参席の可能性を探ることで日韓関係の打開を試みた。しかし、日本側の文政権への不信が根強く、また、文政権も、徴用工をめぐる韓国の司法判断に関して日本政府を納得させるような対応を採ることが難しかったということもあり、日韓関係の改善の機会が持たれることなく、文大統領は任期終了を迎えた。

　2022 年 3 月の第 20 代大統領選挙で必ずしも日韓関係が争点になったわけではない。にもかかわらず、両候補の日本にかかわる言動には違いが見られた。日韓関係を悪化させた文政権の政策を批判し、日韓関係を 1998 年の日韓パートナーシップ宣言のレベルまで回復すると主張した尹候補に対して、李候補は日韓関係の重要性は認識しながらも、歴史問題に関しては日本側に責任があり日本側の前向きな姿勢こそ必要だと、原則的な立場を繰り返すのに留まった。したがって、日本政府、社会でも、「尹政権待望論」が雰囲気としてあったことは確かだ。

　しかも、尹政権は、対北朝鮮政策や米中対立への姿勢に関して日本との違い

16　ハノイの米朝首脳会談にトランプ大統領に同行したボルトン国家安全保障担当大統領補佐官の回顧録には、日本の働きかけがあったことが明記されている。John Bolton, *The Room Where It Happened: A White House Memoir*, Simon & Schuster, 2020.

が目立った文前政権とは異なり、相対的に日本の立場に接近することが予想される。そして、米韓同盟だけではなく日米韓の安保協力の重要性も強調する。したがって、対北朝鮮政策や対中政策をめぐる日韓の政策協調が、文政権よりは進む可能性が高い。

　しかし、日韓間の懸案となっている歴史問題にかかわる韓国の司法判断の問題、特に、確定している日本企業の在韓資産に対する差し押さえと現金化措置が進むことが予定される問題に関して、尹政権が従来の関係の行き詰まりを超えられるような何らかの画期的な解決法を提示できるのか。韓国の司法判断も尊重し、かつ、1965年の日韓請求権協定における「完全かつ最終的な解決」という日韓政府間の従来の約束も守れるような、そうした解決法が必要となる。

　それは、尹政権だけの力ではできないだろう。日本の岸田政権の協力も必要だ。日本政府の従来の立場は、「これは韓国国内の問題なのだから、韓国の国内だけで処理するべきであり、日本は何もする必要はない」というものだった。こうした姿勢に固執するのでは、尹政権になったところで問題解決の糸口さえつかめない。尹政権の積極的な取り組みが必要なのは言うまでもないが、それに対応する日本政府の姿勢にも柔軟さが求められる。

　共有されるべき原則は、韓国の司法判断も尊重しなければならないが、1965年の日韓請求権協定における「完全かつ最終的な解決」、2015年の慰安婦問題に関する日韓政府間合意などの日韓政府間の信頼の基礎となる約束も尊重されなければならないということだ。私見では、確定判決への対応に関しては、韓国政府が何らかの理屈をひねり出して代位弁済することで判決に対する一応の決着を図る。現状変更の動きが韓国国内から生じたわけなので、まず韓国政府がそれへの対応を考えなければならないだろう。

　その後、韓国政府は当該日本企業に対して、弁済分を請求するが、日本企業は1965年の日韓請求権協定に基づき、それに対する支払い義務はないという立場を取る。しかし、こうした確定判決が出たことに鑑み、また、当該日本企業の今後の韓国での正常な経済活動への影響などを考慮すると、何もしないということはやはり難しいだろう。まず韓国政府や企業が主導して創設した基金に、当該日本企業も自発的に拠出することで、こうした徴用工をめぐる問題、さらには広く日韓の歴史問題に取り組む事業を行う。また、当該日本企業は、

被害当事者に対して謝罪をする。こうしたラインが、韓国の司法判断を尊重しつつ、日韓請求権協定を尊重するということではないか。

　もし、それでもだめだということであれば、日韓請求権協定に関する日韓両政府の解釈が、当初は一致したが、時間の経過とともに異なってきたということであるから、日韓請求権協定の第3条第2項以下の仲裁手続きを進めていくよりほかない。ただ、その前に外交によって解決するのが望ましいことは言うまでもない。

　しかも、韓国には野党が過半数を支配する国会、さらに、歴史問題に関しては日本に対して厳しい世論が存在する。それに対して、日本でも韓国の要求に屈するべきではないという強硬論が社会に台頭しつつある。そうした両国の強硬な国内世論を抱えながら、日韓両政府が、どのような打開策を共有できるのかが問われる。

　幸い、韓国の尹政権は日韓関係の重要性を積極的に国の内外にアピールしており、新しい駐日大使にも、日本への留学経験があり、日韓関係にも北朝鮮問題にも精通する尹徳敏前国立外交院院長を任命した。日韓関係打開の意欲は十分にある。日本の岸田政権も、それに応じて、米中対立の深刻化やロシアのウクライナ侵攻、北朝鮮の核ミサイル開発の再本格化という状況の中で、韓国と緊密なコミュニケーションをとり、政策協調を進めることが重要だという認識を持つ。日韓間の懸案を日韓が協力して管理し解決することによって、日韓が共有する困難な課題に競争しながら協力して取り組むという好循環が生まれる可能性はある。

9．日韓関係の再考

　日韓は韓国の民主化・先進国化、冷戦の終焉を経て、それまでの非対称関係から対称関係へと大きく変容した。そして、それに伴って、相互補完的な関係から相互競争的な関係へと変わっている[17]。そうした構造的な変化に、日韓の政府や社会が賢明に対応できていないという現状がある。日韓の間には過去の歴史をめぐる認識の乖離があるが、それが日韓関係全体を覆い尽くして妥協を

17　木宮正史『日韓関係史』岩波書店、2021年を参照されたい。

困難にするものではないはずだ。さらに、北朝鮮問題や米中対立にどのように対応するのかをめぐる違いもある。しかし、むしろ、そうした問題への対応に関して、日韓の対応は殊更に違うというのではなく、むしろ、目標は相当程度共有されるが、そこに至る方法において違いがあるということであって、異なる方法で競争しながら協力することで目標に取り組むということが重要ではないか。

　日韓の間には、その違いよりもずっと大きな共通利益が存在する。しかも、その共通利益は日韓が競争しながら協力することによって初めて得られるものである。そうした共通利益というのは、米中という大国間関係の狭間で、しかも、秩序を攪乱しようとする北朝鮮に対して、秩序を構成する一員になるように説得することで、この困難で不透明な状況の中、日韓が名誉ある形で生存を確保することである。そのために、日韓がお互いにどのような選択をするのが最も合理的であるのか。それぞれの国民、さらにはお互いの国民のために、また、それ以外の関係する人たちに提供する国際公共財として、どのような選択をすることが最も合理的であるのかを、今一度考えるべきではないか。

第3章

こんにちの日韓関係から私たちが学ぶべきもの
―構造的変化と「人災」にさらされる近隣外交―

箱田　哲也　（朝日新聞社）

1．政治指導者が招いた「人災」

　「最悪」という表現を使うかどうかは別として、現在の日本と韓国の政治関係が、長期の対立局面に入り、なかなか抜け出せないでいるのは確かだろう。2011 年 12 月 17 日、当事の李明博大統領は翌日に控えた野田佳彦首相との会談のために日本を訪問した。両首脳はその日の朝、まさか北朝鮮の金正日総書記が死去したことなど知るよしもなく、日程を進めたが、この時の訪問以来、日韓首脳が単独で互いに相手国を訪れることは途絶えたままである。

　特別に協議する懸案の有無にかかわらず、距離的に最も近い隣国の首脳同士が気軽に相手国を訪ね、語り合おうという「日韓シャトル外交」が始まったのは 2004 年 7 月の小泉純一郎首相と盧武鉉大統領の会談からとされる。自由や民主主義といった基本的な価値を共有している両国の首脳が、二国間会談のための往来を 10 年以上も途絶えさせている現状は異常というほかない。

　では、なぜ日韓の政治はこれほどまでに冷え込んでしまったのか。過去をふり返るだけでなく、今後のためにも冷静に検証し、分析を進める必要がある。それを考える上で、いわば「似たもの同士」である日韓の関係性の変化、つまり構造的な変化が大きく影響していることは、これまで何度も指摘されてきた通りである。

　モノの製造においても技術面などで先行する日本に対し、韓国は後発的で日本から多くを学び発展してきた。単に企業レベルではなく、国力としても韓国のそれが上がる一方、長期の経済低迷にうちひしがれた日本の国際社会におけ

る地位は相対的に低下し、おのずと日韓の差は縮まる。いわば垂直的だった関係性は、いつしか水平に向かい、分野によっては韓国が日本より、さらに前に出ることも珍しくなくなってきた。

　ただでさえ、そのような構造的変化に直面して、摩擦が生じやすい状況の中、本来であれば、それらの対立を抑えるべき政治が機能しない。それどころか、火に油を注ぐ格好で、対立をあおるような言動を繰り返したことも、今日の日韓関係を作り上げた大きな要因と言わざるをえない。とりわけ、両国の市民レベルでの感情的な対立、ナショナリズムの衝突という事態を招いたのは、むしろ政治指導者の誤った判断によるところが大きいと言えるかもしれない。

　7年8カ月という憲政史上最長の政権を担った安倍晋三首相。前任の朴槿恵（パククネ）氏の弾劾・罷免という異例の事態を受け、「ロウソク革命」と呼ばれる社会の追い風に便乗して政権に就いた文在寅（ムンジェイン）大統領。政治志向はまったく異なれど、2人の指導者とも、独特の歴史観に強いこだわりを持ち、イデオロギーを前面に押し出した政策を進めるという意味では相似しており、それゆえ接点を探ることが非常に困難であった。この2人が下した判断と政策は結果として、ことごとく裏目に出た。その意味で今日の日韓の葛藤は「人災」だった色合いが非常に強いとも言えよう。

　政治が生み出した対立は、政治が責任をもって解消せねばならない。しかし、現在の日韓双方の政治には、そんな体力も意欲も、さらには妙案を生み出す知恵も見つけることが難しいという厳しい状況が続く。2022年3月9日の韓国の大統領選挙で保守系の尹錫悦（ユンソンニョル）氏が当選した。尹氏は日本との関係改善に意欲をみせる。日韓双方に妥協を許さぬ勢力が存在する中、新たな政治指導者たちが両国関係をいかに管理できるかが重要になってくる。

2．日韓の構造的な変容

　韓国にとって日本は長らく、植民地支配により民族の尊厳を大きく傷つけた加害者である一方、押しも押されもせぬ経済大国であり、国際社会における存在感も目にまぶしい、一種の憧れを抱く対象であった。だが日本の国力や経済力が低下していくにつれ、韓国から映る日本の姿は、前者の「過去」に対する

視角はそのままに、後者の目指すべき目標という部分は徐々に薄れた。その傾向は 2010 年、中国が GDP（国内総生産）で日本を抜き、世界第 2 位の地位となった時期から一段と顕著になっていった。

　他方、日本の側にも韓国を見る視点は変容していった。1990 年代には、日本政界の再編や冷戦終結を受けた国際社会での民主化の流れを受け、「過去」に対して謙虚に向き合い、謝罪と反省を表明する動きが相次いだ。それは国内的には、植民地支配や侵略に対する反省、さらにはそれに伴う贖罪意識を、多少にかかわらず日本社会で影響力をもつ世代が抱いていたためでもあった。

　とりわけ韓国は、そういった贖罪の対象であると同時に、冷戦期においては北朝鮮をはじめ、中国やソ連（ロシア）と対峙する一種の防波堤の役割を担っており、日本の安全保障上、不可欠な存在であるとの認識が保守派の中にあった。そのため惜しむことなく経済的な協力を深めていくことができた。その後、韓国はめざましい経済発展を遂げ、徐々に関係は協力から競争、さらには対立へと変わっていった。共存を前提とするパートナーは、いつしか生存をかけるライバルとなっていった。

　日本のポジションが下がり続けているという現実を、日本国内に住む人々が肌感覚では受け入れられないということも大きく関係したといえるだろう。たとえば、2021 年 10 月 20 日付けの朝日新聞朝刊 1 面に出た連載企画「日本経済の現在値」の初回記事「30 年増えぬ賃金、日本 22 位　上昇率は 4.4%　米 47%、英 44%」はネット上などでも波紋を広げた。長期政権を誇った安倍政権の看板政策であるアベノミクスの影の部分として、日本の賃金がいっこうに上がらず、「失われた 30 年」と言えるほどに低迷していることを他国との比較であぶり出した。この中で、英国やフランスはおろか、韓国にもすでに 2015 年に日本の平均賃金は追い越されていたことが、記事とグラフで示された（**図 3-1**）。

　日韓関係に携わる関係者の間では、周知の事実だったことであり、しかも**図 3-1** に見るように、その根拠が経済協力開発機構（OECD）の調査であるにもかかわらず、ネット上などでは、韓国の平均賃金が日本を上回っている現実に疑義を呈したり、フェイクニュース扱いにしたりする言説が飛び交った。

　さらに、昨今の厳しい対韓感情をあらわすかのように、過去の問題で謝罪や

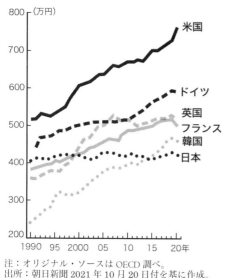

注：オリジナル・ソースは OECD 調べ。
出所：朝日新聞 2021 年 10 月 20 日付を基に作成。

図 3-1　主要国の平均賃金（年収）の推移

賠償を求める韓国に対し、これほど豊かになってなお、日本に要求を繰り返すのかといった批判も一部に起きた。

日韓の関係水平化の例は枚挙にいとまがないが、防衛費（国防費）をめぐる問題も日本国内でにわかに注目され始める。2000 年代前半の政権を担った盧武鉉政権以降、韓国の国防費の伸びは顕著であるが、その盧政権と同様、「自主防衛」の重要性を前面に掲げる文在寅政権では、伸び率が加速した。日本経済新聞（2021 年 9 月 1 日付朝刊）などによると、任期中の伸び率をみると、保守系の李明博政権は 29％、朴槿恵政権が 17％（在任 4 年目で辞任）だったのに比べ、文政権は 37％にのぼる。一人当たりの 2021 年度国防予算は日本の 2.4 倍となって日本と並び、2023 年にも実額で日本を上まわる可能性が出てきた。中国の国防費問題と合わせ、これらの動きもまた、国内総生産（GDP）1％以内を守ってきた日本の防衛費の枠撤廃を求める声を勢いづかせつつある。

3．無知と悪意に彩られた対立

1）国内向けの政治利用に翻弄

では、二国間に深刻な摩擦や葛藤を引き起こし、双方の隣国に対する市民感情をここまで悪化させた要因が構造変化だけによるのかと言えば、到底そうだとは言いがたい。困難な局面を迎えて、感情的対立を激化させたのは、ほかでもなく政治、つまりは政治指導者の誤った決断の結果という側面は否定できまい。民主政治において、世論を完全に無視して重要な外交決断をすることは極めて困難である。

　しかし、安倍、文両政権下で繰り広げられた政治的衝突は、政治が主導し、それらの決断が世論をあおる側面があった。その誤った政策判断は、日韓ともに、時に隣国に対する無知により、時に国内向けの「政治利用」という誘惑に駆られた悪意によって下された、極めて人為的な結果とも言える。それらの象徴的な例をあげるなら、2015年に日韓両政府が初めて慰安婦問題で到達した政治合意の後の対応であり、徴用工をめぐる判決に対する対応やそれに伴う日本政府による経済報復措置、さらにはその対抗策として韓国がいったんは踏み切った日韓防衛協定の破棄の問題などである。

２）骨抜きにされた慰安婦合意

　言うまでもなく日韓の政治関係の前に大きく立ちはだかるのは慰安婦と徴用工という２つの歴史問題である。一連の問題は以下のような経緯をたどってきた。

　2015年12月28日。日本で仕事納めだったこの日の午後、岸田文雄と尹炳世（ユンビョンセ）という２人の日韓の外相はソウル市内での会談終了後、慰安婦問題での日韓政府間の合意を読み上げた（**写真 3-1**）。両政府は、表向きは外交当局の局長級協議で話し合いを進めているそぶりを見せ、メディアの関心をそちらに集めた上で、政治指導者と直結する別ルートでの協議の場を設定し、そちらで本音をぶつけ合い、合意文をまとめ上げていった。

　1990年代に日本側が準備した民間主導のいわゆる「アジア女性基金」が、元慰安婦らを支援する市民団体の強い反発を買い、成功しなかった経緯を受け、静かな環境の中で慎重に協議した。元慰安婦ら被害者に支給されるお金は、日本政府が国庫から全額支給することや、支援団体などが強く求める日本政府の「法的責任」という言葉を合意に盛り込まないまでも、限りなく国としての責任を痛感しているとわかるような工夫を凝らしていった。韓国政府側は外交省当局者が実際の交渉自体にほとんど関与しない形式で進められていったが、元慰安婦や支援団体への接触は外交当局者が担い、合意内容の概略を事前に伝えた。

　2015年の慰安婦合意は、日韓それぞれと同盟関係を結ぶ米国のオバマ政権により、強い圧力を受けたために実現したとの言説が、両国の研究者らから指

注：ソウルの韓国外交省で 2015 年 12 月 28 日、日韓慰安婦合意に関する共同記者発表に臨む岸田文
雄外相（左）と韓国の尹炳世外相。出所：朝日新聞社。
写真 3-1　日韓慰安婦合意に関する共同記者発表

摘される。朴槿恵政権の実績を徹底して否定したい文政権関係者の一部が、米
国関与説に結びつけるため広がった可能性があるが、事実関係として誤りであ
る。米政府は関係改善の必要性を両国に重ねて要請したものの、実際には、合
意を作った非公式協議を始める際の動機から交渉の過程はもちろんのこと、合
意文の中身にいたるまで具体的に介入にしなかった。その意味で慰安婦合意は、
その中身の評価はさまざまであるとしても、外圧の関与なしに日韓が向き合っ
て作り上げた貴重な共同作品と言える。

　しかし、そんな慰安婦合意は 2017 年 5 月に発足した文政権によって、骨抜
きにされる。文政権は誕生後、間を置かずに「韓日日本軍慰安婦被害者問題合
意検討タスクフォース（TF）」を設置し、慰安婦合意の経緯や内容などの検討

を始めさせた。TF は同年 12 月、交渉過程で元慰安婦らの声が十分に聞かれなかったことなど問題が多い合意との、総じて否定的な見解をまとめて発表した。これを受けて文大統領は「この合意では慰安婦問題は解決されない」などとする声明を出し、慰安婦合意は事実上、形骸化されていった。

　日本政府は二国間の約束である慰安婦合意の履行を求める一方、同時に韓国政府に対し、元徴用工らが日本企業を訴えた裁判の確定判決が出る前に、行政府としての明確な立場を表明するよう重ねて促した。被告の日本企業に賠償を命じる判決が確定すると、1965 年の国交正常化時に交わした日韓請求権協定が根幹から揺らぎ、収拾がつかなくなることを恐れたためである。しかし、支援団体が強く求める、慰安婦合意に基づいて作られた「和解・癒やし財団」をいかにして解散させるかに腐心していた文政権には、その訴えはさほど響かなかった。徴用工問題の深刻さを訴える声は政権内にもあったが、多数派ではありえなかったことに加え、政権内の民族問題を最重視するグループは、さして深刻な問題とは受け止めず、司法の判断を待つべきだとの考えが強かった。

　2018 年 10 月 25 日、韓国外交省の趙顕（チョンヒョン）・第 1 次官が東京都内で秋葉剛男・外務次官と会談し、元慰安婦らの支援に当たってきた「和解・癒やし財団」を解散させる考えを伝えた。韓国大法院（最高裁）はその 5 日後、日本企業に賠償を命じた控訴審判決を支持し、判決が確定したことで両国間の緊張は一気に高まった。

3）最大懸案となった徴用工問題

　日本政府が請求権協定に基づく仲裁手続きや、国際司法裁判所（ICJ：International Court of Justice）への提訴を視野に入れつつ是正を迫るに至り、文政権は判決後、やっと重い腰を上げ、日本通で知られる李洛淵（イ・ナギョン）首相（当時）を中心に対応策の協議に着手した。しかし、徴用工問題は請求権協定によって法的に解決済みだとして韓国国内でのすべて完結させるよう求める日本側の要求と、日本の被告企業への賠償命令という確定判決を手にした原告側の主張との両方を満たす妙案を作り出す作業は困難を極めた。

　2019 年 5 月、対応策の責任を担っていた李洛淵首相は、韓国政府としての対応に「限界がある」と発言したことを受け、日本側では政府・与党内に、厳

しい報復措置をとるべきだとの声がにわかに高まった。安倍官邸は各省庁に、韓国への措置を検討するよう指示した。各省庁に求められたのは、「国際法やルールに反していないと主張できること」や「日本国内企業に悪影響が及ぶことを最小限にとどめること」が可能で、かつ韓国側が強い痛みを感じ、事態の是正に向けた行動をとらざるをえないような措置であった。しかし、国交正常化から半世紀以上にわたり、互恵的な経済協力を深め、ともに歩みを進めてきた日韓において、それらの条件を満たすような措置は見つけられなかった。

　かねて自民党の対韓強硬派からは、韓国経済を牽引する半導体製造に必要な材料の輸出制限を求める声が出ていた。だが所管の経済産業省の実務担当者でさえ、この輸出規制強化には消極的だった。歴史問題に対する報復措置ではなく、安全保障上の懸念を理由にしたとしても、国際社会からは理解が得られるかどうかわからない。さらに、国内企業への打撃は避けられず、何より歴史問題とまったく無関係な半導体素材メーカーが大きな損害を被ることで、政府自身が訴えられるかもしれないことを恐れた。そんな実務者らの懸念を尻目に、安倍官邸は半導体素材の規制強化に加え、輸出手続きを簡略化する「ホワイト国」の指定から韓国をはずす方針を固める。

　日本では参院選の公示が迫っていた。他方、6月末には大阪で開催される主要20カ国・地域首脳会議（G20サミット）も近づいていた。いくらWTOのルールに反していないと抗弁しようとも、自由貿易体制の尊重をうたう国際会議に各国の首脳が集うさなかでの輸出規制強化措置は発表しがたい。実際、G20サミットでは「自由、公平、無差別で透明性がある」貿易環境の実現を盛り込んだ首脳宣言の採択を議長国としての日本が主導した。そのため、措置の発表はG20閉幕直後の7月初めに設定された。

　多くの日本メディアも、韓国への輸出規制強化は徴用工問題で動こうとしない韓国政府への事実上の対抗措置と報じたが、日本政府当局者らの受け止め方は違った。もちろん徴用工問題のためにわざわざ後付けの理由をそろえた動きに違いなく、表向きの理由としている安保問題などではない。だが対抗措置は、日本企業に実害が生じた場合、つまり確定判決通りに資産が強制執行され、いわゆる現金化が実現した際に別途準備してある措置であり、半導体素材などの規制強化は韓国政府を促すための事前措置にすぎなかった。

注：2019年8月15日、ソウルの光化門広場で開かれた、日本政府の輸出規制強化措置などに反対する集会。「ノー安倍」と書いたプラカードが掲げられた。出所：朝日新聞社。

写真 3-2　日本政府の輸出規制強化措置などへの反対集会

　これら一連の攻防の中で、安倍、文両政権の政治責任が大きいと言える一つは、何ら確実な根拠がないにもかかわらず、相手国側の対応について、自国に有利なように運ぶはずだと勝手に妄想し、結果としてそれらがことごとくはずれたことだろう。

　まず、日本側においては自民党の一部などに、「韓国たたき」が手段ではなく目的と化したような嫌韓的な政治利用の意図があったことは否めない半面、官邸の事務方が強硬策に傾いた背景に、文政権が音を上げて事態を好転させられるだろうとの浅薄な見立てがあったことも事実である。だがこの判断は、いかに隣国・韓国の日本に対する視角や考え方が理解できていないかを露呈することになる。

　不意を突かれて慌てる文政権よりもすばやく反応したのは韓国世論だった。歴史問題において加害側の日本が開き直り、経済分野、しかも韓国を象徴する半導体製造にいきなり手を突っ込んできたと受け止め、日本製品の不買を訴え

る呼びかけはにわかに拡散した。民主化が進み、意見が多様化した現代の韓国では、政治が安易に日本批判を支持に結びつけようとしても成功は難しいし、不買運動も広がりを欠いてきた。しかし、日本側に明らかに非があると衆人が認める場合は話が違ってくる。日本の輸出規制強化措置はまさにその典型で、歴史問題とは無関係の日本企業の製品にまで悪影響は飛び火し、韓国での事業をあきらめ、撤退するケースも出た。

　当時はまだ新型コロナウイルス問題が起きる前で、安倍政権は東京五輪が開かれる予定だった 2020 年に 4,000 万人の海外からの訪日を目標に掲げていたが、それまで前年比増で推移していた韓国からの訪日客は輸出規制強化措置の直後から減少に転じ、結局、2019 年は前年より 25.9％減となった（2020 年 1 月 18 日付　朝日新聞朝刊）。これらの世論の反発に背中を押される形で、文政権は日本の措置の不当性を訴え、世界貿易機関（WTO）への提訴に向けた手続きを進める考えを表明した。日本政府の決定は完全に裏目に出て、期待をした事態の打開どころか、懸案の進展をさらに遠のかせてしまったのである。

4）外交の転換点となった輸出規制強化措置

　輸出規制強化措置は日本の東アジア外交でも大きな転換点になったと言える。安倍長期政権以前の日本外交は、歴史問題を抱える韓国や中国に対して、たとえ過去の問題があろうとも経済や文化交流など他の分野にまで拡大させず、別途考えるべきだと主張してきた。しかし、歴史問題で的確な対応をしない文政権にしびれを切らして経済報復措置をとったことで、今後もし日本外交が従来の主張を唱えても十分な説得力をもちえない恐れが出てきた。

　他方、韓国に対する強硬な措置が日本国内で多くの支持を得たことは事実だろう。その意味で参院選公示前の発表は、一定の成果を上げたと言えるかもしれない。半導体素材の規制強化と別に、もう一つの措置として発表した「ホワイト国」指定から韓国をはずす件について、日本政府は広く国内の声を聞こうと政令改正前にパブリックコメント（意見公募）を実施した。経済産業省が発表した結果によると、4 万件以上の意見が寄せられ、賛成が 95％と圧倒的で、反対はわずか 1％にすぎなかった。意見公募に寄せられるのは通常、数十件ほどの場合が多く、異例の多さになった（2019 年 8 月 2 日付　朝日新聞朝刊）。

　しかし、実際の世論が、意見公募の結果ほど極端に日本政府の措置を支持したとは言い難い。たとえば公募期間中の 7 月 13、14 の両日に朝日新聞が実施した世論調査では、半導体規制の輸出規制強化についての質問に、56％が妥当だと答え、妥当でないとの回答は 21％だった。半導体素材の規制と、ホワイト国指定除外という違いはあるものの、いずれも韓国向けの措置だということを考えると、賛意を示す人が多いものの、9 割を超すほどではなかった可能性がある。

　また、2 年以上が経ち、日本国内の世論に変化の兆しととれる動きも出てきた。日本の言論 NPO と韓国のシンクタンク、東アジア研究院が 2021 年 8 月から 9 月にかけて実施した調査によると、日本政府の韓国への対応について、日本では「評価しない」が 27.3％だったのに対し、「評価する」は昨年から 9.8 ポイント減って 19.9％だったという。他方、韓国政府の日本への対応を韓国側で尋ねると、「評価しない」が 34.5％、「評価する」が 30.2％と拮抗した。日本政府の韓国への対応のうち、輸出規制問題はその一部にすぎず、また各種の調査の精度や設問の違いなどがあるため、単純な比較はできないものの、少なくとも両国の世論が、強硬一辺倒に傾いているとは言い難い状況にあるとは言えそうである。

4．有効なカードを欠く韓国

　韓国の文政権による手前勝手な根拠なき「正常性バイアス」も、安倍政権に勝るとも劣らなかった。政権内で日本が報復措置に出る可能性が取りざたされていたにもかかわらず、実際に日本側が踏み切るまで真剣な議論をした形跡は見つけられない。それは、日韓経済がこれまで密接な関係を築き上げてきており、日本政府が自国企業の損害を覚悟の上で強引な措置には踏み切れるわけがないと高をくくっていたためにほかならない。

　先述の通り、徴用工問題での確定判決が出る直前まで、文政権は日韓慰安婦合意に基づいて設置された「和解・癒やし財団」をいかにして解散させるかに神経を集中しており、徴用工問題の対応に本格的に着手したのは 2019 年 10 月の判決後、李洛淵首相にとりまとめを指示した時だった。李首相が率いる検

討チームは、主に韓国側で基金を作り、日本企業に代わって賠償する案など複数の解決策を文大統領側に提示したが、いずれも受け入れられず、膠着状態に陥った。その李首相の「限界」発言が引き金をひく形で、日本政府は報復措置に出た。だが大統領府と関係省庁の動きが急になったのは、本質である徴用工問題の対処ではなく、むしろ日本への対抗措置をどうとるかの方だった。

　しかし、有効な策を欠いた日本政府以上に、韓国政府がとることができる選択肢は皆無に近かった。民間主導で展開されている日本製品の不買運動に政府が便乗するわけにもいかず、検討課題にあがった他の施策も日本側が痛みを感じる前に、自国に跳ね返ってきかねない措置ばかりであった。悶々と悩む日々が続く中、民族問題を最重視するグループから出たのが、破棄を通告するのであればその期限が 2019 年 8 月に迫っていた日韓軍事情報包括保護協定（GSOMIA：General Security of Military Information Agreement）の取り扱いだ。GSOMIA は慰安婦合意の後に朴槿恵政権が締結した。日韓の安全保障協力の象徴であり、双方の同盟国である米国も締結を歓迎した。日韓どちらかが何も言わなければ、同年 11 月に自動的に継続されることになっていたが、日本の経済報復に対する強い抗議の意思表示として、破棄を通告するかどうかが議論となった。

　日韓二国間の防衛協定とはいえ、破棄となれば当然、米国の反応が予想される。そのため、韓国政府高官らは 2019 年の夏前から頻繁に米国側との協議を重ねることになる。当時の韓国政府当局者によると、米側は韓国政府が求める輸出規制強化措置の撤回に理解を示しつつも GSOMIA の破棄には難色を示した。だが文政権内の民族最重視派の声は収まらず、韓国大統領府は 19 年 8 月 22 日、国家安全保障会議（NSC）を開き、見切り発車的に GSOMIA の打ち切りを決めた。

　この決定に対し、米国の反応は早かった。ポンペオ国務長官は訪問先のカナダで会見し、「韓国の決定に失望している」と強い調子で憂慮を表明するなど、実際に協定が期限を迎える 11 月に向けて、粘り強い説得と同時に在韓米軍問題の規模縮小などを含めた圧力を加えていった。慰安婦合意などの歴史問題では、日韓の関係改善など抽象的な要望にとどめた米国だが、自国の安全保障にもかかわる GSOMIA となれば対応は異なる。米国政府が日韓の仲裁に入る

形で協議は進められ、失効期限前日の 11 月 22 日、韓国政府は破棄通告を撤回するに及ぶ。同時に、輸出規制強化措置は二国間交渉の対象ではないとして、韓国側への「説明」に終始していた日本政府も、米側の圧力に押し切られ、韓国政府が WTO への提訴手続きを中断する代わりに、日韓の局長級協議に応じることになった。

　日本企業に賠償を命じた徴用工問題の確定判決が発端とはいえ、2019 年 7 月から年末にかけて繰り広げられた日韓の報復の応酬は、時間や政治的な資源などの浪費であり、不毛というほかない措置だった。国会で多数を占める与党と、内閣人事局に象徴される人事権の掌握で官邸主導型の政策が進められる中でも、輸出規制強化に関しては当時からわずかながら「悪手」との指摘が官僚からも出てはいた。そんな声は安倍政権が幕を下ろした後、さらに強まり、当時のある担当者は「愚策の極み」とまで表現した（2021 年 7 月 4 日付　朝日新聞朝刊）。にもかかわらず、徴用工問題で進展がない限り、措置の撤回は困難という状況が続く。

　他方、文政権にしても、いくら南北融和を目標に掲げるとはいえ、自国の安保に大きくかかわる日韓 GSOMIA の破棄をいったん表明したことの代償は少なくない。久しぶりに米国を巻き込んだ騒動に発展したことから、破棄撤回後の GSOMIA 問題は、文政権内でもタブー視されるようになりつつある。韓国政府は現在も、2019 年 8 月の破棄通告が無効になったわけではなく、「いつでも終了できる」との立場を堅持しているが、米国との関係上、韓国側が再び破棄を言い出せる状況にはなく、事実上、GSOMIA は今後もずっと自動延長される方向となった。

5．異なる未来像抱く日韓

　近年、日韓の二国間問題のみならず、過去の支配と被支配をめぐり、「記憶の対立」「記憶の戦争」といったことが指摘される。支配された側の記憶は実際以上に大きく被害の実態が伝えられ、それらの認識が定着していくのに対し、支配した側は加害の実態をより小さく、あるいは事実そのものがなかったかのようにさえ考え、和解が進むどころか、両者の主張の差異は広がっていくばか

りという状況のことである。韓国側の支援団体などが推し進め、日本政府が常に敏感に反応する、慰安婦を象徴する少女像の設置問題などは、まさに典型的な例と言えるだろう。これらの問題に対し、日韓両政府は過熱を避けるよう適切にマネージする対応が求められるが、実際には逆にそれぞれの「記憶」をあおる結果となってしまっている。

　さらに、構造的な問題を抱えつつ、政治指導者、つまり安倍政権と文政権が衝突したのは、植民地支配下で起きた過去の問題だけではない。未来をめぐる問題の対立も実は非常に深刻だった。

　日韓関係において「未来志向」という言葉は非常に便利に使われる。対立ばかりではなく、ともに未来を切り開いて行くという、協力をイメージすることができるためだろう。しかし、日韓が思い描く未来像、とりわけ今後どんな北東アジア地域を作って行くかをめぐる考えに、大きな相違があることが浮き彫りになったのが、2018年初頭から北朝鮮の対話攻勢が始まってからのことである。

　2011年12月の父、金正日総書記の死去を受けて権力を継承した金正恩総書記は、核・ミサイル開発を強力に推し進めた。17年末までに強行した核実験は4回におよび、同年11月29日未明、新型の大陸間弾道ミサイル（ICBM）だとする「火星15」を発射した。北朝鮮国営メディアは発射実験の現場を視察した金正恩氏が「核武力完成の歴史的大業を果たした」と語ったことを伝えた。この発射後、北朝鮮の一連の軍事挑発行為はいったん鎮まる。

　翌12年の元日、所信表明にあたる恒例の新年の辞で金正恩氏は一転、対話局面にかじを切る。1カ月後に迫った韓国・平昌冬季オリンピックに北朝鮮代表団を送る考えを示しつつ、そのための韓国との対話にも言及した。米朝を結びつける仲介役としての「運転者論」をかねて唱えてきた韓国ではあるが、北朝鮮の変化はまったく予想しておらず、政権内部は降ってわいた好機の到来に、にわかに勢いづいた。金正恩氏が対話姿勢を示したことで、その後の動きは総じて順調に進んだ。平昌オリンピックの開会式には金正恩氏の妹の与正氏らが出席した（**写真3-3**）。与正氏は正恩氏の親書を文大統領に渡し、早期の訪朝を口頭で要請した。平昌オリンピックが閉会した翌3月には韓国政府の特使団が訪朝し、金正恩氏と面会すると、特使団は間髪おかず米国に向かい、トラ

注：平昌冬季オリンピック競技場で2018年2月9日夜にあった開会式。前列中央の文大統領夫妻の後ろで出席する北朝鮮の金永南氏と金与正氏。前列右が安倍晋三首相。出所：朝日新聞社。

写真 3-3　平昌冬季オリンピック

ンプ大統領と面会し、6月末までに金正恩氏と首脳会談する考えを引き出すことに成功した。

　これらの過程を、非常に慎重に、かつ疑わしく見つめていたのは安倍政権だった。もとより、文政権の言う米朝の間に入って仲介者の役割を果たすという「運転者論」に懐疑的で、奏功するのは極めて困難とみていた上に、歴史問題で関係が冷え込む日本に対し、韓国政府側からの具体的な説明がないことに強いいらだちを感じていた。史上初の米朝首脳会談は2018年6月12日に設定されたが、事前の準備不足や米朝間の認識の違いが露呈し、トランプ氏は5月24日、金正恩氏に送った、首脳会談の中止を伝える書簡の内容を公表した。ロシアのサンクトペテルブルクを訪問しいていた安倍首相は早々に、記者団に対して「残念ではあるが、トランプ大統領の判断を尊重し、支持する」と表明した。そんな首相の発言とは裏腹に、実際には安倍政権内で安堵感が広がった。（2018年5月25日付　朝日新聞朝刊）

　しかし、事態はさらに急展開し、予定通り6月12日に米朝首脳はシンガポールで初の会談を開く。この首脳会談の直前には、会談の中身をめぐっても安倍氏が横から口を出した。トランプ氏は首脳会談で、休戦中の朝鮮戦争の終戦宣

言を出すことに意欲をみせていたが、会談直前にホワイトハウスを訪れた安倍氏は、北朝鮮に譲歩すべきでないとさとし、結果として立ち消えになった。このことはトランプ氏を支えたボルトン元大統領補佐官（国家安全保障担当）も回顧録の中で触れている。

　文政権の最重要政策は言わずと知れた南北融和であり、朝鮮半島の平和体制の基礎を作り上げることである。実は平昌オリンピックの開幕式前日にも安倍氏は、訪韓中のペンス副大統領との会談時間を大幅にオーバーして米朝の接触機会を逃させるなど、文政権からすると「妨害」行為に映る行動をしており、北朝鮮問題が進展しそうになれば邪魔をする確信犯的な印象が韓国側で次第に強まっていった。

　他方、日本政府側には、李明博、朴槿恵という両保守政権ですら、中国に対して非常に腰が引けた対応をとることに不満があったが、文政権に入ってからは、対中国政策に加え、分別をわきまえない北朝鮮へのアプローチが目につき、韓国とは未来を共有できているのかといった根本的な疑念を募らせた。

　北朝鮮との間で、「拉致、核、ミサイル」問題の包括的な解決を目指すとしている日本政府にとって、大量破壊兵器問題は自国の安全保障にかかわる重大な問題であることは間違いない。そのため北朝鮮の非核化を強く求めてきたわけだが、北朝鮮が対話に乗り出す以前から文政権は、非核化と並行して朝鮮半島の平和体制づくりを進めるべきだと主張してきた。日本政府にとって、この朝鮮半島の平和体制は苦い経験があるテーマだ。1990年代後半に設置された、この問題を話し合う4者会談である。朝鮮半島の当事者である南北と、朝鮮戦争の休戦協定に署名した米国、中国の4者による話し合いで、日本は当然、メンバーとして加わることはできなかった。だが日本政府内には、休戦協定はともかく、地域の将来を占う協議に一枚かめないという歯がゆさと疎外感が漂った。

　逆に韓国政府は、かつては北朝鮮から平和問題に関与する資格の有無を盾に揺さぶられ続けてきたものの、2000年に実現した金大中大統領と金正日総書記による史上初の南北首脳会談でこの問題が取り上げられたこともあり、いっそう前面に押し出すようになった。初の米朝首脳会談に先立ち、南北軍事境界線上にある板門店で開かれた2018年4月の南北首脳会談で、文氏と金正恩氏

は休戦協定を平和協定に転換し、朝鮮半島の平和体制を構築するため、南北と米国の3者または南北に米中を加えた4者での会談を推進することで合意し、「板門店宣言」に盛り込んだ。

　政権終盤を迎えた文氏は、膠着する米朝関係を打開する突破口になりうるとして、朝鮮戦争の終結宣言を出すべきだと、なりふり構わず呼びかける。他方、日本政府が米国に対して、終結宣言そのものへの反対はしないものの、短距離弾道ミサイル発射など危険な行為をやめようとしない北朝鮮の態度をして、宣言を出す時期ではないと強く主張する。

　「未来」をめぐる問題はさらに拡大する。韓国の洪楠基・副首相は2021年12月、朝日新聞など一部の外国メディアと会見した際、環太平洋経済連携協定（TPP）への加盟を文政権の任期内に申請すると語った。また文政権は、実質的には対中国牽制を目的とする日米豪印の枠組み（クアッド）にも、中国を刺激しない作業部会だけへの参加を検討する。だが日本政府はいずれの韓国政府の動きに対しても極めて否定的である。その最大の理由は、徴用工や慰安婦問題に見られる韓国政府の対応から、信頼が築けないことと主張する。

　つまり、現在の日韓間に横たわるのは、過去の問題であると同時に、未来の問題なのである。日本政府は、1965年の国交正常化の際に交わした約束の根幹を揺らがせるような要求は認められない。法の支配という基本的価値をかろんずる国と信頼関係を築けないとしつつ、中国を念頭に「新冷戦」的な構造への備えとして、韓国主導ではない朝鮮半島和平の協議にも積極的に加わりたいと考えている。これに対して文政権は、過去の被害の実態を踏まえつつ、日韓の取り決めごとの臨機応変で柔軟な運用を求める一方、朝鮮半島和平に関しての主導権は必ず手元になければいけないとの認識は揺らがなかった。

　日韓間の最大懸案の一つである徴用工問題に関しては、大法院の確定判決が出て長い時が流れた。この間、表面的には日韓はいずれも原則論を展開しているように見えるが、実際には双方とも主張に微妙な変化をみせてきた。それでも接点が見出せなかったのは、台頭する中国や、「核」を持つ北朝鮮といかに向き合うかという未来像において、日韓のイメージが交わらなかったことによる信頼感の欠如が非常に大きいのである。

6．政治が関係悪化の責任を

　これまで見てきたように、日韓の政権による、隣国に対する無知と悪意が、構造的変化によって安定感を失う両国関係をさらに不安定化させてきた。そういった人災的な要素を感じとるからこそ、日本では「文在寅大統領が」、韓国では「安倍（首相）が」、政権の座から降りるまでは関係改善は見込めないとの言説が出るようになった。

　しかし、韓国はともかく、日本では7年8カ月（2012年12月26日〜2020年9月16日）にわたる安倍政権が終わり、菅義偉政権、さらに岸田文雄政権となっても、少なくとも表向き何の変化も進展もないままである。他方、韓国では2022年3月9日の大統領選において、保守系で最大野党「国民の力」の公認候補である尹錫悦・前検事総長が、得票率で1％以下という大接戦の末、与党「共に民主党」候補の李在明・前京畿道知事をくだして当選した。

　大統領選前から日本政府や政党の中には、保守系の政権が発足した方が日本との関係は対立が少なく、改善する可能性があるとの期待感が漂った。それは多分に与党候補の李氏が、かつての日本支配に関する批判的な言動を繰り返しているからでもあるだろう。しかし、尹氏とて元慰安婦の被害者を訪ねた際、「日本から必ず謝罪を引き出し、おばあさんたちの心の傷をすべて癒やす」と約束したと伝えられるなど、決して日本政府が御しやすい人物ではありえない。

　確かにこんにちの日韓の外交関係をより複雑化させたのは政治の人為による部分が多いといっても、では政府間関係が良くなれば懸案はすぐに解決するかと言えばそんなことはありえまい。現在深刻なのは政治外交の対立が、市民の感情にまでおよんだことに他ならない。これらを元にもどそうとするなら、相当な意欲が必要となるだろうが、日韓双方にそんな余裕は見つけられない。

　冒頭に記したように、国際会議に出席した際などを除く、日韓首脳の二国間の往来は2011年末以来、途絶えている。首脳会談とて懸案を解決する一つの手段にすぎないものを、いつしか関係改善のめどが立った後の目的と化してしまっている現状は本末転倒と言わざるをえまい。政治対立にはまだ終わりが見えない。しかし、徴用工問題で日本企業が持つ資産の「現金化」をはじめとする、いわゆる「Xデー」はそう遠くないうちに来るとみられる。そのとき、日

韓の市民たちは何をどう考えるべきなのか。それは政府間対立がそうであるように、やはり過去の問題であると同時に未来、つまり私たちはどんな東アジアを作っていくのかが問われることにもなるだろう。

　この間、日韓双方の政治によって破壊された部分は大きく、修復は確かに困難を極めるだろう。他方、この政治の失敗から学ぶとすれば、ナショナリズムや相手国への憎悪をあおる内向きな政治利用に惑わされぬためにも、市民一人ひとりがリテラシーを身につける必要があるということではないか。その基本は何よりも、日韓が互いに、実体以上に美化することも卑下することもあってはならず、等身大の隣国を見極めることから始まるのである。

第4章

21世紀を革新するための日韓哲学

小倉　紀蔵　（京都大学）

1. かろうじて成り立っている日韓関係

このままでは日韓は世界中から笑いものにされるだろう。

なぜか。

かつて併合植民地支配をした側とされた側が、その関係の解消後に激しい摩擦と軋轢を繰り返しながらも、以前の非対称性を解消する努力のプロセスを通して、今やきわめて対称的・対等に近い関係になった。戦後（解放後）のこの輝かしい関係性を、日韓両国は誇るどころか意味のない歴史として葬り去ろうとしている。自らのふるまいの価値を知ることができない者に、未来は開けてこないだろう。

このままでは、「なぜ日韓は自分たちがなしてきたことに対して、もっと自信を持たないのか」といって世界中が疑問に思い、軽視するであろう。

日韓両国は、戦後（解放後）、「日韓モデル」ともいうべき和解と繁栄と平和のプロセスを築いてきた、というのがわたしの基本的な考えである。その詳細については後ほどお話するが、日韓関係というのは自己中心的で暴力的な二国間関係だったのではなく、互いに自制する高度に知的で創造的な二国間関係であり続けた、というのがわたしの考えなのである。

これは、「戦後（解放後）の日韓関係のすべてに満足しよう」という話ではまったくない。日韓がこれまでに築き上げてきた関係性は理想的なものではなく、互いに不満は鬱積しているのである。しかし、そのことをもって、日韓関係を否定的にのみとらえるのは、二国間関係というものを知らない者の認識であろう。領土問題や歴史問題だけでなく、外交・経済・文化の領域で数多くの

激しい摩擦と対立を経験しながら、それでも決定的な紛争を回避しながら営々と関係を構築してきた。このことを正確に評価しなくてはならない。

　もちろん、「二国間関係はつねに理想的でなければ価値や意味がない」という高邁な考えもありうるし、それはすばらしいものだが、その考えに固執するあまり、その理想と現実との乖離に絶望したり、ニヒリズムに陥ったりしてはならない。

　現在の日本の嫌韓派も、このような高邁な「理想至上主義」にとらわれているようにわたしには思える。文在寅政権のふるまいや韓国人の「反日的」な言動にあきれはてて、最初は「韓国はけしからん」といっていたのが、今やついに「韓国はもっと反日になれ。次は文在寅氏よりももっと過激に反日的な李在明氏が大統領になってほしい。そうすればこころおきなく韓国と断交できる」という論調に変わった。ネットのいわゆるヤフコメ欄（Yahoo! Japan のネット記事に対するコメント）は、現在、ほぼこのような意見で埋め尽くされている。

　だが嫌韓派のこの考えの背後には、「日韓関係は問題なく良好であるべきだ」という高邁な思考があるように思える。「それなのに現実は良好ではない。それは韓国の反日のせいだ。韓国はけしからん」という考えがやがて、「韓国は日韓関係をいたずらに破壊させようとしているのがわかった。そんな韓国にはこちらの愛想がつきた。よし、それならもう断交だ」という考えに変わった。

　つまり、この考えの根底には、現実に対する客観的な認識が存在しない。現実的な認識とは、「日韓関係は多数多様できわめて困難な問題群を抱えている。一方が他方を三十数年間も支配してしまったのだから、それは当然のことだ。だが、両国の多様なアクターが知恵をふりしぼって多大な努力を積み重ね、かろうじてそれらの問題群が決定的な決裂に至らないよう努力してきた。だからこそ奇跡的に、戦争や断交に陥らずに済んでいるのだ」というものである。これが「日韓モデル」の根底にあるパースペクティブである。

　これとは違って嫌韓派の考えの根底には、「日韓関係は本来、ほうっておいても（両国の関係者が多大な努力をしなくても）勝手に良好になるはずのものなのであって、それなのに韓国人が過剰に反日的なので紛糾するのだ」という考えがある。これは、人間の行為の意味に対するニヒリズムといってよいであろう。人間の孜孜たる行為によってかろうじて破綻せずに保たれている関係性

に対して、人間の行為なしでも同じ状態を保つことができると考えているわけなので、この考えにおいては人間の行為には意味がないのである。国際関係における「反ホッブス的＝老荘思想的自然主義」といってもよい。

　他方で韓国において「NO JAPAN」や「反アベ」を叫んでいる勢力も、日韓関係の実態を知らないがゆえのふるまいをしていたことに変わりがない。日韓の関係においては、韓国だけでなく日本の側にも、多大な憤懣と不満が蓄積しているのである。それは主として、後に述べるように1910年から1945年までの朝鮮が「併合植民地」であったという事実を無視して、韓国側が一方的に自国に都合のよいような歴史のみに固執していることに起因している。歴史を多様な観点から見るという当然のことをしないために、歴史認識が認識ではなく硬直化した運動となってしまっている。しかしこのことは、支配され暴力をふるわれた側としてはあるていど当然であるかもしれない。だから日本側は自分たちの憤懣をできるだけ吐露せずに、破綻や破局を避けようと努力してきた。その努力のプロセスが、かろうじて日韓関係を成り立たせているのだ、という認識が、韓国の反日勢力には決定的に欠如しているように思える。日韓関係はほうっておいたら（アベが邪魔をしなければ）すべて韓国の都合のよいように進むわけではないのである。

　とはいえ、日本の嫌韓派も韓国の反日派も、自分たちの憤懣を吐露する権利はあるし、その吐露を抑圧する権利はだれにもない。その憤懣の吐露もまた、「日韓モデル」の枠組みのなかの行為であるからである。ただ、その吐露の背後に日韓関係の現実に対する無知が横たわっているとき、危機は近づいてくる。

2．「併合植民地」とはなにか

　日韓関係は理想的であったことは一度もない。1998年の10月に一度、非常によい関係性を現出したことがあったが、長続きはしなかった。

　これは、当然のことなのである。なぜか。日韓はそもそも、対等な関係ではなく、戦前（解放前）は日本が韓国を支配したのだし、戦後（解放後）は日本が敗戦国として身動きを束縛され続けているからである。

　日韓関係はほうっておけば良好になるようなものでは決してなく、なにもし

なければ破綻と相互憎悪と暴力の関係に陥るはずのものであった。これがデフォルト（初期設定）なのである。良好な関係がデフォルトなのではない。そのデフォルトをなんらかのやり方でかろうじてマネージメントしてきたのが、戦後（解放後）の日韓関係の本質だったのである。

だから、破綻と相互憎悪と暴力の関係に陥らなかったことそれ自体が、価値があり意味があることだったわけだ。その価値の実現のために、実に多数で多様なアクターが多方面で努力してきた。この現実を直視しなくてはならない。

もちろん、日韓がたがいに完全に主体的かつ積極的に日韓関係の構築をしてきたわけではない。つまり、米国の役割を過小評価はできない。もし米国という存在がなければ、日韓は自制的であるよりももっと感情的になり、暴力的になっていた可能性もある。

だが冷戦構造と米国の介入という第三の力だけが重要な役割を果たしたわけではもちろんなかった。日韓は、たがいの国益の追求や世論による制約という枠組みのなかで、必死のマネージメントをしてきたということを、過小評価してはならないのである。

日韓の非対称性は、先に述べたように日本による韓国の支配という暴力に淵源している。しかし、戦後（解放後）になってからの関係性は、支配−被支配という単純なものではなくなった。

それは、1910年から1945年までの時期をどのように見るのか、ということをめぐって、日韓で著しい非対称性があらわれたことに起因している。つまり、「併合」だったのか、「植民地」だったのか、という見解の対立である。日本でも戦後ずっと、「併合」派は多くはなく、「植民地」派が多かった。しかしこの10年ほどは、保守政治家や嫌韓派の勢力によって「併合」派が著しく増えている。

わたしは、この時期の朝鮮を、「併合植民地」という概念によって新しく認識しようとしている。1910年の韓国併合から1945年の解放までの期間は、単なる植民地だったのではなく、また単に併合したわけでもなく、「併合植民地期」だったのである。その間の朝鮮が「併合植民地」である。この二重的な性格（併合であり植民地でもある）を正確に理解しなければならない。だが、それは困難なことである。

　この時期が植民地だったという観点から見れば、韓国が日本に不満を抱かない理由はない。だが他方で、併合だったという観点から見れば、日本が韓国に不満を抱かない理由はないのである。この両義性を、日韓両国民はなかなか理解できない。たとえば韓国では、この時期に生きたひとびとを「親日派」とか「抗日の英雄」などとくっきりと色分けして認識しているが、これは人間というものに対する誤解にもとづいている。人間は主体と客体のグラデーションである。たとえば代表的な独立運動家・仏教改革者・詩人であった韓龍雲（ハンヨンウン）は、抗日の英雄であったと同時に抗中の親日派でもあった。この事実は、1970年代に編纂された彼の全集を読めばすべて赤裸々にわかることである。つまり1970年代には、「人間とはグラデーションである」という人間観が韓国で保持されていた。しかし1990年代になって、「韓龍雲親日論争」がかまびすしく展開された。90年代には、人間観がきわめて平板になってしまったのである。

　歴史の重みとはなんだろうか。苦悩しながら歴史を生きたひとびとに対する敬意が失われたとき、歴史を恣意的に解釈して人間を客体化する「歴史あそび」が横行する。歴史を生きた人間、特に併合植民地という複雑な関係性を生きた人間を、単純で平板なパースペクティブで理解することは、その人間の尊厳を毀損しているといってよいのである。

3. 「日韓モデル」とはなにか

　このような複雑な困難性を抱えつつ、戦後（解放後）の日韓は、まがりなりにも関係性を構築し続けてきた。

　この関係性をわたしは、「日韓モデル」という名前で呼んでいる（韓国側から呼ぶときは「日韓モデル」ではなく「韓日モデル」となる）[1]。機能面を強調していえば「植民地支配・被支配の事後処理にかかわる日韓モデル」とも呼べるし、また価値面を強調していうなら「和解と繁栄と平和のための日韓モデル」

1　これに関しては「韓国日本学会　第92回国際学術大会」（2016年2月13日、ソウル）の基調講演において正式に提言したし、そのあと、大西裕、樋口直人との共著書『嫌韓問題の解き方：ステレオタイプを排して韓国を考える』（朝日新聞出版、2016年）でも発表した。前者のソウルの学会講演では大きな肯定的反応を得た。「こういうことを日本人にいってほしかったのだ」という反応もあった。また北朝鮮との関係という文脈では、藤原書店の季刊誌『環』の連載「北朝鮮とは何か」の第7回として、2014年秋号（59号）で詳説した。これはのちに『北朝鮮とは何か：思想的考察』（藤原書店、2015年）に収録した。

とも呼ぶことができる。

「日韓モデル」とは、次のことを指している[2]。

かつて植民地支配をした国と支配された側（独立後に主権国家となっている）とが、支配が終わった後に和解を成立させるプロセスとして、次のような取り組みをする。

①まずは経済や安全保障などの現実的な問題解決のために国交関係を結ぶ。

②このときに、歴史問題で事後に摩擦を引き起こさぬよう、個々のイシュー別にではなく、包括的に「すべて最終的に解決した」という文言を盛り込む。

③支配した側は支配された側に、多額の「経済協力金」を支払う。それだけでなく、相手国の経済的発展のために技術供与などを積極的に行う。当初は「経済的再従属化」などの批判が提起されるが、それを乗り越えて経済関係の水平化に向けて双方が努力する。

④歴史問題の個々のイシューについては、被支配国側の国内問題として個人補償などを行う。その原資として③の経済協力金が充てられる。

⑤上のような大枠を定めたのち、個々のイシューが出てきたときにはその都度誠実に対応する。賠償や個人補償に関しては、「国交正常化時点での請求権協定によってすべて解決済み」という相互の了解のもとに、新たな措置はしにくいが、それに準ずる措置を模索する。つまり相手からの要求をはねつけることはしない。歴代の政権はできるだけ誠意をもって個々のイシューに取り組み続ける。

これが「日韓モデル」の基本的枠組みである。1965 年の日韓基本条約と請求権協定の枠組みによって構築されてきたモデルであるから、この「日韓モデル」はいわゆる「1965 年体制」と表裏一体であるといってよい。

このモデルは、たしかに韓国側から見れば、過去の暴力を日本がきちんと総括していないのだから、不十分で不満であるのは理解できる。しかし 1965 年の時点で併合植民地支配の責任を痛感し、それを謝罪して賠償するという行為は、日本だけでなくほかの支配側の国家でも、無理なことだっただろう。

2　この節の叙述に関しては、拙著『北朝鮮とは何か：思想的考察』（藤原書店、2015 年）でより詳細に論じている。より細部にわたる説明に関しては、前掲書を参照されたい。

　このモデルが不十分で不道徳だからといって、不当に過小評価することは間違いである。日韓はこの現実的な枠組みによって、まがりなりにも理解と信頼を築いてきたのだし、韓国は飛躍的な発展をすることができた。

　この「日韓モデル」は理想的ではなかった。むしろ欠陥だらけであったといってよいであろう。最大の欠陥は、旧支配者側による謝罪と反省の表明が欠如していたことである。韓国側はここに焦点を当てて憤懣を表現した。しかしこのモデルを無意味なものとして捨て去ることはできない。なぜなら日韓はこの土台のうえで一歩ずつ前進してきたからである。その前進を過小評価してはならない。

　「日韓モデル」のもうひとつの欠陥は、1965年の時点で日本左翼が反対したように、朝鮮半島の半分の国家との合意だったという点にある。このモデルによって、1965年以降の日本は、分断されたふたつの国家のうちひとつだけと、あまりに密接な関係を構築してしまった。このことが逆に、韓国に多大な負担を強いている。非対称性は過度なレベルに達すると、その非対称性によって利益を得ている側に道徳的負担を与える。北朝鮮は日本から一切利益を得ていないのだから、正統性の競争において韓国は北朝鮮に対して不利な立場になる。

　したがってわれわれは今後、「日韓モデル」のほかに、それを踏襲しつつ修正したあたらしい「日朝モデル」を北朝鮮相手に構築するということをしなくてはならない。つまり「日韓モデル」において欠陥だった部分を正確に認識し、それを踏まえて新たな「日朝モデル」をつくるのである。それは、大雑把にいえば次のようなものになるにちがいない。

①安全保障や経済の問題とともに、最初から歴史問題にも正面から取り組む。
②歴史問題は、これまでに議論され実践されたことを十分に踏まえて、相互に納得のいく接点を尊重し、包括的に解決する。
③いちど決定された合意に関しては、相互の信頼にもとづき最大限に尊重する。ただし関係性を強固に固定化することよりも、つねに新たな関係性の生成を企図していく。

　「日朝モデル」と「日韓モデル」の最大の相違は、歴史の清算という要素を

最初から全面的に取り入れるという点である。そのことによって、この「日朝モデル」は、ポストコロニアリズムという世界認識の枠組みが浮上してから世界ではじめて、旧宗主国と被支配側の双方が生産的な未来を築いていくための重要な和解のプロセスとして世界から注目されるだろう。

　このことによって韓国は損失ではなく利益を得るであろう。韓国と北朝鮮の非対称性を是正できるということは、正統性の競争という観点からいって、韓国の道徳的負担を軽減するからである。

４．和解はプロセスである

　不完全な枠組みではあったが、「日韓モデル」を通して日韓がこれまで実践してきたことは、ひとことでいえば日韓の独自的な「和解」の深化なのだったということができる。

　それでは和解とはなんなのか。

　わたしの基本的な視座は、以下のようなものである。

【視座 1】戦後の日韓関係は対立や摩擦や宥和を繰り返しながら、両国社会がともに人間概念を成長させてきた実践の過程であった。この「人間の成長」という実践の全体こそが、日韓の和解のプロセスなのである。

　日韓は戦争や武力的紛争という手段を行使せずに、自己の不満や憤懣を主張しあってきたのであり、その主張の幅と深度は世界的に見ても意義深いレベルのものであり続けた。併合植民地支配の実態研究や慰安婦問題などに関する両国の官民双方の具体的主張は、世界のほかの国や地域ではまだ達していないレベルのものを維持し続けている。日韓の国民はこのことに関して客観的かつ冷静に認識すべきだ。つまり、日韓は表面的には「悪い関係」にあるように見えるが、その実態は、互いの世界観や人間観などを成長させるという意味で相互性を持っているのである。世界の他の植民地支配／被支配の関係にあった国や地域の関係がいまだに著しい非対称性を維持しているのに比べるなら、日韓の相互性のレベルの高さは特筆すべきであると思われる。

【視座 2】「和解とは、対立したり紛争状態にあったりした当事者どうしが、多様な関係性を構築していくうえで相互に尊厳を回復していくプロセスである」と定義する。ここで当事者つまり尊厳の主体は、個人および国民であるし、そのほかのアクターでもありうる。

　和解というとふつう、対立や紛争状態にあった当事者どうしが、謝罪や賠償などをとおして関係を正常化することと考えられている。しかし、和解を「関係性の確定作業」だと考えてしまうと、その和解自体がなんらかの硬直性をもたらし、「和解を強いた側」と「強いられた側」とが不可逆的に固定されてしまう。個人間の法的な和解の場合はそれでもよいであろう。アクターが個人 A と個人 B という法的な単位である場合には、法的・社会的な関係性の固定は可能なはずである。しかし国家間の関係の場合、その構成員は日韓の例でいえば 1 億数千万人おり、既に死去した国民も含めればその数はさらに膨大なものになる。これらのすべてのひとびとが和解にはかかわらなければならないのだから、個人間のように一義的に関係性を確定することは原理的に不可能だし、強引にそのような確定をするのは望ましくもない。

　和解はあくまでも、プロセスだと考えるべきなのである。なにに向かってのプロセスなのか？　おそらくそこには終結点はない。テロス＝究極の目的に向かっての運動として和解をとらえるとき、当事者どうしの対立と紛争はむしろ増大するであろう。和解とは、当事者どうしが対等な関係を構築するにいたるような実践のプロセスである。このとき「いたる」というのを、固定的で確定的なゴールに到達すると考えるのはよくない。なぜなら「対等な関係」とは固定的な関係性の謂ではないからである。関係性は、つねに動き、変化している。それを強引に固定することなく、変動する流れの一瞬一瞬で、当事者たちの多様な尊厳が立ち現われることを希う。そのような関係性の生成の動きの渦中に、対等な関係は現出すべきなのである。

　和解、対等、尊厳という概念を、このように動態的に理解することこそ、日韓関係の歴史からわたしたちが学んできたことなのである。つまり既存のなんらかの思想的理念や概念などを、日韓の関係史に当てはめて理解しようとして

はならないのである。むしろわたしたちは、最初なにがなんだかわからない混沌の状態から戦後の「日韓関係」なるものを開始して、つねになにがなんだかわからないプロセスのなかで、決定的な決裂や対立に陥らないよう、関係構築をやみくもに模索してきた。その時間の流れのなかで、日韓両国のすべての国民が対等性や尊厳を感じたことはおそらくなかった。しかし、あるときはある当事者が尊厳を感じ、また別のあるときには別の当事者が尊厳を感じ……というように、流動し変化しながら「日韓関係」は生成し続けてきたのである。そのプロセスこそが重要なのであって、究極の目的に到達していないから日韓関係は無意味だった、などと考えてはならないのである。

【視座3】和解には、ふたつの位相がある。まず、実際に目の前に対立や紛争があるとき、それを解決しようという努力をひとはするであろう。その努力によってもたらされる関係改善のプロセスそのものを、和解1と呼んでみよう。ところが和解には、これとは異なる位相がある。対立や紛争を解決するプロセスだけでなく、当事者が関係することによって相互の人間としての成長を見出していくいとなみの総体を、和解2と呼ぶのである。

　具体的に対立・紛争を解決することだけが和解なのではない。対立や紛争の解決は重要な和解1であるが、それだけを和解だと考えてしまうと、当事者の関係性が持つ多面的な性格を包摂できなくなってしまう。
　たとえば、日韓関係において歴史問題のみが和解の領域だと考えるのは、間違っている。二国間の和解は二国間の関係性全体の和解なのであって、特定の問題に関する和解ではない。それなのに、逆に特定の問題に関する和解の困難が、二国間全体の関係性に過剰な影響を与えているのは、本末転倒なのである[3]。
　これは、加害国としての日本の言い分を代表しているわけではない。そもそも1965年に日韓基本条約を締結したときから、韓国側の要求としては、歴史問題だけではなく、経済発展や社会インフラの整備などの問題もまた、きわめて重要な側面として取り上げられていた。日本側は歴史の反省の側面に関して

---

3 だがこの本末転倒の事態もまた、関係性の総体の一部であるので、和解2の領域なのである。

はきわめて吝嗇であったが、経済協力の側面に関しては積極的であった。その理由は、日本が不道徳であったからではない。「日本が不道徳であったから歴史の反省をしなかったのだ」という韓国側の解釈は正しくない。日本は和解の多面体のなかで、歴史の反省という側面を軽視しただけである。そして1990年代に日本は、歴史の反省という側面を前面に出して和解のプロセスを実践するようになった。慰安婦問題の謝罪や植民地支配の反省が、この時期に積極的になされた。これもまた、和解の多面体のなかでの選択であったのである。

5．新しい価値に向かって

　日韓にかかわるさまざまな関係構築の実践と運動を通して、この両国ではたとえば1965年と現今（2022）年では大きく異なる「国民」「市民」「女性」「人権」「他者」「社会」「公・私」観などが構築されてきた。ひとことでいえば、「人間」や「女性」などといった概念を、両国は対立や紛争や宥和の関係性のなかで、つねにたゆまず成長させてきたのである。この事実はきわめて重要な意味を持つ。戦後日韓関係の総体的な認識と評価のためには、これまで無視・軽視されてきたこのような事実を明確化し、それを的確に評価しなければならない。日韓双方の諸アクターがこの事実認識を共有することは、これまでしばしば主張されながら具体的内容を欠くスローガンにとどまっている「未来志向の日韓関係」を内実化する上でも重要な役割を果たすことになるにちがいない。

　これまでの認識では、たとえば1965年の日本人および韓国人と、現今のそれらとがあたかもすべて「同じ人間概念」を共有した存在者であるかのように叙述されてきた。だがはたしてその前提は正しいだろうか、という問題意識が重要である。

　「人間概念はつねに構築されつつある」という前提のもとに、戦後、特に1965年（日韓基本条約締結年）から現在までに日本人および韓国人の「人間概念」が、両国社会の相互の対立や摩擦や宥和のなかでどのように変遷し、構築されてきたのかを分析しなくてはならない。

　そこに、人類全体にとって新しい価値、新しい人間観、新しい哲学が立ち現れてくるにちがいない。

重要なのは、両国におけるこのような人間概念・自我概念の変化の大きな部分は、日韓が関係することによって、つまり在日コリアンの人権問題や慰安婦問題などという関係構築の過程を通して、再帰的にもたらされたという認識である。これらの問題に関して真摯に議論し実践することがなかったら、両国における人間概念・自我概念の変化はおそらく現在のようには進展しなかったであろう。この認識はこれまでの諸研究に決定的に欠けていたものではないだろうか。戦後日韓関係におけるこの変容を明らかにすることの重要性を認識すべきである。

　戦後、日韓関係は紆余曲折を繰り返しながら進展してきた。このような戦後日韓関係の歴史に関する研究は、日韓両国で既に多分野において膨大な蓄積があるが、それらはほとんどすべてが実証研究に集中している。

　信頼すべき貴重な実証研究の業績が数多く蓄積されていることは日韓の学術界にとって誇るべきことだが、他方で、思想・哲学的な観点からアプローチして新たな認識の枠組みを構築する試みが極度に少ないのは学問全体のあり方からみて問題である。この欠落を埋める試みは、日韓関係にかかわる将来の学問それ自体のためにも、また日韓の未来志向的なあり方を支える学問の社会的役割、学者の社会的責任の観点からも、重要なのである。

6．おわりに

　日韓両国が戦後築き上げてきた相互成長の軌跡をあまりにも過小評価することは、日韓関係だけでなく、人類全体に対する不誠実となる。その理由は、以下のとおりである。

　日本は韓国からの厳しく、かつ高度で根源的な問いかけと主張に応えて、西洋の植民地支配に対する西洋諸国（民）の反省よりもはるかに踏み込んだ反省の実践をしてきた。たといその実践が失敗したり不十分なものであったとしても、その失敗や不十分さを含めた実践の軌跡を記録し、「新しい人間概念の創造」とそれを通した「新しい社会の創造」「新しい二国間関係の創造」という、苦しくも意義ある過程を試行錯誤しつつ歩んできたという事実を正確に提示することは、人類史の観点からきわめて重要な意味を持っている。それは、「世

界的規模の難民・移民の悲惨な境遇」「旧植民地支配下にあった国々が『国民』
を創出して行く過程で生み出している内戦、飢餓、ジェノサイド」「世界的規
模のテロリズム」といった深刻な問題に苦しむ今日の世界のひとびとが、それ
らが日韓の「慰安婦」問題などと同質の意味を持つ、植民地支配／被支配の事
後処理に関係する問題であることを理解する上で重要な貢献となるだろう。

　このような戦後における日韓の実践を「植民地支配・被支配の事後処理にか
かわる日韓モデル」「和解と繁栄と平和のための日韓モデル」として提示する
ことが、なぜ重要なのか。これまで日韓問題は、もっぱらドイツと旧連合国と
の関係を比較軸として議論されてきたのだが、その認識・評価枠組みの一面性
を是正するためという理由がある。そうしたモデルの提示は、英仏、オランダ、
スペイン、ポルトガルなどの西洋諸国も将来直面するにちがいない植民地支配
とその事後処理の問題を、「人間」概念のあり方、その変遷、それがもたらす
社会観・国家観・国際関係観の変容という、過去から未来を見通す広義の「未
来志向」の視点から考察することに大いに役立つと考えられるのである。

　「日韓モデル」は妥協の方法論ではない。支配した者と支配を受けた者が、
対等な関係で、互いに批判しあえる関係をつくりあげていく過程が「日韓モデ
ル」なのである。

　この過程は真に苦痛と困難に満ち溢れた道だったのであり、今後もそうであ
り続けるであろう。しかし日韓両国はこの苦痛に満ちた和解と繁栄と平和の道
をさらに歩み続けるしかない。

　今後、日韓が共同で取り組まなくてはならないことは多いが、わたしとして
は次の3つをもっとも重要だと考えている。

　第一のテーマは、「歴史の直視・記憶・反省」である。この作業は今後もた
ゆまず続けていかなくてはならない。その際に、1910年から1945年までは、
単なる植民地でも単なる併合でもない、「併合植民地」というきわめて複雑な
関係性であったという認識を土台とすべきである。

　第二のテーマは、「近代の克服」である。東アジアは近代的な意味では成功
した地域であるといえるかもしれないが、近代の弊害についてはまだ克服作業
の途についたばかりである。近代の弊害を克服する作業を、日韓がリードして
いかなくてはならない。行き過ぎた資本主義、格差、ジェンダー、高齢化、少

子化、地球環境の問題などに、日韓がともに取り組むべきなのであり、実はその準備は十分にできているのである。特定のイシューがこの創造的な関係性を破壊してはならない。広い意味での地球倫理を、日韓が世界をリードして構築していかなくてはならないのである。

　第三のテーマは「哲学の構築」である。

　「歴史の反省」プロジェクトをわたしたちは今後もますます進めなくてはならないのだが、そのためには哲学が必要なのである。歴史は人間がつくるものであるにもかかわらず、わたしたちは「歴史を見る目」をいまだに持っていない。西洋の人間観で歴史を見ているのである。人間観を根本から変えなくてはならない。

　わたしたちは、和解を当然の前提とすることはできない。あるひとびとのあいだの和解が、ほかのひとびとには暴力となるかもしれないからだ。わたしたちは、和解とはなにかという問い、そしてその可能性と不可能性から注意深く根源的に思考してみる必要がある。人間とはなにか、〈いのち〉とはなにか、歴史とはなにか……。焦る気持ちを鎮めて、ともにじっくりと対話しながら考えていかねばならない。

　そして世界でもっとも高いレベルの「知の共働作業」を、日韓両国の人びとが果敢にやっていかねばならないのである。

7．追記：コメントに答える

　ここまでの文章は、2021 年 10 月 22 日にシンポジウム「日韓関係のあるべき姿」（オンライン、主催・駐横浜大韓民国総領事館）で発表した内容である。なお、このうち「3．『日韓モデル』とはなにか」「5．新しい価値に向かって」「6．おわりに」に関しては、これまでにこのテーマで既に口頭発表・論文発表したものと重複する内容が含まれていることを明記する[4]。諒解を乞いたい。

　さて、このシンポジウムでは、権容奭（クォンヨンソク）・一橋大学准教授および南基正（ナムキジョン）・ソウル大学教授のおふたりが、わたしの発表に関してコメントしてくださった。こ

4　注1、注2に記載したもののほか、次の論文と重複する部分がある。小倉紀蔵「『1965 年体制』と『日韓モデル』」『エトランデュテ』第3号、2020 年、pp.77-95。

こでは、そのコメントに簡単にお答えしようと思う。

　まず権容奭氏は、「『日韓モデル』は今後も持続可能なモデルになりうるか？」という問いを提起した。氏は「日韓モデル」を「65年体制」と同一視し、その前提には「日本が上、韓国が下。日本が強、韓国が弱。兄弟や師弟のような関係」があると考える。そこには「米日韓」の枠組みに忠実に従う韓国のふるまいがあったとし、「この前提の下で、日本側は『和解プロセス』を展開でき、『寛容さ』を示すことができた。だが、韓国が躍進し、部分的に日本を追い越し、自主性、主体性を追求するようになると、日本側も『日韓モデル』から逸脱する動きを見せている」と分析する。そのうえで、以下のような提言をする。「従来の『日韓モデル』を評価しながらも、その限界を克服するべく、『日朝モデル』的要素を加味しつつ、日韓関係の構造的変化、『大転換期』に適合した、『新たな日韓モデル』を再構築すべきでは？」。

　非常に重要な指摘を権容奭氏はしてくださったと考える。わたしからの応答は、以下のようなものになる。

　まず「日韓モデル」は「1965年体制」と表裏一体のものではあるが、それと同じではない。「65年体制」は主に政治・外交・経済の枠組みに関する規定であり、したがってその枠組みを米国が統御してきたという歴史がある。しかし「日韓モデル」というのは、その枠組みを重視しながらも、具体的な日韓の接触面において両国の人間が対立し、宥和し、成長してきた過程のすべてを指すのである。政治・外交的な枠組みの成立・維持・修正に関していかに米国の役割が重大であったにせよ、具体的に関係を構築してきたのは日韓両国の生身の人間たちであり、そのすべての実践が貴重な「日韓モデル」なのである。

　そして重要なのは、このモデルは、「よきモデル」を意味しているのではない。範型としての、イデアル・ティプス（ここでは理念型ではなく理想型の意）としての、規範としてのモデルなのではない。関係構築のプロセスのなかで、失敗や挫折などマイナスの側面もすべて含んだ両国の経験の総体が、このモデルなのである。かつて帝国主義側にいた西洋諸国が今後直面するにちがいない旧植民地側の国家との困難な関係構築に際して、日韓の成功と失敗をすべて包含したプロセスの目録が、この「日韓モデル」なのである。

したがって、韓国がこの枠組みのなかで経済発展し、文化的・社会的にめざましい成果を上げていることに対して、旧宗主国である日本が現在見せている著しいとまどい、焦り、否認感情などもまた、このモデルの重要な一部なのである。1965年に開始されたこの枠組み自体を破壊するような否定的言動でないかぎり、すべては貴重な言動となる。韓国の発展に対して近年日本が見せているマイナスの反応もまた、十分に記録されておかねばならない経験の一部である。なぜならそれは、旧宗主国と旧植民地という非対称的な関係が対等化ないし逆転するという、人類史においてきわめてめずらしい経験の貴重な記録であるからである。これに似たものとしては英国と米国の関係があるが、19世紀の帝国主義における支配側と被支配側との関係性の再構築においては、日韓が人類史上はじめての経験をしている。日本人のうち一定数はそのプロセスに対して当然、100％歓迎するという態度を取ることはできないはずだ。最初から両手を挙げて受け入れるという態度自体が、ある意味で不自然である。韓国側はこのことを理解する必要がある。しかし、日本側もやがて事実を受け入れなくてはならなくなる。そのときにいかなる関係を構築できるのか。ここに、「日韓モデル」の真の意味があるのである。

　そしてその過程において、日本は「日朝モデル」を推し進めなくてはならない。なぜなら日本が併合植民地にしたのは朝鮮の全体であったが、戦後にそのことに関してケアしたのは南半分の韓国に対してだけだったからである。別のことばでいうなら、日本は戦後、韓国にのみケアしすぎた。そのことによる南北の非対称性は、きわめていびつなものになっている。このことが朝鮮半島の不安定性の一因になっている。したがって日本は、北朝鮮に対するケアをこれから積極的にやっていかなくてはならないのである。

　次に権容奭氏のコメントでは、わたしのいう「併合植民地」に関する言及があった。それは、以下のようなものである。

　「併合植民地」という考えを韓国側が受け入れるのは容易ではない。近年、日本では「併合論」のみに依拠した歴史修正主義がはびこっている。「合法、不当」論から「合法、正当」論の下、歴史を歪曲しているのは韓国側、日本は何も悪くない、逆に被害者との言説や認識がヘイトスピーチと共に流布し、嫌韓・歴史修正主義と反日・抗日のスパイラルになっている。

　以上が、権容奭氏の認識である。このことに関して、わたしは以下のように応答したい。

　歴史認識の対立はそれ自体が不毛なものなのではなく、貴重なプロセスだと考える。なぜならあるアクターが「正しい歴史」と性急に認識するものに対しては、別のファクターがつねに別の視点から批判していくという作業を繰り返さなくてはならないからである。歴史的な事実の確定およびそれに関する解釈の確定、という作業がいかに困難であり、イデオロギーや国家主義的・民族主義的視座からはそのことが不可能であるということを日韓両国は学ばなくてはならないが、その学びは一気になされうるものではなく、長いプロセスが必要なのである。わたしから見ると、「併合植民地」というきわめて複雑な態様を認識しようとする際、韓国側はおしなべて「植民地」の側面のみを見ようとし、そして近年の日本の嫌韓派は「併合」の側面のみを見ようとしている。これは端的にいって間違った歴史認識である。35年間の時空間の総体という多面体を、自陣に都合のよいパースペクティブからしか見ていないからである。歴史認識が国家や民族や特定集団の利益のために構築されてはならないが、歴史というものがそもそも、そのような利益のために要請された装置であるともいうことができる。しかし日韓は、歴史認識というアポリアをめぐって、これまでの人類が到達できなかったレベルの議論を展開していく能力があるはずだし、展開していかねばならない。そのための勇気が必要なのである。

　権容奭氏がコメントの最後に記した「日韓発の『グローバル・スタンダード』」ということばに全面的に同意したい。われわれはまだそのプロセスの途上にある。だが、このプロセスは意味のないものではなく、人類の経験にとって大きな意味を持つものなのだという強い自覚が重要であろう。

　さて、次に、南基正氏に対して応答したい。

　南基正氏は、以下のような質問をしてくださった。韓日の共同課題、「歴史の直視、記憶、反省」「近代の克服」「哲学の構築」は順序を追って取り組むべきものか、同時並行の課題なのか？

　わたしの応答は、以下のようになる。

　これら3つの課題は、互いに深く内在的に関係しているものであり、切り

離すことができない。「哲学の構築」は無論歴史に関する内容ばかりではないが、少なくともその一部は「歴史認識とはなにか」という問いに答えていく過程で鍛え上げられるものであるし、そのことが「近代の克服」にもつながる。なぜなら「歴史の直視」というのは、これまでのような国家や民族あるいは特定イデオロギーやディシプリンによって一面的に解釈された歴史も全否定せず、同時にそれらからいかに離れることができるか、ということを指しているのだから、それこそが新しい存在論・認識論・歴史哲学の創造につながらなければならないのである。さらに国家主義的な歴史認識自体が近代的世界観の重要な一部分でもあるので、この認識を弁証法的に乗り越えることが、近代の克服につながるのである。これらのことを精力的に推進しつつ、生を生きる過程でたましいと身体が傷つけられたひとびとの尊厳を回復するためにはどうすればよいか、という実践につなげなくてはならない。

　この横浜シンポジウムの際には、オンラインで参加した一般のひと（韓国人）からも、わたしの発表に対して肯定的な反応をいただくことができて嬉しかった。ただ、「もし日本がこころからの徹底的な謝罪をはっきりと述べるならば、韓国人のこころも画期的に変化するのではないか」という質問に対しては、時間がなかったため十分なお答えができなかったので、ここで応答したいと思う。

　わたしも質問者と同意見である。だが、同時に次のようにも考える。これまで日本は植民地支配や慰安婦問題などに関して、首相という国家権力のトップに位置する人間が謝罪をしてきたのであって、その事実を軽く見ていただきたくはないのである。たしかに韓国側から見れば、その謝罪にはこころがこもっているようには見えないであろう。もっとこころがこもっていなければならないとわたしも思う。だが、こころがこもっているように見えるか否かというのは、結局主観の問題である。重要なのは、一国家の最高権力者が謝罪と反省を述べたという事実である。まずはこのことをあまりにも軽くとらえないでいただきたいのである。

　西ドイツのヴィリー・ブラント首相が1970年12月にワルシャワのユダヤ人ゲットー跡で跪いた写真が、世界的にも、また韓国でも有名であって、これこそがドイツの良心であるという解釈がなされるのが普通である。だが、この

ときブラント首相は無言で跪いただけであって、謝罪の言葉は一切いわなかったことは、ご存知だろうか。わたしが韓国人に尋ねた結果をいうなら、日韓の歴史問題にかかわるいかなる学者も、そのことを知らなかった。ブラントの無言には、深い意味がこめられている。なぜなら歴史の真相は、複雑な多面体だからである[5]。ことばを発してしまえば、その多面体の複雑性を毀損してしまうおそれがある。

　具体的にいうなら、ドイツとポーランドとユダヤ人の関係の複雑性を、単純化してしまうおそれがあったのである。だからブラントは、跪いたがことばを発しなかった。ただブラントのこの態度が正しいとわたしはいいたいのではない。ブラントのこの態度が、ドイツ的模範とされることに問題がある、といいたいのである。すべての政治的意思表明は、政治的なのである。無言を貫いたブラントに対しては、批判すべきであり、また受け容れるべきでもある。それと同じく、日本の首相の態度とことばに対しても、批判と受容がありうるが、全面的な無視あるいは否定という態度は、とられるべきではない。

　なぜか。それは尊厳という概念にかかわるのであるが、謝罪する側にも尊厳はあるからなのである。被害者と自己規定するひとびとは、「謝罪すべきひと＝加害者」と規定し、その加害者には尊厳はない、と考えがちになる。それは人間の心理として当然である。だが、「謝罪する人間に尊厳はない」と考えた途端、そこには謝罪する側と謝罪される側にいかなる通路も構築しえなくなってしまう。尊厳がないということは、人間ではない、ということを意味するからだ。したがって謝罪される側は、謝罪する側の謝罪になんらかの意味を見いだすことができるためには、謝罪する人間を人間として認めること、つまり尊厳を認めることという苦悩に満ちた選択をしなくてはならない。その謝罪の態度いかんにかかわらず、つまり無言であっても跪かなくても、なんらかの謝罪の意思表明があったことは認めなくてはならないはずなのである。そのプロセスがなければ、その後の関係性の構築は不可能になるか、きわめて困難になる。日韓が陥っているのは、このような状況であるとわたしは考えている。つまり日本の最高権力者の謝罪を韓国側が無視ないし否定し、あたかもそのような謝罪が

一切なかったかのように糾弾が続くことによって、日本側の尊厳が著しく毀損されたという悪感情が日本人のなかに生まれ、それが嫌韓といううねりになってしまっているのである。このことを韓国側は、真剣に受けとめたほうがよい。

　謝罪は一回で終わるものではない。なぜか。謝罪は契約ではないからである。人間対人間の関係性を、一回性の約束という作業によって絶対的に確定してしまう契約は、二国間の歴史問題とは根本的に合わない。二国間の条約や協定、合意は基本的に守られなくてはならないが、その一回性と、反省や謝罪の反復性とは、根本的に相容れない性格を持つのである。したがって、日本は韓国に一回謝罪をすればそれで終わり、ということにはならない。新しいイシューや事実が出てきたらそのたびに、謝罪と反省をしていかなければならないのである。そのプロセスこそが和解なのであり、重要なのである。

　このプロセスを進めなくてはならない。少なくとも2015年12月の日韓慰安婦合意までは、このプロセスは進んでいたのである。しかしその後、進まなくなってしまった。日本側は「韓国はゴールポストを動かす」といって不信感を増幅させ、もはや韓国は真摯な対話の相手ではない、と宣言するようになった。この態度は韓国側からしてみれば到底容認できないものであろうが、多くの日本人にしてみれば常識的な反応だったのである。

　さて、わたしは、2021年12月3日に東京とソウルを結ぶオンラインで開催された「第29回　日韓フォーラム」において、「『日韓モデル』の実践を正しく評価すべきである」という題目のもと、本稿のエッセンス部分を口頭発表した。日本側も韓国側も、おおむね反応はよかった。特に韓国側の反応がよかったのは、思いがけないことだった。すこし以前の韓国であるなら、「65年体制」に関することに対してはマイナスの評価が大勢を占めたはずであり、それを肯定的に評価する軸は無視されるか強い反論が提起されるかのどちらかであったろうと思われた。しかし、文在寅政権の提示する枠組みに対する批判が、任期終了間近になって韓国側からも出だしてきているという印象を与えた。

　この発表に対しては、西野純也・慶應義塾大学教授が、「『日韓モデル』という考え方は理解できるが、そのなかで日韓が具体的にどのような関係を結んできたのかという事例があるともっとわかりやすい」というコメント・質問をし

てくださった。

　これに対してわたしは、以下のように応答した。

　本日の発表においては、時間の制約もあって、「日韓モデル」における日韓の具体的実践に関しては説明できなかった。だが基本的に重要なのは、もし韓国という存在がなければ日本人は今のように成長できなかったはずだし、逆に日本という存在がなければ韓国人は今のような成長はできなかったはずだ、という事実である。たとえば慰安婦問題をとってみても、この困難な問題をめぐって実に多角度からの議論が数多くなされたがゆえに、日韓両国のひとびとは「女性」という属性の実存について思いをめぐらすことになり、そのことによってあきらかに女性観は成長したのである。在日コリアンの問題に直面することによって日本人はマイノリティの人権について学んだのだし、韓国は産業資本主義を確立する長い時期にわたって、日本企業から技術やマーケティングのあらゆる分野で必死に学んだ。

　以下のことは、特に韓国の方には誤解していただきたくないのだが、一例を挙げたい。1990年代のはじめだったが、わたしの知っている日本のすばらしいグラフィック・デザイナーが、こういうことをわたしにいった。自分の工房に韓国から前途有望な若者が修行しにくる。しかし、彼らは線をまっすぐ引くことができない。そういうことをあまり重視しないようだ。最初からかっこいいデザインをやろうとする。でもそれではだめだ。だからここ（この工房）では線をまっすぐ引っ張ることから教え込む。最初、彼らはいやがる。なんでこんなことをやらなくちゃならないんだ、という顔をする。しかし、根性がある。がんばることができる。そして、成長していく。いいデザイナーになっていく。それを見るのがたのしい。……これが、グラフィック・デザイナーがわたしに語ったことである。

　彼は既に亡くなったが、韓国をこよなく愛する、厳しい職人肌のひとだった。彼の美学と技術を、惜しみなく与え続け、しごとのあとは夜遅くまで若者たちと酒を飲んだ。韓国の一流デザイン工房であるアン・グラフィックス（安尚秀氏の工房）といっしょにしごとをしており、人材の交流もしていた。彼のもとで学んだ若い韓国人のなかには、その後、韓国で一流のグラフィック・デザイナーになったひともいる。こういう交流が、日韓のあいだには無数にあった。

いま例を挙げたのはグラフィック・デザインという分野だが、韓国が一流の先進国になっていく過程で、このような日韓の関係性は実に数多く、構築されたのである。わたしは「日本が韓国に産業資本主義のノウハウを教えた」ということを垂直的関係として取り上げたいのではない。経済の問題は重要だが、このような関係を重層的に築いていくことによって、日韓双方のひとびとの「人間としての変化」が重々無尽に形成されたことが重要である。

　日本のグラフィック・デザイナーも若い韓国人に教えながら、逆に韓国の文化や韓国人の精神性について多く学んだ。つまりこれは単に経済の問題なのではなく、人間観の問題なのである。わたしたちは日韓ともに、近代化以後、もっぱら西洋からのみ学び続けたと考えているが、事実はそうではない。日韓が双方から実にたくさんのことを学び続け、そして自らを変化させ続けてきたのである。この双方向のプロセスの総体が「日韓モデル」なのだ。

　以上が、わたしからの応答であった。

　駐横浜大韓民国総領事館主催のシンポジウム（2021年10月22日）および第29回日韓フォーラム（同年12月3日）においてわたしが「日韓モデル」に関して発表した内容を聴いてくださった方々、そして貴重なコメントと質問をしてくださった方々に感謝したい。わたしは日韓の歴史と尊厳・和解に関してさらに研究と思索を進め、2022年にはこのテーマに関する書籍の原稿を書き上げる予定にしている。日韓がこれまでの55年以上にわたって歩んできた歴史を過小評価してはならない、というのがわたしの一貫した主張である。

第5章

被害・生存者なき時代の「従軍慰安婦」問題と政治的責任

南　基正　（ソウル大学日本研究所）

1．「被害・生存者なき時代」を控えて

「従軍慰安婦（以下、慰安婦）」問題は、最初の問題提起から一世代を過ぎ、「被害・生存者なき時代」を迎えようとしている。2020 年 11 月 14 日は挺対協（韓国挺身隊問題対策協議会）創立 30 年の日であった。2021 年 8 月 14 日、金学順ハルモニ（おばあさん）の証言から 30 年が過ぎ、2022 年 1 月 5 日には、最初の水曜集会から 30 年目の集会が開かれた。「慰安婦」問題解決運動の 30 年を迎えて、被害・生存者なき時代を準備する政治的責任を究明する必要がある。問題解決の中心は「事実認定、謝罪反省、法的賠償」から「真相究明、記憶継承、歴史教育」に移っている。これを踏まえ、「慰安婦」運動 30 年の成果と被害・生存者なき時代の残された課題を確認するのが課題だ。具体的には、2015 年の合意の処理をめぐる運動と政治が核心争点だ。これは「過ぎ去る 30 年」と「来るべき 30 年」の結節点の問題である。

　一つの国家と個人にとって、過去の問題の解決が目指す最終目標は原状回復であり、その具体的手段は被害に対する補償または賠償だ。このとき、一国家の失われた国権と破壊された経済を原状回復することは「もしかして」可能かもしれないが、一個人の破壊された生活を原状回復することは「そもそも」不可能だという事実が背景をなす。生命の剥奪や伝統の破壊など「時計を逆に回さない限り」、現実の代替物では復旧できないものについて、金銭的手段以外に原状回復の方法がないという現実がそれである。またそれは、言語で表現される謝罪が象徴的意味以上の何物でもないという点で、言語での謝罪を「可視

化」する意味もあった。

　問題解決のための「可視化」にかかわり、政治的現実主義が介入する余地が生じる。「望ましいこと」より「達成可能なこと」とは何かを問い、そのための政策で答えることが政治的現実主義であるとすれば、不可能な理想よりは達成可能な目標に集中して問題解決を可視化しようとする努力が「国家賠償」と呼ばれる行為である。古代社会から人類は戦争が終わると、土地と物品、時には人間を供物として捧げる（または奪う）ことで、戦争で損なわれた秩序を修復してきた。国家間の近代的秩序が確立してからは、物的手段による損害の補償が戦後処理という名目で行われてきており、これを国家賠償という概念で制度化してきた。

　国家賠償の制度化は、失われた命に対する償いが中心であったため、最初から被害者がいない状況での問題解決の努力だったのであり、その意味で生存・被害者なき（post-victim/survivor）状況での努力だったと言える。それに対し、生存・被害者が現れ問題を提起することにより初めて被害者中心主義が提起される。しかし、その生存者が亡くなっていく状況のなかで被害者中心主義の危機が可視化し、被害・生存者なき時代の被害者中心主義の問題が浮上している。

　政治的現実主義の介入は、「慰安婦」被害者に対する救済（賠償）の問題が人権の問題ではなく、外交の問題として展開される契機および背景になった。ここにおいて人権と外交は両立または補完の関係ではなく分離と排除の関係となった。人権問題としてアプローチすれば外交的解決が難しく、外交問題としてアプローチすれば人権が侵害される二律背反の状況が作られた。この２つを両立させ、相互補完する不可分の関係にしていくことが政治的責任である。

２．政治的現実主義が試みる和解政策の問題

　政治的現実主義についての議論は、ハンス・J・モーゲンソーを抜きにして語ることはできない。「慰安婦」問題を解決するための韓日交渉過程と関連してモーゲンソーが提示した政治的現実主義の６つの原則のうち、第５及び第６の原則が問題となる。モーゲンソーは「政治的行為の道徳的重要性を認識」しながらも、それが道徳とは区分される領域を規律する原理であることを確認し

ている。したがって、政治的現実主義に基づいた問題解決を試みる人々は「特定の国家の道徳的熱望と世界を支配する道徳法則を同一視することを拒否」し、国際政治において「法的・道徳的アプローチ」を不満に思ったり、そのようなアプローチとの「実際的で明確な違い」を認識したりする[1]。

　モーゲンソーは、国家より上位の行為者、すなわち世界国家の創出を通じた平和が現在の「道徳的、社会的、政治的条件」の下で達成されないならば、国家間の「調整による平和」が現実的な方法であり、その道具として外交に注目している。『国家間の政治（Politics Among Nations）』の最終章が外交に関する考察であることにモーゲンソーの問題意識が込められている。モーゲンソーによると、外交が意識すべき最も重要な徳目は「実際に、潜在的に利用可能な力を勘案して目標を決定」することだ。そして外交が機能するための9つの規則は「十字軍精神を捨てること」という勧告から始まり「政府は世論の指導者であって奴隷ではないということ」を忘れてはならないという定言命令で終わる[2]。

　具体的にドイツとイスラエルの和解が政治的現実主義に導かれた成功事例という分析と評価がある。政治的現実主義が試みる和解は、加害者が被害者の身体の安全と生活の安定を保障すること、すなわち政治的および経済的生存を保障することであり、そうした和解が国家対国家の間で試みられる時、安全保障の提供と経済的補償によってなされるということである。この点でドイツの和解政策は、イスラエルに対する安全保障と経済的補償という「望ましいというより可能な目標」を追求しつつ、相互利益を追求した結果として成功したという評価である[3]。

　しかし、ドイツとイスラエルの和解が現実政治の結果であることは明らかだが、ドイツが長時間にわたって補償対象を拡大し、時代の変化に合わせて当代の道徳的基準に対応しようと努力したことも事実だ[4]。それは、中東でパレスチナ難民の問題が複雑に展開する中、イスラエルを相手に補償を実施する過程でドイツが見せた政治的謙虚さに現れた。すなわち、補償に対する解釈は、補償を実施する側ではなく補償を受けた側が決定するということ、加害者側はその

1　Morgenthau, Hans J., *Politics Among Nations: The Struggle for Power and Peace*（5th Edition）, Alfred A. Knopf, Inc., 1973, pp.3-15.

2　Morgenthau, *Politics Among Nations*, pp.540-548.

3　武井彩佳『〈和解〉のリアルポリティクス：ドイツ人とユダヤ人』みすず書房、2017 年、255 頁.

4　武井彩佳『〈和解〉のリアルポリティクス』253 頁.

決定権を持たないという政治的謙虚さ[5]が、ドイツが政治的現実主義の和解政策をとる中で採択した最小限の被害者中心主義であった。

　そのため、それは政治的現実主義の成功でありながら、理想主義との対話を試みた結果と理解される。E・H・カーは政治学が「政治的現実（what is）」に対する学問であると同時に「政治的当為（what ought to be）」に関する学問で、科学であると同時に哲学だと規定した。カーの問題意識は理想主義の失敗を失敗と認識することから始まった。カーは、ホブハウス（L. T. Hobhouse）が「未開人」の特徴として、良いことは「良い」という事実だけで「正しい」と信じる点にあると指摘したことを挙げ、理想主義的政治学は分析の産物ではなく、意欲の産物だとした[6]。

　カーによると、現実主義が現実追随主義に流れるにつれて思想を無力化し、行動を否定し、悲観的かつ冷笑的な側面を持つこともあるが、「現実主義はユートピア主義の行き過ぎを矯正するために必要だ」という。これは「理想主義が現実主義の欠如を矯正するために必要なことと同じだ」。「未成熟な思想は圧倒的に目的論的で理想主義的だ。目的を全面的に否定する思考は、過去の時代の想像である。成熟した思想は、目的に観察と分析を併せ持つ。したがって理想と現実は政治学の２つの顔」であり、「すべての健全な人間の行動と思想は理想主義と現実主義、自由意志論と決定論のバランスの上に立たなければならない」[7]。

　政治の理想と現実の間の葛藤は、理論と実践の葛藤を媒介に知識人と官僚の葛藤に展開される。さらに、それは保革葛藤、左右葛藤として現れる[8]。先験的に思考する知識人と経験的に対応する官僚間の葛藤が2015年の合意を生み、これをめぐる葛藤が知識人と官僚の葛藤、ひいては保革・左右葛藤へと展開した。その葛藤を解消することが被害者なき時代の被害者中心主義の課題である。

5　武井彩佳『〈和解〉のリアルポリティクス』31-37 頁 .

6　Carr, E. H., *The Twenty Years' Crisis*, 1919-1939（eBook）, Palgrave Macmillan, 2016, 5-8 of 234.

7　Carr, *The Twenty Years' Crisis*（eBook）, 8-12 of 234.

8　Carr, *The Twenty Years' Crisis*（eBook）, 13-19 of 234.

3．再び、「被害者中心主義」とはなにか？

　「被害者中心主義（victim-centered justice, victim-centered approach）」は概念言語と
して安定的な地位を持つ言葉ではない。韓国のフェミニズム研究者のクォンキ
ム・ヒョニョンによると、被害者中心主義はレイプに対する定義が変化して生
まれた歴史的産物だ[9]。それはフェミニズムの戦略として有用性議論に開かれた
概念として、性的暴力の概念が広がり判断基準が変化する過程で、被害者中心
主義という言葉が登場したのだ。文字通り、「加害者中心」の社会に対する批
判と代案として登場し、加害者の一方的な弁明だけを受け入れる現実から「被
害者の言うことを聞け」という要求から始まった。そして、韓国社会における
被害者中心主義は、2000年に「運動社会における性暴力根絶100人委員会（以
下、100人委員会）」の活動を通じて広がり、定着した。
　被害者中心主義は、加害者と被害者の証言が異なる時、被害者の供述を信頼
するものと理解されてきた。上記の100人委員会は「客観的証拠や証人が不
在で、加害者と被害者が異なった陳述をする場合、被害者の陳述を事実として
認めること」が被害者中心主義であると規定した。被害者中心主義を「性暴力
事件の意味構成と解決過程で被害者である女性の主観的な経験に真実の権威を
与えること」（100人委員会）、「被害者の被害経験に集中し、その経験を家父
長的な男性的態度ではなく、完全に被害者の見解で見ようとすること」（民主
労総）と捉える態度もこのような脈絡から出たものだ。
　このような過程で、加害者中心の社会を批判するために使われ始めた被害者
中心主義が、次第に性暴力に対する判断基準を被害者に一任するという意味に
変わり、「被害者中心」と「主義」が加えられ、新しい権威の言語に変わった
という指摘も出た。「被害者中心主義」が、「運動」の言語から「手続き」の言
語に変わったという指摘も、このような問題意識から、「被害者中心主義」はフェ
ミニズムの言語ではないという批判も出た。被害者に客観性の地位を独占させ
ては、男性中心的社会を解体することも、客観性に対する新しい認識論を展開
することもできない、というのが批判の核心だ。性暴力事件の客観性は被害女

9　以下、クォンキム・ヒョニョン「被害者中心主義は女性主義的原則か」『文学トンネ』［권김현영, "피해자 중심주의는 여성
　主의적 원칙인가", 『문학동네』］、25（3）、2018年．

性が証明するものではなく、社会が女性の声を尊重することで獲得されるものだという批判だ[10]。被害者中心主義が「被害者になるための」競争を生み、結果的に被害者の経験を尊重することに失敗したと評価し、被害者中心の解決に内容がないという問題を指摘している[11]。

　いずれも被害者中心主義が運動の言語から政治の言語に変化したことを指摘している。それは「被害者中心主義」という用語そのものが持つ政治性のため、つまりそれが権力関係を内包する用語であるために不可避なことと考えられる。すなわち、被害者中心主義は、加害者—被害者間の権力関係に関連して発生する犯罪において登場する用語である[12]。上記の紆余曲折を経ながら、現在、被害者中心の正義（victim-centered justice）とは「権力関係を原因として発生する犯罪などにおいて加害者の処罰を盲目的に追求した場合、その権力関係の下で生き続けなければならない被害者の事後の回復、または権力関係からの解放がかえって阻害される可能性がある。そのため、被害者の欲求と関心に重点を置いて、司法の手続き及びすべての事件解決の手続きを進めようとする傾向」として理解されている[13]。

　他方、被害者中心主義を「被害者を司法制度の第一の顧客と考え、彼らの安全、権利及び利益を優先して加害者に対する管理戦略をデザインし、実行すること」[14]と規定した場合、第一の顧客の不在は被害者中心主義の存立根拠の不在状態を引き起こす。しかし、加害者の処罰が中心ではなく、権力関係の解体を目的とする場合、被害者中心主義は被害者の存在の如何に関係なく追求されるべき戦略であり、目標となる。その時、被害者中心主義は、法的・道徳的責任の問題ではなく、政治的責任の問題になる。これが、被害者なき時代の被害者中心主義が、政治的責任と認識されなければならない理由だ。

10　チョン・ヒジン「性的自己決定権を超えて」『セクシュアリティ講義、第二回目』トンニョック［정희진, "성적 자기결정권을 넘어서" 『섹슈얼리티 강의, 두 번째』］、2006年、239-240頁。

11　クォンキム・ヒョニョン「性暴力二次加害と被害者中心主義の問題」『被害と加害のフェミニズム』教養人［권김현영, "성폭력 2차 가해와 피해자 중심주의의 문제 ", 『피해와 가해의 페미니즘』, 교양인］、2018年。

12　パク・キョンシン「ミーツー運動が克服すべき被害者中心主義」『文学トンネ』［박경신, " 미투운동이 극복해야 할 피해자중심주의 " 『문학동네』］25 (2)、2018年。

13　Konradi, Amanda, "Creating Victim-Centered Criminal Justice Practices for Rape Prosecution", *Research in Social Problems and Public Policy* 17, February 2010 ; Koss, Mary and Mary Achilles, "Restorative Justice Responses to Sexual Assault", VAWnet.org, 2011, http://www.antoniocasella.eu/restorative/Koss_Achilles_2011.pdf などを元に前掲のパク・キョンシンが整理。「ミーツー運動が克服すべき被害者中心主義」を参照。

14　Bumby, Kurt, Karen Baker, and Leilah Gilligan, "Advancing a victim-centered approach to survising sex offenders: A toolkit for practitioners", The Center for Effective Public Policy, 2018.

　具体的課題は、記憶後の世界（post-memory world）の被害者記憶の構成と継承だ。被害者なき時代のホロコースト記憶継承の問題に直面し、ニコラス・チェア（Nicholas Chare）は、「被害者なき世界のホローコスト・メモリー――永続的な目撃者の誕生」（"Holocaust Memory in a Post-Survivor World: Bearing Lasting Witness"）のなかで、証言をするための哲学的、視覚的、世代間の努力からストーリーテリングの詩学（poetics）を探求している[15]。彼はそれに関する先行研究を検討しながら、「相互テキスト的に生成される記憶（intertextual generative memory）」といえる方法を提示した。それは、現在と未来のホロコースト記憶にかかわる人々の中で、小さなことでも意味のあるつながりが作られるように、文学、写真、哲学とともに、記念館訪問の経験などを一堂に生産的に合流させることを指摘する言葉として提示された。その提示は、被害者なき時代の「慰安婦」問題の被害者中心主義の戦略として採択すべき提言でもある。

4．再び、「政治的責任」とはなにか？

　「政治」とは本質的に論争的概念だ。教科書的意味で「政治」とは、最も広くは「人間が生活を営むのに必要な一般的規則を作り、保存し、修正する活動」であり、葛藤と協力という現象に関連する行為または活動の一種である[16]。その語源がポリス（polis）という点で、葛藤と協力という行為の主体が政治共同体であることが分かる。つまり政治はポリスにかかわることであり、それは国家にかかわること、国家の統治および権威行使と関連することが分かる。またそれは「価値の権威的配分」、「妥協と合意」を通じて葛藤を解消する手段を意味し、「可能性の技術（芸術）」と呼ばれたりもする。

　付け加えると、政治とは「権力の割り当てを通じて葛藤する勢力間の和解を導く活動」であり、「暴力や強制よりは調停を選択することで秩序の問題を解決すること」であり、加害－被害の問題に対し、調停を通じて解決することも政治の領域といえる。もちろん国家という政治的共同体の構成員に加えられた加害責任を正す行為が政治であることは言うまでもない。

15　Gigliotti, Simone, and Hilary Earl, "Introduction", in *A Companion to the Holocaust*, eds. Simone Gigliotti, and Hilary Earl, Wiley, 2020.

16　Heywood, Andrew, *Politics*（4th edition）, Palgrave Macmillan, 2013, pp.2-5.

アーレントは『エルサレムのアイヒマン』の中で、政治的責任という特殊な形態の責任が、一国家の中の共通成員（common membership）と国家の名で行われた過ちに対する責任を受け入れることから出ると述べた。また、アーレントは「集団的責任（Collective Responsibility）」という論文では、政治的責任と罪を区分し、集団には道徳や法的な用語ではなく政治の用語で責任を問うことができると述べている。アーレントによれば、そこから、「人は政治共同体の一員だという事実のため、国家や政府の名で特殊な行為者たちが犯した行動や出来事に責任がある」という理解が生まれる[17]。

　アーレントの議論への批判が、アイリス・マリオン・ヤングの『正義への責任（Responsibility for Justice）』だ。ヤングは、『エルサレムのアイヒマン』を読解し、国家が犯した犯罪に行為者がかかわる方式を論じ、「広範囲な国民大衆に影響を及ぼす措置や事件に関して公的な姿勢を取り、巨大な害悪が発生するのを防ぐために集団行動をとろうと努力したり、より良い方向に制度的変化を促したりする義務が個人にあり、そのような義務を政治的責任と見るべきだ」と主張した[18]。ヤングは特に「誰もが有罪だ」と言うのは「誰も有罪ではない」と言うのと同じだ、というアーレントの命題に集中した。アーレントは、「みんなが有罪であるところでは、結局誰も審判されない」と嘆いた[19]。

　ヤングによると、被害者中心主義が被害者なき時代の政治的責任になるのは、「誰もが有罪」であるからではなく、国家が犯した罪の償いの問題が世界の秩序に関することだからであり、世界の秩序が個人を離れて、政治共同体を媒介とし、時間をさかのぼったり未来志向的につながったりするからである[20]。責任を認識することが公的かつ集団的に行われる行為であるという点[21]において、被害者中心主義が被害者なき時代の政治的責任として位置づけられる。

　そこからヤングは責任に関する社会的連結モデルを提示する。不正義と関連した責任は、個人が共同の憲法の下で生活するという事実からではなく、構造

17　Arendt, Hannah, "Collective Responsibility", in *Amor Mundi: Explorations in the Faith and Thought of Hannah Arendt*, ed. James W. Bernauer, M. Nijhoff, 1987, p.45.

18　Young, Iris Marion, *Responsibility for Justice* (eBook), Oxford University Press, 2013, 75 of 198.

19　Arendt, Hannah, "Organized Guilt and Universal Responsibility", in *Essays in Understanding, 1930-1954*, ed. Jerome Kohn, Harcourt-Brace, 1994, p.126.

20　Young, *Responsibility for Justice* (eBook), 77 of 198.

21　Young, *Responsibility for Justice* (eBook), 89 of 198.

的不正義を作り出す様々な制度的過程に参加するという事実から生じるため
だ[22]。法的責任モデルが、不法行為に関する法によって責任を与え、制裁、処
罰、補償を強要し、賠償などの目的で責任当事者を確認して道徳的判断を下す
ようなすべての実践を含んでおり、そのような法的責任の概念が目的上におい
て、過去志向的な概念であるのに対し、政治的責任は未来志向的である。さら
に、政治的責任は、道徳的行為者の意味を意識している社会構成員に課せられ
る。道徳的行為者とは、他人の運命に無関心でない人で、国や他の組織化され
た機構が、しばしば一部の人々に与え得る利害に無関心でない人をいう[23]。

　ヤングが示した法的責任モデルと社会的連結モデルとの決定的な違いは、社
会的連結モデルが加害者を隔離しないという点にある。責任を付与する主な目
的は未来志向的であり、責任は本質的に共有され、政治的集団行動によっての
み免除される[24]。被害者中心主義を法的責任に限定するとき、その責任の対象
は生存・被害者に限定され、ある時点に至り過去形に完結することができる。
ところが、被害者中心主義を社会的連結の中で具現すべき原則であるとすれば、
その責任は、社会的連結が意識される政治的共同体が持続する限り、被害者の
生存の有無に関係なく追求されるべき未来志向的課題となる。

　さらにヤングは、構造的不正義が個人の個別的な相互作用によるものではな
く、個人の社会構造的な地位によって発生するものと見做し、個人的責任よりも
政治的責任を強調した[25]。構造に対する規範的判断の観点から政治的責任を問
題視したのである。既存の「道徳的責任か、法的責任か」の議論は、正義回復
への責任を「被害者－構造の問題」に還元する方式だと批判し、ヤングは法的
責任モデルに代わって社会的連結モデルを提示したのである。その提示は、自
分の行為によって構造的過程に影響を及ぼしたすべての人々が、不正義に責任
があるという事実に基づいており、被害者なき時代の被害者中心主義を議論で
きる根拠となる。一方、ヤングの議論は、個人と政治的共同体が二分法的に区
分されないため、政治的共同体を主体とした責任論は成立しにくい。すなわち、

22　Young, *Responsibility for Justice*（eBook）, 104 of 198.

23　Young, *Responsibility for Justice*（eBook）, 91-105 of 198.

24　Young, *Responsibility for Justice*（eBook）, 103-105 of 198.

25　チョン・ヘジョン「アイリス・ヤングの政治的責任と非実証主義法概念論：慰安婦問題解決のための法的責任の根拠を模
索して」『韓国女性哲学』［전해정, "아이리스 영의 정치적 책임과 비실증주의 법개념론：위안부 문제해결을 위한 법적 책임
의 근거를 모색하며", 『한국여성철학』］26, 2016 年, 180 頁.

いわゆる国家が行為主体になる責任論が成立しないという意味であり、むしろ社会的に相互につながった「個人の政治的責任」が強調される。

5. 「和解の国際政治」と被害者中心主義

　「和解の国際政治」は国際政治の「4つの理論」によって構成される。国家間の和解とは「国家間の敵対行為から始まった問題を解決し克服する国際政治的過程」である[26]。国際政治の現実で存在した国家間の和解の事例は、概ね次の4つの方式に分けられる。第一に、国益（特に安全保障上の利益）の調整と共有が和解を可能にするという現実主義的アプローチ。第二に、安定した平和を創出するための協力の中で和解が可能だという制度主義的（自由主義的）アプローチ。第三に、アイデンティティの変化を通じた相互認識の浸透の中で和解が可能であるという構成主義的アプローチ。第四は、加害者の処罰と被害者の容赦による懲罰と回復で和解が可能だという正義論的アプローチである。

　韓日間では上記の第一方式の和解を試みたことが、「1965年の基本条約」と「2015年合意」を産み出したが、これは新たな葛藤の原因になり、和解は失敗した。第二方式に従って行われた成果が、1990年代から2010年までに出された宣言と談話だ。すなわち1993年の河野談話から始まり、1995年の村山談話、1998年の韓日共同宣言、2002年の朝日共同宣言、2010年の菅談話などの成果だ。第三方式はまだ始まっていないが、その萌芽が発芽している状況であり、第四方式は加害者と加害国、被害者と被害国の区分と水準の問題を抱え、処罰または容赦の（不）可能性の問題が存在する。

　国際政治における被害者中心主義の可能性を見極めるために、「和解の国際政治」に占める「被害者」の位置を確認する必要がある。第一方式の現実主義的アプローチは、行為主体として「国家」が想定されるため、被害者の領域は狭小である。第二方式の制度主義的アプローチは、多様な行為主体の参加が想定されるため、被害者（団体）の参加の可能性が開かれる。第三方式の構成主義的アプローチは、被害者のアイデンティティを両国が共有する過程で被害者

26　チョン・ジャヒョン「和解の国際政治——国家間和解の類型と加害国政策決定要因研究」延世大学大学院、政治学科、博士論文［천자현, "화해의 국제정치 : 국가간 화해의 유형과 가해국 정책결정 요인 연구" 연세대학교 대학원 정치학과 박사논문］、2012年。

中心主義はより重要な価値になり、第四方式の正義論的アプローチで初めて「被害者中心主義」は実現されるべき核心価値になる。

　ここに、次のような課題が導き出される。韓日間の過去の問題の解決策は、第一方式の現実主義の遺産を克服する一方、第二方式の制度主義的接近による解決過程を再開して第三方式が定着する空間を開き、最終的に第四の回復的正義を目標にするのが現実的だ。第一方式の限界の克服、第二方式の再開、第三方式の試みなどが第四の目標を実現する前段階の実践課題であり、少なくとも同時進行すべき課題である。具体的には、まず「2015 年合意」の失敗を克服する過程を始めることだ。これと同時にこのような努力は、第二の方式の再開と第三の方式の試みにつながるものでなければならず、それによって第四の「回復的正義」への道が開かれ得るという点を確認しなければならないだろう。

6．韓日関係で「被害者中心主義」の登場と展開

　「慰安婦」問題で「被害者中心主義」が初めて公的に言及されたのは 2015年 12 月 9 日、韓国で朴裕河の『帝国の慰安婦（ハングル版）』出版が波紋を起こした事態を受け、研究者と活動家の立場表明記者会見の席上だった。この席で李明源慶熙大教授が「何より重要なことは被害者中心主義を堅持すること」と発言した[27]。そして、2015 年の合意以降、これに対する批判の中心に「被害者中心主義」が登場するようになった。朴槿恵大統領が「慰安婦」問題の解決策として強調した「被害者中心主義」が損なわれたという批判がその中心だった[28]。「被害者の被害を明確に把握し、その被害を引き起こしたあらゆる状況に問題を提起し、被害者がその被害以外のいかなる追加的被害も負わないようにそばに立つこと」、「ハルモニたちが『もういい』とおっしゃるまで、被害者中心主義で練られた怒り」のような言及にその例が見られる[29]。

　文在寅政権に入って「被害者中心主義」は、対日外交の原則として確立された。外交部（外務省）の姜京和長官（大臣）は候補者聴聞会で、「被害者中心の観

27　ニューシス［뉴시스］、2015 年 12 月 10 日。

28　ハンギョレ［한겨레］、2015 年 12 月 30 日。

29　チョ・イクサン『週間京郷』［조익상、『주간경향』］、1159 号、2016 年 1 月 12 日。

点から知恵を集めて日本との対話を続け、心のこもった措置が取られるようにしたい」とし、「被害者中心主義」の態度を明らかにした。さらに、「10億円の性格が何なのか明白ではなく、不可逆的、最終的合意という表現も軍事的合意で登場する話」と批判した。鄭鉉柏女性家族部（省）長官（大臣）も、候補者聴聞会で、2015年合意が「被害者中心主義に立脚した被害当事者の意見の収れんが不足した」と評価するなか、被害者中心主義を言及した。

慰安婦合意検討タスクフォース（TF：作業班）の発足（2017年7月31日）に際して韓国政府は被害者中心主義に立脚し、「慰安婦」の合意を綿密に検討することを要請し、「日帝下の日本軍慰安婦被害者に対する生活安全支援及び記念事業などに関する法律」改正案が国会の法司委員会を通過（2017年11月23日）した。それを受け、被害者の労をねぎらうための「記憶の日」（8月14日）が指定され、慰安婦被害者の権利義務と関連した政策を樹立する場合、被害者の意見を聴取するようにして、政策の主要内容を国民に積極的に公開するよう求める条項が新設された。これらの措置について韓国政府は、被害者中心主義に立脚して政策を立てる趣旨から採られたものだと説明した。検証TF報告書の発表に対しては、大統領府は「被害者中心主義原則を固守するものの、韓日間の関係が平行線を辿るなか、関係発展を追求する」という立場を明らかにした。

正義記憶財団は検証TFに対して批判声明を発表した（2017年12月18日）[30]。その発表では、「（検証TF報告書の）発表を知らせるその過程でさえ、被害者と支援団体にいかなる公式的な意見聴取の手続きや了解も得ず、一方的な言論報道を通じて該当内容を知らせたことは、被害者中心主義に背を向けたことを越え、被害者に対する無形の暴力を加えたことであり、受け入れることはできない」と批判した。合意直後に実施されたインタビューにおいても、尹美香・正義記憶連帯代表は、「被害者中心は過程にも内容にも被害者がいるべきだ。誰のためにこの合意がなされるのか。動機も、過程も、内容も、結果もすべてが被害者を中心に協議するのが被害者中心だ」と主張した[31]。

女性家族部は2018年11月21日、和解・治癒財団の解散を公式発表した。

30　「（日本軍性奴隷制問題解決のための）正義記憶財団」は2015年合意を受け、これに反対し、その代案を模索する団体として2016年に設立された。
31　統一ニュース［통일뉴스］、2017年12月29日。

そのための法的手続きを踏む予定であることを発表し、「被害者中心主義の原則の下、様々な意見収斂（しゅうれん）の結果などを基に財団の解散を推進することになった」と説明した。これに対し、市民団体は 2018 年 12 月 28 日に声明を発表し、「2015 年の韓日合意の完全無効」を主張し、「2015 年の韓日合意の発表以降、国連人権機関は被害者の要求に見合った永久的な解決策を模索するよう韓日両国政府に持続的に勧告」したとし、「被害者中心主義の原則に基づいた後続措置がなされず、国際社会で日本政府の犯罪の否定と被害者に対する 2 次・3 次加害行為は深刻化」していると批判した。さらに、2019 年 7 月 7 日、正義記憶連帯は「和解・治癒財団」解散を確認して歓迎する声明を発表し、「日本政府がすべきことは国際人権基準である被害者中心主義のアプローチという原則に則って慰安婦問題が解決できるよう、犯罪事実を認めて、それに基づく法的責任を履行することだ」と要求した[32]。

　このような過程を通じて「慰安婦」問題を含め、過去の歴史問題解決策の原則として「被害者中心主義」は確固たるものになった。2019 年 11 月から 12 月にかけては「強制動員」被害者問題を解決するための「文喜相案（ムンヒサン）」をめぐって被害者中心主義の解釈が問題となった。文喜相議長が被害者中心主義を掲げたことについて、批判者たちは「被害者を排除したり、選択的に接触して制限された意見収斂のチャンネルを稼動して法案を推進したりしながらも、被害者中心主義の名を使っている点は驚くばかり」だと批判した[33]。

　2019 年 12 月 27 日、韓国憲法裁判所が「慰安婦」の合意に対する違憲請求却下を決定しながら、2015 年のの合意が被害者の権利救済のための法的措置と見ることはできないと判断したのも被害者中心主義に立脚したものだった。憲法裁判所の決定は「（2015 年合意が）政治的合意であり、これに対する多様な評価は政治の領域に属する」と説明しながらも、「完全かつ効果的な被害の回復」のためには「被害者の意見収斂」が重要だという点を重ねて確認した。

　文在寅大統領は、2020 年 2 月 11 日、「被害者中心主義は国際社会の大原則」という考えを表明しており、それが韓日関係の基本にならなければならないと

32　「（日本軍性奴隷問題解決のための）正義記憶連帯」は、挺対協と正義記憶財団が 2018 年に統合し設立された団体である。
33　イ・ナヨン「遅延された正義は何を残すか」『京郷新聞』［이나영, "지연된 정의는 무엇을 남기는가", 『경향신문』］、2019 年 12 月 15 日。

いう立場を明らかにした。文在寅大統領が被害者中心主義を固守するという認識は、弁護士時代、被害者を代理した経験のためだという日本のマスコミ報道に反論する中で示された。

　尹美香代表は2020年国会議員選挙の候補として記者会見をする中で、「韓国内部でも文在寅政府になり、過去の問題解決と関連して基準が作られた」といい、それがまさに「被害者中心主義」と主張した[34]。そして、「被害者中心主義」に立脚して「慰安婦」問題と日本の過去における行為による被害の問題を解決する政策を樹立することが重要だが、その政策を樹立するにあたっては、「民間のレベル、（その民意を反映した）立法部を十分に活用してほしい」と訴えた。具体的な課題として提示したのは、「立法による真実究明と資料収集、記録と体系化による真実究明作業の要求が第一の課題であり、それを通じて日本政府に責任を求めていく努力が第二次的に行われなければならない」と主張した。さらにそうした「人権問題」を解決するために国際社会を相手にしたマルチラテラルな外交を行ってほしいという意見を表明した。

　2020年4月15日、正義記憶連帯は1435次オンライン水曜集会を通じて、第21代国会に、女性人権平和財団を設立できる根拠となる法案を成立させて「慰安婦」被害者の名誉と人権回復に向けて先頭に立つよう促した。「新しい国会議員はハルモニたちが望むことが何なのか、真の被害者中心主義に基づいた解決がどんなものなのかを知る人になってほしい」とし「女性人権平和財団の設立根拠の基盤を作る意志のある国会議員を第20代国会で（期待したが）論議さえできなかった。私たちが30年間、叫んで来た、そして多くの国民とともにし、切実さを込めた法案が可決されて慰安婦被害者の名誉と人権回復に向けて一歩進むことのできる国会になることを願う」と主張した[35]。

　その後、「李容洙記者会見」と「朴元淳事件」[36]の事後処理を巡って、被害者中心主義と2次加害論議が改めて提起される中、「被害者中心主義」が混乱し、再構築されている。ここで参考にしたいのは、国際社会の認識である。

　1985年に採択された国連の公式文書「犯罪被害者と権力乱用の被害者のた

---

34 統一ニュース［통일뉴스］、2020年4月5日。

35　正義記憶連帯のホームページ、「水曜示威声明書」［정의기억연대 홈페이지, "수요시위 성명서"］1435次、2020年4月15日。https://womenandwar.net/kr/ 자료실 /?pageid=13&mod=document&uid=673

36　2020年7月、朴元淳ソウル市長が元秘書の女性へのセクハラ告発を受け、失踪し、遺体で発見された事件。

めの基本的司法原則宣言」（以下、被害者人権宣言）は、被害者支援の国際的
原則と基準を明らかにしている。この被害者人権宣言は「権力濫用の被害者」
を、「個別国家の刑法違反ではなくても、国際的に認められる人権関連規範に
反する作為または不作為を通じて個別的または集合的に身体的または精神的損
傷、情緒的苦痛、経済的損失または基本的権利の実質的損傷などの損害を受け
た人」と定義し、問題解決のためには被害者を尊重し擁護することだけでなく、
共同体の責任を認識することが必要であり、これが真の「被害者中心主義」の
精神であると強調した[37]。

　2020 年 8 月 14 日、文在寅大統領は「慰安婦」被害者「記憶の日」の祝辞を通
じて「問題解決の最も重要な原則は被害者中心主義」であり、「政府は（被害）ハ
ルモニたちが『もう十分』とおっしゃる時までハルモニたちが受容できる解決策
を探るだろう」として、問題解決過程に被害者が関与しなければならないという
原則を確認した。さらに、翌日の 8 月 15 日、文大統領は光復節の式辞で、憲法
10 条の幸福追求権に言及した。文大統領は「個人が国のために存在するのではな
く、個人の人間らしい暮らしを保障するために存在する国」として、「一個人の
尊厳を守ることが、決して国に損害を与えないという事実を確認する」と強調した。

　それに対し、日本外務省幹部は、「慰安婦問題などで被害者中心主義を掲げ
ている文在寅政府とは関係改善の糸口すら見いだせない」として、「被害者中
心主義」そのものを否定する態度を示している。その幹部は、「徴用」問題の
解決において対話が重要なら、「韓国が具体的解決策を提示せよ」と迫り、日
本政府が責任論から自由であるという立場を表明した[38]。これはもちろん、日
本政府の 2015 年の合意に対する解釈から出てくるものだった。したがって韓
日両国政府が「被害者中心主義」を共有するためには、日本政府のこうした解
釈のフレームを変えることが一次的課題と言える。

7.「2015 年合意」の再検討──被害者中心主義による解決の道を開くため

　「2015 年合意」の後、「慰安婦」問題の解決には 3 つのレベルが存在する。

37　オーマイニュース［오마이 뉴스］2020 年 6 月 10 日。
38　聯合ニュース［연합뉴스］、2020 年 8 月 16 日。

第一に、現実に存在する「2015年合意」の意味を確認することである。第二に、日本政府が提供して韓国政府が一部使用した10億円の処理を確定することである。第三に、2015年の合意に基づき、韓国政府または日本政府の今後の措置（必要措置）が可能かどうかを確認することである。

　2015年の合意に対する検証TF報告書は、日本政府の責任の認定、内閣総理大臣の謝罪と反省の表現、予算措置の実施など「3大核心事項」で進展があるものの、「平和の少女像」問題、国際社会での非難の自制、最終的かつ不可逆的解決の3つの問題により被害者中心の解決が不十分だと指摘した。報告書を発表する中で呉泰奎（オ・テギュ）検証TF委員長は破棄無効化、合意維持、第3の案という3つの選択肢がある中、「理性の悲観にもかかわらず、意志の楽観を信じながら」、「問題があり、その問題への熾烈（しれつ）な解決努力があれば、適切な答えを見出すことができる」とし、第3の案の可能性を提示した。

　大統領も立場表明（2015年12月28日）を通じて2015年の合意が手続き的、内容的に欠陥があることが確認され、国際社会の普遍的原則に反した、被害当事者と国民が排除された政治的合意であるとして、その合意が、両国首脳の追認を経た政府間の公式的約束という負担にもかかわらず、この合意で「慰安婦」問題が解決できないという点を確認した。さらに、政府には被害者中心の解決と国民が共にする外交の原則の下、後続措置を用意することを注文した。

　それに対し、文政権の外交部は後続措置を発表（2018年1月9日）し、「被害者中心主義」の措置を模索し、10億円は韓国政府の予算で賄い、基金の処理案について日本政府と協議すること、財団運営について該当部署において被害者関連団体と国民の意見を広範囲にわたり収斂し、後続措置を講じる」との立場を示した。これを発表した外交部報道官は会見の中で、韓国政府が考えている被害者中心主義とは何かとの質問に対し、「慰安婦問題のように戦時の女性の性的暴力に関する普遍的人権問題の解決において被害者中心のアプローチとは、何よりも被害者らの懸念や意見について注意を傾けながら問題解決に向けた諸過程で被害者らの意味のある参加と協議を保障することが最も核心的な要素」という立場を確認した。

　李洛淵（イ・ナギョン）国務総理も記者懇談会（2018年1月16日）の席で、「国家間、政府間に合意があったことは間違いない事実として、合意の破棄や再交渉などの追

加要求はない」とし、問題解決に向け確認されなければならない３つの基準
として、「歴史的真実、普遍的正義、被害者の立場」などを提示した。

　李総理の提示に対し安倍政権の日本政府は、「（合意を）１ミリも動かさない」
とし、韓国政府と市民社会の要求に一切答える考えがないという立場を表明し
た。

　一方、検証 TF 報告について、挺対協、正義記憶財団、日本軍「慰安婦」研
究会などは声明を発表し、2015 年合意に被害者中心主義アプローチが不在す
ると批判し、和解・治癒財団の解散、10 億円の返還、合意の破棄・無効化を
要求した。さらに、国際機関の勧告による人権回復措置の履行として、被害者
の完全な人権と名誉回復のため、政府レベルの公式謝罪、賠償を含む法的責任
の履行を求めた。また、検証 TF 報告書に対する批判も行い、「責任の痛感と
政府予算措置」を法的責任と解釈できるという報告内容に対して反論した。被
害者および支援団体が主張してきた法的責任の認定とは、「加害内容の具体的
明示と認定」、「責任主体の具体的明示による法的責任の認定」であるという点
を改めて確認した。

　その過程で確認されるのは、文在寅政府が被害者中心主義の復元と対外関係
全般を考慮した外交を、同時に満足させる策を追求していたという点である。
その解決策は、大統領が明言し、外交部長官が言明した２つの立場に即して
出てくるものであった。すなわち「2015 合意が政府間公式合意であることを
考慮し破棄と再交渉を行わない」という立場と、「2015 合意では問題が解決さ
れない」という立場の間に存在した。韓国政府は、「政府間の公式的約束」と
いう形式は有効だが、内容に問題があるという認識に立ち、その形式と内容の
間の隔たりについて、「日本の自発的かつ真摯な措置」によって内容が満たさ
れるという立場を取った。

　一方、国際社会は、2015 年の合意が被害者中心主義を反映して「改正（revise）」
されなければならないという立場だった。つまり、被害者中心主義に反する内
容だという点を指摘したわけだが、合意の中で被害者が反発した「平和の少女
像」問題、「最終的かつ不可逆的解決」、「国際社会での非難・批判の自制」に
問題があることを指摘したのだ。

　ここで「女性人権平和財団（仮称）」の設立と「慰安婦」被害者たちによる

記憶の継承活動の制度的な実行が、現実的課題でありかつ解決策として登場した。

8. 現実的解決の出発点としての「2015年合意」と その履行のための条件

　2015年の合意の存在を認めるならば、何よりもその履行の順序において、日本の履行が韓国の履行の前提条件であることを確認する必要がある。内閣総理大臣の謝罪と反省表明は、日本軍関与の事実を認めた上で日本政府の責任を痛感したことによるものであり、日本政府の金銭的措置はそれを確認する行動である。にもかかわらず合意直後、それを否定する日本政府の行動が合意の精神に反するものであり、その行動が現在「2015年合意」が「死文化」されている第一の原因と言える。

　合意内容の中心は、韓国が財団を設立し、日本が10億円を拠出し、日本と韓国が協力して被害者の名誉と尊厳の回復、心の傷の治癒事業を行うことである。すなわち、10億円を拠出し、韓国政府に渡したことで、日本の責任履行が完了したわけではない。また、2015年の合意はプロセスに対する合意であり、問題解決に向けたロードマップを共有し、共に努力しようというのがその内容である。合意内容に即して日本政府の誠実な協力が必要であることが、「死文化」された合意の「蘇生」のための必要条件である。つまり、日本政府の履行義務が10億円を拠出することで終わるのではなく、被害者の名誉と尊厳の回復、傷の治癒事業の実施にあるという点が、合意当事者である韓国と日本政府の間で明確に共有されなければならない。

　韓国の文在寅政府が政府予算をもって10億円を充当し、その使用のために日本と協議することは、再交渉をするというのではなく、10億円の意味を確認するということに目標があった。日本政府の予算措置が、日本政府の加害事実および責任認定と公式謝罪とともに行われる場合、被害者たちはそれを受け入れることができるからだ。合意直後、当時の岸田外相はこの金銭的措置が「賠償ではない」と釘を刺し、安倍首相は被害者に謝罪の手紙を送ることは「毛頭考えてない」として、上記の方式を日本自ら否定した。そのため、2015年の合意が死文化した責任は日本側に帰着する。韓国政府による10億円の充当と

いうのは、61億ウォン（1円はおよそ10ウォン）の未執行分を凍結し、46億ウォンの執行分を政府予算で充当し、予算措置以前の原点に戻って日本政府の説明を待つということである。日本の誠意ある自発的措置があれば、46億ウォン執行分を追認し、日本と協力し61億ウォンを財源とする新たな事業を始めることができる。それには被害者中心主義に基づき、被害者の名誉と尊厳の回復、心の傷の治癒の諸事業が含まれる可能性がある。

　文政府が日本政府に要請した「行動」は「真実を認め、心を尽くした謝罪、再発防止努力」であった。しかし、これは「全ての元慰安婦の方々の名誉と尊厳の回復、心の傷の癒やしのための事業を行うこと」を謳った合意の基本精神から考えて、「追加措置」ではなく「必要措置」として、合意の外部に追加的に要請するのではなく、合意を履行する過程における必要な措置であると考えられる。

　「最終的かつ不可逆的解決」については、当該文章の時制に注目する必要がある。1965年の協定では、請求権問題が「解決されたこととなることを確認する」となっていることに比べて、2015年の合意は、「慰安婦」問題が「解決されることを確認する」となっている。それは2015合意がプロセスに対する合意だったことを意味する。その意味で、2015合意はロードマップの意味を持つ。すなわち、日本政府が「先に表明した措置を着実に実施することを前提に」いつかその時点で解決されることを確認したのである。

　日本政府が実施する措置とは、すべての元「慰安婦」の人々の心の傷を癒やす措置であり、具体的には、「すべての元慰安婦の方々の名誉と尊厳の回復および心の傷の癒やしのための事業を行うこと」だ。ここで、再度強調するが、10億円の伝達だけで、日本が約束を履行したとは言えない。また、「解決される」の主語が「この問題」であることを確認する必要がある。「この問題」とは岸田当時外相が明らかにした、つまり第1項で言及した「慰安婦問題」であり、それは「当時、軍の関与の下に多数の女性の名誉と尊厳に深い傷を負わせた問題」だ。したがって、「この問題」には「少女像」の問題と「国際社会における非難・批判の自制」の問題が含まれず、この2つの問題は2015合意において解決されるべき「この問題」の外部に存在している。

　その意味で、安倍政府が「1ミリも動かさない」と言ったことは、合意への

無理解（または恣意的解釈）に加えて文政府の立場に対する無理解が確認される言葉である。それが仮に日本が取るべき「必要措置」に対する拒否であるとすれば、それこそがむしろ合意違反である。反面、韓国政府に対してのみ合意実施を要求することも、合意に対する恣意的解釈（または過剰解釈）から出る行動である。参照されたいのは2018年1月9日、河野外相は韓国政府に「合意の履行」を促し、「追加措置」の受け入れを拒否する立場を確認しながらも、「日本の合意履行は終わったと思うか」という質問に対し、「我々も履行するし、韓国側にも履行を要求する」と答えているという事実である。「追加措置」ではなく「必要措置」は進行中であり、今後も日本政府が行うべきことが残っているという点を認めた発言と言える。

　日本の朝日新聞、毎日新聞、東京新聞などは、韓国側の「合意履行」が必要だが、そのために日本政府もやるべきことがあるという認識を示しており、石破茂氏もそうした立場を表明している。

　結局、日本が「必要措置」を取らない場合、合意は最終的に死文化するはずであり、その責任は日本にある。日本の外交史では、日本の行為により条約または協定が死文化した数多くの事例を見つけることができる。1956年の日ソ共同宣言、2006年の普天間基地移設に関する日米合意、2002年の朝日平壌宣言などが、日本側の約束違反、合意事項の不履行で死文化した事例だ。

9．被害・生存者なき時代に「2015年合意」をいかにすべきか？

　何よりも、2015年合意で確認された日本の加害事実の認定と心からの謝罪、そして法的責任の完遂だけが、死文化した合意を蘇らせる唯一の道だ。したがって、「ボールは日本側にある」。

　まず、日本の責任ある人が「慰安婦」慰霊碑を訪問し、河野談話で確認したところの加害事実を認めた上で、2015年合意に即して日本の総理大臣の謝罪を確認する必要がある。安倍内閣に続き、岸田内閣が2015年の合意を日本政府の立場から継承するという立場表明が必要である。すなわち、「内閣総理大臣として謝罪する」という文言を岸田首相の言葉として確認すべきである。2015年の合意は安倍内閣総理大臣が主語となっており、個人の立場表明にす

ぎない。つまり「安倍内閣総理大臣は」というところを、現役の内閣総理大臣
である岸田首相が「日本国内閣総理大臣として」もう一度、「慰安婦として多
くの苦痛を経験して心身にわたって癒しがたい傷を負わされた全ての方々に対
して心から謝罪と反省の気持ちを表明する」必要がある。岸田首相はその文章
を読み上げた当の本人である。岸田内閣は、2015 年の合意の基本精神になっ
ている河野談話を継承すると、明確な言葉で確認した。そうであるならば、そ
の文章を自分の言葉として再確認することは不可能なことでも、難しいことで
もないはずだ。

　さらに、2015 年の合意で確認した 10 億円は、河野談話で日本政府が認め
たとおり、日本軍による戦時女性人権侵害の事実を認め、それに日本政府が
責任をもって謝罪する心の証として、日本の予算措置で拠出して渡す「謝罪
金」であることを確認する必要がある。そうすることで、10 億円が合意で確
認された通り、被害者の名誉回復と心の傷の治癒のために使われるという事実
が確認される。ここで、被害者中心主義の原則が具現化されなければならない。
10 億円の残余金と韓国政府が拠出したジェンダー平等基金を合わせて、「女性
人権平和財団」という名で設立の動きがあった「真相究明、研究教育、記憶継
承のための施設または機構」をラキビウム（図書館と記録館、博物館の機能を
複合的に持つ施設や機関）の形で設立するのだ。その設立は国際社会と未来に
開かれた解決の拠点を設けることである。

　以上の日本側の努力を前提に、2015 年の合意の限界が克服されたことが確
認できた時、「平和の少女像」は上記の施設または機構に移転することができる。
そうすることで、「平和の少女像」は日本人の心からの謝罪と法的責任を要求
する水曜集会の象徴であったことが記憶として継承される。その後、水曜集会
は、上記の施設または機構において「平和の少女像をめぐる水曜行事」として、
例えば、イ・ヨンス学校、セミナー、懇談会、証言朗読会などに転換して実施
することができる。

　そして上記の施設または機構は、日本の研究者、活動家も含め、国際的なネッ
トワークの中で運営される必要がある。当施設を国際社会に「戦時性暴力」の「記
憶継承」と「再発防止のための教育」の場として提供し、戦時性暴力に関する
アジアの女性に関する国際レジームを主導する機構として発展させることも可

能だ。

　挺対協運動 30 年の 2020 年が過ぎ、そして金学順証言 30 年の 2021 年が過ぎ、さらに水曜集会 30 年の 2022 年が過ぎていくなか、「被害者中心主義」の時代を切り開くための条件を確認する必要がある。新型コロナウイルス・パンデミクを背景に日本で安倍・菅政権が終焉し、米国ではトランプからバイデンへと政権交替が起きた。現在、我々は世界史・文明史の転換点に立ち、その出発点を記録しているのかも知れない。新自由主義の無限拡張としてグローバル化にブレーキがかかり、再び国際政治の前面に出ている「国家」が政治的現実主義を復元させる一方、ブラック・ライヴズ・マター（Black Lives Matter）運動の拡散と、それに触発された世界的な植民地責任追求の動きに見るように、これまで葬られ忘れ去られていた「国際的道義」が、新しい顔をそっと見せ始めている。

　「慰安婦」問題解決運動の 30 年が過ぎた。現実主義と理想主義の対話を開始し、「慰安婦」問題の解決の新たな 30 年を開くことが求められている。解決への「政治的責任」は両国の「政府」だけが負うものではあるまい。

第6章

文化交流とコンテンツビジネスの変貌

黄　仙惠　（城西国際大学大学院）

1．日韓文化交流の架け橋、「コンテンツ」

　2018年9月26日、「新たな日韓パートナーシップの展望─小渕－金大中共同宣言20周年記念学術シンポジウム・文化公演─」が早稲田大学井深大記念ホールで開かれた。共同宣言20年間の日韓関係を振り返り、両国文化交流の成果を再評価し、今後の発展に向けた方策を考える契機とするために企画されたものであった。シンポジウム記念の文化公演では、『冬のソナタ』『宮廷女官チャングムの誓い』など、日本で最も人気を浴びた韓国ドラマの主題曲が流れた[1]。

　1998年10月8日、小渕恵三首相と金大中大統領が「日韓共同宣言─21世紀に向けた新たなパートナーシップ」を発表した。共同宣言は政治、経済、文化など、広範囲の交流拡大を盛り込んだ43項目の行動計画が作られ、両国が実践するための相互協力と文化交流を果たすことを誓った。過去の問題に区切りをつけ、未来志向の関係発展を打ち出した共同宣言は2023年で25周年を迎える。韓国のドラマ・K-POPが、日本の漫画・アニメーションが、互いのポップカルチャーが好きと言い、それを楽しむ姿が、両国が署名した共同宣言の成果だと考えられる。

　本章では、まず、日韓文化交流の架け橋は「コンテンツ」だと明言したい。ドラマ・音楽・映画・漫画・アニメーション・キャラターなどの文化コンテンツである。様々なコンテンツをきっかけに、両国の異なる文化や社会、歴史な

1　早稲田大学地域・地域間研究機構ホームページを参考。https://www.waseda.jp/inst/oris/news/2018/09/03/2622/（2022年1月15日閲覧）

どをお互いに知り、より深く理解しようとする行動そのものが文化交流であろう。両国がコンテンツという架け橋を行き来する際、共に泣き、笑い、推しなど、共感という共通の感動が生まれる。それを分かち合うことが、文化交流の実践である。このような一連の実践が、日本を含め、世界で「韓流」という文化現象を引き起こしている。

　1990 年代末から「韓流」という用語がマスコミに登場し、韓国の大衆文化が海外で消費されるというニュースが流れ始めて約 20 年余り経過している。この間、韓国の大衆文化は韓流という言葉とともに中国、日本、東南アジアのみならず、ヨーロッパとアメリカにまで進出し、大きな成果を果たしている。韓流の成長は韓国国内のコンテンツ産業の規模と生産システムを大幅にアップグレードさせた。一方、韓流の効果が他の産業に及ぼす影響を大きく拡大させた。美容やファッションなど韓流スターと直接つながる分野でいち早く現れ始め、その後一般消費財をはじめ、観光、料理、韓国語学習など、多様な分野と産業にプラスの影響を与えている。さらに、「文化国家」としてのイメージを立てて、新しい国家ブランドの形成に大きな役割を果たしている。

　日本における韓流は、2003 年の NHK 衛星放送で放映したドラマ『冬のソナタ』から始まったと言う。一時的な‘ブーム’にとどまらず、その勢いは 2020 年代にまで続いている。ドラマ、映画、音楽など、韓国コンテンツの高まりは、国家ブランドイメージの向上、韓国語学習の浸透、料理への関心、外交への貢献など、さまざまに波及した。この 20 年間に及ぶ韓流は「越境する文化交流」として非常に重要な役割を果たしたと言える。特に世代を超えて韓国をより知ろうとし、日常生活で韓国の‘モノ’や‘コト’を楽しもうとする人々が非常に増えている。

　一方、日本に限らず、世界中に旋風を巻き起こしている韓国コンテンツは、企画・制作・流通などのプロセスによる国内外の産業側面でも激変と急速成長が見えてくる。特に、グローバル時代においてコンテンツという商品をさまざまなメディアという流通を通じてどのように活用し、需要と供給による市場を生成・循環・拡大するのかがビジネスデザインの重点である。従って、韓国コンテンツビジネスは、どのように成長していくのか、今後の展望について探ってみたい。ビジネスデザインの観点から、知られざる韓国コンテンツの底力を

述べる。コンテンツビジネスの現場の声をベースにしながら、コンテンツという架け橋で日韓相互の文化交流のありようを描き出すのが本章の目的である。

２．世界を席巻する韓国コンテンツ、国家イメージへの影響力

１）韓国コンテンツの輸出と K-Culture

　韓流の影響力の主体及びきっかけといえるのは、間違いなくそのコンテンツである。ドラマ・音楽・映画など、韓国コンテンツが海外消費者による自発的な消費行動を誘発し、その結果、需要と供給の市場が形成されて経済的価値の文化産業が生まれた。毎年、韓国の政府組織である文化体育観光部と韓国コンテンツ振興院が発表している「コンテンツ産業調査」によると、2019年の韓国コンテンツの売上げ高は126.7兆ウォンで2018年の119.6兆ウォンを5.9％上回る。コンテンツ産業で売上げ高をけん引したのは出版産業で、全体の16.8％を占め、次は放送、広告、知識情報、ゲームの順である（**表6-1**）[2]。

　その中で、韓国コンテンツの輸出はどのような成長を果たしているのか。

表 6-1　韓国コンテンツ売上げ高（2016-2019）

単位：百万ウォン、％

	2016	2017	2018	2019	比重	前年度比増減率	年平均増減率
出版	20,765,878	20,755,334	20,953,772	21,341,176	16.8	1.8	1.0
漫画	976,257	1,082,228	1,178,613	1,337,248	1.1	13.5	9.8
音楽	5,308,240	5,804,307	6,097,913	6,811,818	5.4	11.7	8.2
映画	5,256,081	5,494,670	5,889,832	6,432,393	5.1	9.2	5.9
ゲーム	10,894,508	13,142,272	14,290,224	15,575,034	12.3	9.0	9.8
アニメーション	676,960	665,462	629,257	640,580	0.5	1.8	1.2
放送	17,331,138	18,043,595	19,762,210	20,843,012	16.4	5.5	6.1
広告	15,795,229	16,413,340	17,211,863	18,133,845	14.3	5.4	5.9
キャラクター	11,066,197	11,922,329	12,207,043	12,566,885	9.9	2.9	5.7
知識情報	13,462,258	15,041,370	16,290,992	17,669,282	13.9	8.5	9.4
コンテンツソリューション	4,583,549	4,851,561	5,094,916	5,360,990	4.2	5.2	5.6
全体	106,116,295	113,216,468	119,606,635	126,712,264	100.0	5.9	6.0

出所：文化体育観光部（2021）、「2019基準コンテンツ産業調査」

2　韓国コンテンツ振興院コンテンツ産業統計調査ホームページを参照。https://www.kocca.kr/cop/bbs/list/B0158948.do?menu-No=203778（2022年1月9日最終閲覧）

2019 年の調査によると、韓国コンテンツの輸出額は全体で 101.8 億ドルであり、そのうちゲームが 66.6 億ドルと全体売上げ額の半分以上となる 65.3％を占める。上記に書かれたコンテンツ売上げ高とは異なり、多く輸出しているジャンルは、ゲーム、キャラクター、音楽、知識情報の順である。特に、音楽は前年度比増減率が 34.0％で、年平均増減率も 18.7％となり、1 位のゲームと 1.3％しか差がない（**表 6-2**）。

表 6-2　韓国コンテンツ輸出額（2016-2019）

単位：千ドル、%

	2016	2017	2018	2019	比重	前年度比増減率	年平均増減率
出版	187,388	220,951	248,991	214,732	2.1	△13.8	△0.9
漫画	32,482	35,262	40,501	46,010	0.5	13.6	11.9
音楽	442,566	512,580	564,236	756,198	7.4	34.0	18.7
映画	43,894	40,726	41,607	37,877	0.4	△9.0	6.6
ゲーム	3,277,346	5,922,998	6,411,491	6,657,777	65.3	3.8	20.0
アニメーション	135,622	144,870	174,517	194,148	1.9	11.2	11.3
放送	411,212	362,403	478,447	474,359	4.7	△0.9	10.3
広告	109,804	93,230	61,293	139,083	1.4	126.9	10.1
キャラクター	612,842	663,853	745,142	791,339	7.8	6.2	9.4
知識情報	566,412	616,061	633,878	649,623	6.4	2.5	5.9
コンテンツソリューション	188,495	201,508	214,933	227,891	2.2	6.0	6.7
全体	6,008,063	8,814,442	9,615,036	10,189,026	100.0	6.0	15.8

出所：文化体育観光部（2021）、「2019 基準コンテンツ産業調査」

　韓国の音楽、いわゆる K-POP の勢いは輸出産業の側面で成長が明らかであり、海外消費者の韓流の消費形態と韓国を連想するイメージに核心的な影響を与える可能性が高いと考えられる。韓国の文化体育観光部と韓国国際文化交流振興院が調査した「2021 海外韓流実態調査」によると、韓国のイメージ形成に一番多く影響を与えているのが、K-POP で 16.8％を占める。次は韓食が 12.0％、IT 産業 6.9％、韓流スター 6.6％、ドラマ 6.4％の順である。韓国コンテンツの経験者は、国別に多少の差があるものの、自ら接したコンテンツによって韓国のイメージ形成が大きく左右されている。要するに、韓国コンテンツがもたらす経験が、韓国をイメージする大事なきっかけとなっているということが言え

る[3]。

　さて、日本に対する韓国コンテンツの輸出の現状と国家イメージはどのように変化があるのか。2019 年の韓国コンテンツの輸出額を基準とした輸出先の順位をみると、日本は韓国の輸出額全体の 17％を占め、中国に続き、2 番目の輸出先である。毎年、10％前後の増加を続ける中で、2019 年はゲーム、放送、出版以外の全てのジャンルにおいて増加し、特に音楽においては、2016 年と比べると 23.4％の成長率を果たしている（**表 6-3、図 6-1**）[4]。

　先述した「2021 海外韓流実態調査」の国別結果によると、日本の場合、韓国をイメージするものについては、韓食が 29.2％で最も多い。次は、K-POP（22.4％）、ドラマ（7.4％）、韓流スター（6.4％）、IT 産業（3.4％）の順である。それに対して韓国コンテンツの消費割合を調べると、日本はファッション（20.5％）、ビューティー（16.4％）、芸能（15.3％）、ゲーム（15.2％）、次がドラマ（14.7％）である。日本においては韓国へのイメージと実際の消費において差がある。ここで注目したいのは、日本ならではのコンテンツ産業の拡大である。コンテンツの国際的流れは、コンテンツがより発達した国からそうでない国へと流れるのが一般的である。コンテンツの消費には相手国に対する憧れ

表 6-3　日本に対する韓国コンテンツ輸出額（2016-2019）

単位：千ドル、％

	2016	2017	2018	2019
出版	46,588	33,606	39,911	38,495
漫画	9,154	9,742	11,601	12,295
音楽	277,292	320,599	367,335	389,484
映画	4,314	4,895	4,591	4,711
ゲーム	600,810	824,036	907,991	684,948
アニメーション	26,254	26,461	32,681	36,703
放送	79,902	81,952	95,783	91,767
キャラクター	41,287	45,051	68,245	73,974
知識情報	231,324	244,891	244,087	252,520
コンテンツソリューション	59,132	64,742	70,390	73,837
全体	1,376,054	1,655,975	1,842,614	1,658,734

出所：文化体育観光部（2021）、「2019 基準コンテンツ産業調査」

3　「2021 海外韓流実態調査」とは、文化体育観光部と韓国国際文化交流振興院が毎年行う韓流実態調査である。詳細は韓国国際文化交流振興院海外韓流実態調査ホームページを参照。http://www.kofice.or.kr/b20industry/b20_industry_00_list.asp?mnu_sub=20300（2022 年 1 月 9 日閲覧）
4　韓国の文化体育観光部が 2021 年発表した「2019 基準コンテンツ産業調査」では、地域別輸出額が公表された。中国が 41.5 億ドル（香港を含め、42％）、日本は 16.5 億ドル（16.8％）、東南アジアは 13.9 億ドル（14.1％）、北米は 11.9 億ドル（12.1％）、ヨーロッパ 6.8 億ドル（7％）、その他 7.8 億ドル（8％）である。

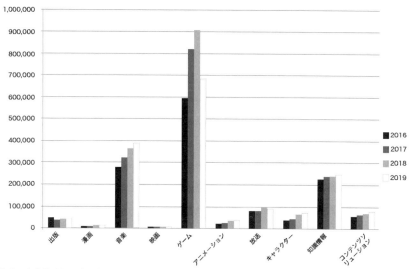

出所：文化体育観光部（2021）、「2019 基準コンテンツ産業調査」

図6-1　日本に対する韓国コンテンツ輸出額（2016-2019）

と幻想に対する消費も含まれるからである。しかし、日本においては、韓国の
ドラマをきっかけに始まったコンテンツの市場拡大は例外であったと専門家は
指摘する。日本における韓国コンテンツ産業の拡大は、韓流スター、K-POP アー
ティストに留まらず、韓食、美容、ファッション、韓国製の消費財にまで拡張
している。このような韓国コンテンツと関連商品や文化の消費は、心理学的行
動にはファンダム（ポップカルチャーやスポーツなどの熱狂的なファンによっ
て作られる世界や文化を示す）が欠かせない。日本における韓流ファンダムは、
コンテンツの消費から、いわゆる文化と商品の消費へ、ポップカルチャーの拡
大性を示している。これについて韓国コンテンツビジネス専門家、平井恵媛氏
は 2016 年、2017 年を起点として韓流ファン層の変化が原因だと言う[5]。日本で
は、20 年余り韓流が続くなか、韓国のドラマファンの中年女性文化にとどま
らず、家族文化に広がり、現在は若者たちのポップカルチャーの主流にまで拡
張したのだ。その意味で、日本における韓国コンテンツの拡大は世代を超えて
世界で最も進んでいる結果だと言える。

5　本章の「3. の 2）コンテンツが与えた影響：専門家の語り」より引用。

　2020 年、新型コロナウイルス感染症が全世界に広がり、人々の行動が制限され、今も続いている。その影響でホームエンターテインメントとして利用率が最も増加したのが、インターネット動画配信プラットフォームである。その国・地域に行かず、気軽にコンテンツに接することができるグローバル動画配信プラットフォームのサービスは、コンテンツビジネスを変えるほど、利用ユーザーの視聴習慣にも影響力を及ぼしている。一方、デジタルコンテンツならではの特徴と魅力を活かして、アプリケーションを通じたコミュニティプラットフォームもグローバルファンダム形成に注目している。

　これからも SNS の発達とグローバルプラットフォームの広がりに伴って、日本における韓国のドラマやK-POP ファン全体を巻き込みながら持続的にファンダムを拡大させると予測される。それによって、韓国のイメージは両国の政治・外交・歴史問題に取らわれることなく、文化交流とコンテンツを中心により肯定的にとらえられていくと期待できる。

2）国策と韓国コンテンツの飛躍

　韓国コンテンツが世界的に注目を浴びるたびに、マスメディアで頻繁に登場するのが、韓国の文化政策である。いわゆる韓国コンテンツ輸出増加や韓流人気の背景については、国の後押しがあるとよく言われる。

　その正否を論じる前に、文化庁が毎年発表する「諸外国の政策等に関する比較調査研究」を取り上げる（**図6-2**）[6]。

　イギリス、アメリカ、ドイツ、フランス、韓国、5 つの国を対象に政府の文化支出額を中心に比較したものである。政府予算に占める文化支出額の比率をみると、韓国が 1.24％で最も高く、フランスが 0.92％、ドイツ、イギリスがそれぞれ 0.36％、0.15％、次が日本は 0.11％、アメリカは 0.04％ である。韓国は日本の約 10 倍の予算が支出されていることが明らかである。2010 年を 100％として政府予算の割合の推移をみると、2020 年韓国は 156％増加、日本はほぼ同じく 103％、ほかの国は低下傾向にある。特に「コンテンツ産業の育成」と「芸術の振興と生活化、産業化」という費目の予算額が大きく増加した。過

6　文化庁（令和2年度）「諸外国の政策等に関する比較調査研究」https://www.bunka.go.jp/tokei_hakusho_shuppan/tokeichosa/pdf/93659801_01.pdf（2022 年 3 月 14 日閲覧）

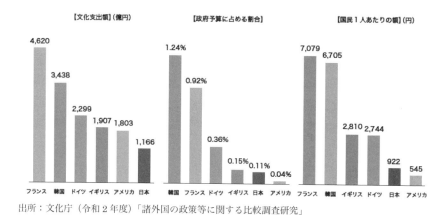

【文化支出額】(億円)　　　　【政府予算に占める割合】　　　　【国民1人あたりの額】(円)

図6-2　2020年諸外国の政策等に関する比較調査

去10年間、韓国政府は文化支出額を大幅に増加し続けた結果、韓国コンテンツが海外から注目を集める際に、国の政策が問われることは当然であろう。毎年、韓国は文化支出額を増加しているなか、どのような文化政策を打ち出したのか、その実行施策や特徴について述べる。

　1998年2月25日、第15代大統領に就任した金大中氏は就任演説でこう語った。"文化は、文化産業を起こし膨大な高付加価値を創出する21世紀の重要な基幹産業"と、未来の基幹産業としての文化は、他産業と同じように収益構造を産み出すためにグローバル化と高い文化的価値を継承発展することを強調した。同年10月20日、"文化大統領"を宣言し、21世紀は知識と情報の時代、文化・観光の時代であり、21世紀の基幹産業である文化・観光産業を振興させ、海外市場を開拓するために全力を尽くことを表明した。一方、文化政策において国の役割は、"支援はするが、干渉はない"ことを強く示した。加え、文化政策に関して統制の政策から振興の政策への転換を強調する一方、創作活動に対する諸規制の撤廃と緩和を始めた。文化芸術支援の原則を確立したことはこの時代に成し遂げた大きな業績の一つであるといえる。また「Dynamic Korea」という国家ブランディングスローガンを揚げ、文化産業振興基本法改正（2001年）、オンラインデジタルコンテンツ産業振興法制定（2003年）など、"経済原則に基づく文化産業政策の振興"を軸とした予算の量的投入により成長の変

化をもたらした。

　続いて、第16代大統領に就任した盧武鉉氏は、社会的弱者に対する支援と地域発展を文化政策の中心とした。世界5大文化産業強国を目指して「Premium Korea」というスローガンの下、人材育成、文化技術（Culture Technology）、コンテンツ創作基盤強化のための制作支援センターの設立に注力した。またアジア文化産業ネットワークの構築と海外マーケティングの強化などを推進した。金大中政権が法整備に注力したオンラインデジタルコンテンツ産業を、より詳細に発展する基本計画を第1次、第2次と制定し、韓国のデジタルコンテンツ産業を21世紀の核心的産業へ育成することを表明した。21世紀の新しい文化ビジョン「創意韓国」（2004年）、文化強国 C-KOREA2010（2005年）など、創造性を基盤とした文化産業の拡大を試みた。文化活動による創造性を向上させ、文化的アイデンティティと創造的な多様性の高めることが重要であるとし、文化を国家発展のための新成長動力と決め、世界の平和と繁栄のための文化交流協力の増進を樹立した。金大中、盧武鉉、二人の文化政策は、文化産業として必要となる人材、インフラ、法律、組織、グローバルネットワークなどに着目したのである。

　その次の、第17代大統領の李明博氏は、公共政策の効率的な運営を基調とし、デジタルコンテンツの業務を情報通信部（現、科学技術情報通信部）から文化体育観光部へ移管、文化体育観光部の機能を拡張した。文化を国民の生活と直結した概念とし、社会的発展に加えて、国家発展の目標として文化ビジョン（2008年）を提案した。第18代大統領の朴槿恵氏は国家ビジョンとして文化隆盛を掲げ、文化基本法・地域文化振興法等の法律制定を積極的に推進した。地域文化を活性化するための、地域発展5カ年計画（2012年）、地域文化振興基本計画（2015年）が代表的な文化政策である。

　第19代文在寅大統領は2018年、コンテンツ産業における競争力を強化するための核心戦略を発表した。コンテンツ競争力、雇用、公定環境、この3つをキーワードとし、安定な産業基盤、良質なコンテンツ生産と需要を基本方針として定め、これを推進した。税制、融資者の支援、技術連携によるコンテンツ開発など、グローバルレベルの競争力を創出し、コンテンツ海外進出の機会と連携を拡大し、新市場開拓の方向性を具体的に提示した。不公平な環境を

改善し、才能ある人材が自由に活動できるように公定な創作環境の整備とイノベーションを強調した。翌年発表した「コンテンツ産業3大革新戦略と10大事業」では、政策金融の拡充による革新的文化企業のサポート、リード型実感コンテンツの育成による将来的な成長動力の確保、そして、新韓流に関連する産業の成長牽引などの戦略を示した。それぞれの戦略に従い、投資ファンド、体験型のコンテンツと空間の構築、人材育成・制作支援、消費財および観光などの関連産業のマーケティング支援強化、産業と産業の連携や市場主導のコンテンツ創作など、幅広く多様な成長の機会を設けた。

上記で述べた文化政策の一連をまとめたのが、以下の表である（**表6-4**）。

表6-4　韓国の文化政策の特徴

金大中 （1998～2003）	廬武鉉 （2003～2008）	李明博 （2008～2013）	朴槿恵 （2013～2016）	文在寅 （2017～2022）
Dynamic Korea	Premium Korea		Creative Korea	
文化産業振興基本法 オンラインデジタルコンテンツ産業振興法	オンラインデジタルコンテンツ産業発展基本計画	文化ビジョン（'08～'12年） 韓国コンテンツ振興院（KOCCA）新設	地域発展5ヵ年計画（'12年） 地域文化振興基本計画（'15年）	文化ビジョン2030（'18年） コンテンツ産業競争力強化の核心戦力（'18年） コンテンツ産業の3大革新戦略（'19年）
コンテンツ産業への着目		国家ブランディング戦略の本格化		

出所：内閣府「CJ戦略KPI策定に向けた基礎調査分析及び仮説提案」を基づき、作成。

上記で述べたように、1998年から現在まで約25年間積み重ねた韓国の文化政策の重点キーワードは、「インターネット」「デジタル」「グローバル」「地域」「コンテンツ」「人材」「公平」「自由」などである。韓国は5年ごとの大統領選挙が行われ、重任禁止の法律に因り、継続的な政策の実施が困難であろうという意見がある。だが、韓国は、政権が変わっても文化政策が重要であることを認識し、韓国の文化産業の飛躍の基盤づくりを担ってきたことは間違いない。しかし、"支援はするが、干渉はない"という姿勢については、今後も変わらずに維持していくべきである。また、中小企業の自立や優れたクリエイター人材育成に最も力を注いでいくべきであろう。官民産学連携による機会や場を、より広くの人に公平に与えていく土台となるような良い政策実施が必要である。

142

3．文化交流の 20 年、韓流の底力

1）韓国コンテンツとファンダム

　韓流が与えた影響は産業に限らず、社会的・文化的にも大きく、①韓流ファンダムの生成、② K-Culture の拡散、③グローバルの主な文化への侵入、という 3 つで言い現せる。日本の場合は、2003 年 NHK 衛星放送で放映されたドラマ『冬のソナタ』をきっかけとした現象が第 1 次韓流と呼ばれ、その後の韓流につながって数々の韓国ドラマや音楽、映画などが日本に紹介された。コンテンツを通じて多くの日本人が韓国の芸能、文化・歴史に触れ、一気に身近な存在になり、それに気づいた韓国人も訪日外客数の上位に達するほど、両国間に文化交流が活発になったことは確かである[7]。お互いに知り合う文化実践は、日本では第 4 次韓流まで続いている。韓国コンテンツビジネスの関係者およびメディア、研究者などの専門家への取材に基づき、コンテンツ、メディア、ファン層、ファンダム、関連産業など、20 年余り、韓流の変遷をまとめたのが、**表 6-5** である。

　ファンダムを創り出すためには、韓流というコト・モノに接する機会を広げること、それを通じて韓国の文化を様々な形で経験したいという行動を引き起こすこと、さらにグローバルな市場を広げることが必要である。日本における韓流のファンダムは、最初は韓国のドラマ、K-POP と紐づけられ、そのコンテンツに接したファン層が消費の中心であった。そこから、徐々にコンテンツだけにとどまらず、飲食、韓国語、ファッション、観光などの関連産業に広がりを見せ、根強いカルチャーとして続いている。

2）コンテンツが与えた影響：3 人の専門家の語り

　20 年余り経ち、広がりを続ける韓流の底力の源泉は何なのか、ファンダムの変化と拡大についてコンテンツが与えた影響を 3 人の専門家に聞く。

　韓国大衆文化ジャーナリストとしてラジオ DJ、テレビ VJ、ライブ・イベン

7　文化庁「観光庁訪日外国人旅行者数・出国日本人数」https://www.mlit.go.jp/kankocho/siryou/toukei/in_out.html（2022 年 3 月 10 日最終閲覧）

表 6-5　日本における韓流の変遷

年度	2002	2003	2006〜	2007〜	2012〜	2017〜	2020〜
	韓流の黎明	第1次韓流		第2次韓流	韓流低迷期	第3次韓流	第4次韓流
コンテンツ	テレビ朝日「イブのすべて」	NHK「冬のソナタ」	コンテンツけん制I	少女時代	コンテンツけん制II	TWICE	「パラサイト」
				KARA		BTS	「愛の不時着」
				BIGBANG			「梨泰院クラス」
							「82年生まれ、キム・ジョン」
							「Beyond Live」
							「BANGBANGCON」
							NiziU
メディア	放送	放送	放送	ライブ	BS放送	ライブ	インターネット
				放送		インターネット	OTT
						SNS	ライブストリーミング
							アプリケーション
ジャンル	ドラマ	ドラマ	ドラマ	音楽	音楽	音楽	ドラマ
						消費財	音楽
						コミュニティ	出版
							WEBTOON
連関産業		DVD	DVD	CD/DVD		化粧品	コリアタウン商圏
		雑誌	雑誌	雑誌		ファッション	eコマース
				食料品		旅行	
ファン	ドラマ	ドラマ		K-POP	ドラマ	K-POP	ドラマ
	俳優	俳優		ドラマ	俳優	韓国モノ	K-POP
					K-POP		
年齢	F3	F3		F2,F3	F2,F3	T(JS,JK,JC)	T(JS,JC,JK,JD)
						F2,F3	F1,F2,F3
							M1,M2,M3
ファンダム		ドラマプロモーション		食文化		ハングル	コミュニティ
		イベント		ファンクラブ		ファッション	仲間意識
		ファンミーティング				ライフスタイル	ファミリーカルチャ
						シェアカルチャー	

出所:「Contents Innovation Days vol.1- 世界を目指すためのコンテンツビジネスの作り方 -」

ト MC など、さまざまな活動を続ける古家正亨氏[8]。彼は最も人気の K-POP に

8　古家正亨：ラジオ DJ、テレビ VJ、韓国大衆文化ジャーナリスト。上智大学大学院文学研究科新聞学専攻博士前期課程修了。

ついてこう語ってくれた。

　　韓国の音楽との縁は、97 年、カナダで留学している時に出会った韓国人の
　友達から CD を借りて聞き始めたことでした。J-POP や欧米のそれとは違った、
　独特な音楽世界があると感じました。そんな韓国の音楽を「K-POP」と呼び始
　め親しんだのは、他ならず日本であり、それは 2000 年代初頭からで、2000
　年の BoA 進出に始まり、2002 年の日韓共催サッカーワールドカップの際には、
　多くの韓国人アーティストが日本に進出を果たしました。2003 年のドラマ『冬
　のソナタ』のヒットをきっかけに、ドラマの OST や俳優たちの歌う楽曲に注目
　が集まり、2009 年から 10 年にかけての KARA、少女時代の上陸で、K-POP
　は一気に大衆化が進みました。2016 年から 17 年にかけての BTS や Twice の
　人気は、K-POP を介したコミュニティの形成に大きな力となり、SNS などを
　通じ韓国からの情報がダイレクトにファンに伝わるようになると、K-POP は 1
　つの音楽ジャンルを超えて、1 つのソーシャルを形成するまでに至ったのです。
　　ファンコミュニティを大切にする K-POP アーティストだからこその広がり
　ともいえますが、それが、よりファンの意見を代弁する社会的な発言を求めら
　れるようになってくると、極端な意見に賛同する動きも生まれるなど、コミュ
　ニティ内を分断するような問題になるケースも出てきています。ファンの力が
　圧倒的に強い K-POP の場合、アーティストとファンの距離感、その関係性に
　ついて、より成熟していくために、今後のあり方について考える時期に来てい
　るのではないでしょうか。(中略)
　　これから K-POP をはじめ、韓国のドラマ、映画などのコンテンツ産業は、世
　界を見据えた制作の仕組みとそれを届ける流通の仕組みに関して、更なる多様
　化と多角的なビジネスを展開していく必要があるでしょう。しかし、初期から
　の韓国コンテンツファンは、韓国にしかない、韓国らしさをそのコンテンツに
　求める一方、クリエイターたちは、そこに焦点を置くのではなく、よりグロー
　バルな視野で受け入れられるコンテンツの制作に励んでいます。こうしたコン
　テンツを消費する側の求めに対して、今後どのようにそういった要望に応えて

韓国および東アジアの文化を中心に、幅広いジャンルでの比較対象を研究。韓国観光名誉広報大使、韓国政府文化体育観光
部長官褒章受章 (2022 年 3 月 10 日インタビュー実施)。

いくべきなのかは、検討する必要はあるはずです。

　全世界が新型コロナウイルスによって不自由な生活を続けているなか、オンラインでしか接することのできないK-POPから、ファン離れが深刻化しています。音楽はファンとの疎通、歌の世界観とともに、アーティストの作り上げるその世界で没入感を体験できることが大切です。そういう意味でもリアルに共感できる場が、いち早く設けられ、引き続き多くの方にその魅力が伝わるような状況になってほしいと願うばかりです。

　彼はファンの間で取り上げている‘K-POP聖地’について韓国はある地域でミュージックビデオを撮影するとき、アーティスト自ら発信し、自治体や地域の人々が非常に積極的に伝え続けると加える。一方、日本の場合、ファンが掘り下げ、共有する傾向が強く、地域の人々はなぜ観光客が多く訪れるのか、把握し切れないなど、両国の広がり方と受け止め方の相違があるという。何より持続可能な観光資源としてコンテンツを次々と開拓することが地域の活性化につながると強調した。

　続いて、韓国のドラマやバラエティーなど、映像コンテンツビジネスの最前線で活動している平井恵媛氏[9]。韓流ファンの変化とそれに伴うビジネスについて語ってくれた。

　（中略）韓流ファン層が変わったと実感したのが、BTSとTWICEが注目を浴びた2016年、2017年でした。まず、元祖韓流ファンである中年女性とその娘が一緒にドラマを観ていること、娘はインターネットを通じてドラマや俳優、アーティストなどの情報収集とそれを広げようとする拡散行為が積極的だったことです。中年女性が主な韓国ドラマのファンだった時期は、DVD購入，イベント参加、旅行など、それほど表に出さずに韓国コンテンツと文化を消費しました。それに対するビジネスもウィンドウ展開とプロモーションを中心に戦略を立てることが可能でした。

9　平井恵媛：株式会社U-NEXT編成制作本部 韓流・アジア部長。2014年から韓国ドラマの番組販売、インターネット配信、DVD制作など、コンテンツビジネス全般を担当し、2016年株式会社U-NEXTに転職。現在、ドラマ、バラエティー、K-POPコンサート、ウェブドラマなど、韓国とアジアの映像コンテンツビジネスの総括責任者である（2022年3月8日インタビュー実施）。

　しかし、そのあと、K-POP をきっかけに広がった若者たちのファンは、ドラマ、音楽、俳優、アーティストの情報はもちろん、流行りの食べ物、ファッション、化粧品、韓国語など、韓国文化を現地とタイムラグなしで共有したがることが分かりました。さらに、そのスピードは早いです。SNS などを通じて韓国と同時に情報と文化を楽しみたいニーズが多いです。その意味で、イマドキの韓流ファンを一言でいうと、エンターテイナーです。多角面で消費行動のスキルや自ら発信すること、コンテンツの接し方が予測不可能です。ドラマやライブ中継など、まだコンテンツがオープンする前から、情報収集をして、問い合わせをするほどです。イマドキの若者たちにとって韓流、そして韓国とは、表に出して自分らしさとアイデンティティを表明する総体的文化活動と言えるでしょう。感想などのフィードバックも積極的で、すぐ仲間と共有し、自慢したりなど、コミュニティをつくるまで存分に楽しむ姿が特徴です。

　このような韓流ファンの特徴が変わっていく中、ビジネスもファンの行動に合わせてニーズに応じられるようになりました。最近、好きな俳優が SNS を通じてドラマ撮影現場の情報が発信されることをピックアップして、日本でも早く観てみたいとリクエストが届いています。それで弊社は、韓国での編成と同時に日本で配信する、オリジナルドラマ制作も積極的に検討するようになりました。韓国と同時に動画配信することとともに、高画質、メイキング映像などの付加コンテンツ、プロモーション、イベント、グローバル展開など、多方面で良質なサービスを提供することが重要です。

　20 年に向かう韓流は、コンテンツに対する信頼性はできていて、ファンダムはますます増えていくと思います。一方、ビジネス現場は、テレビチャンネル、動画配信サービスプラットフォームの増加によって競争が激しく、苦しい時期が当分の間続くでしょう。

　毎年、最も輸出額が高いのはゲームである [10]。エンタメ社会学者であり、日本のコンテンツ（ゲーム、アニメーション、キャラクター、イベントなど）の海外展開をライフワークとする中山淳雄氏 [11]。韓国のゲームの特徴と日本での展

10　**表 6-3**　日本に対する韓国コンテンツ輸出額（2016-2019）参考。
11　中山淳雄：エンタメ社会学者、株式会社 Re entertainment 代表取締役。慶應義塾大学経済学部訪問研究員。立命館大学ゲーム

開について語ってくれた。

　（中略）今はモバイルゲームもたくさん生産されていますが、韓国のゲームと言えば、2000年代はPCゲームが中心でした。オンラインを通じて複数のプレイヤーと対戦する参加型のMMOPRGが主流です。今では当たり前ですが、当時から大人数のプレイヤーが同時参加する仕組みは秀逸で、家庭用ゲームがなかった中国市場には韓国のMMOゲームがどんどん展開されていきました。
　一方、家庭用ゲームやiモードの携帯ゲームも盛んだった日本には韓国のPCゲームが参入することは難しかったです。PCでゲームするカルチャーは日本ではマイナーで、かつマネタイズの仕組みなども慣れないものが多く、日本の市場ではそれほど注目を浴びることができなかった。
　しかし、ここ数年で状況は一変しています。Z世代と呼ばれる若者たちは韓国・中国のPCゲーム・モバイルゲームを日本製と変わらずフラットに遊びます。『荒野行動』など中国製の同時対戦シューティングゲームは、かつて日本では流行りようがなかったタイプのものでしたが、Z世代の口コミを中心に大きく浸透し、また韓国のゲームもどんどん遊ばれるようになっていっています。
　韓国のゲームは、制作の面でもアライアンスの面でも日本、中国だけでなく北米的なゲーム性も企画・開発から運営まで取り込んでいると感じます。ゲームはドラマや音楽と違って、現実から離れた仮想世界のエンターテインメントであるため、国ごとの違いを希薄化させやすいし、違和感なく受け入れられやすいのです。複数のカルチャーを取り入れた韓国ゲームは、日本製に比べて北米でも中国でも受け入れられているようにも感じますし、グローバル展開を視野に入れたうえで国際的な感性を活かした開発と運営マネジメント、海外の制作会社との協業体制をうまく取り入れていると思います。

　この20数余年、韓国コンテンツが注目を集めるたびに両国のメディアで頻繁に取り上げられたのが、「今後続けられるのか」ということであり、その人気の持続性について賛否両論があった。この議論は一時的なブームという言葉

研究センター客員研究員。2016年ブシロードインターナショナル社長としてシンガポールに駐在し、日本コンテンツ（カードゲーム、アニメ、ゲーム、プロレス、音楽、イベント）の海外展開を担当する。代表著書は、『推しエコノミー「仮想一等地」が変えるエンタメの未来』（日経BP）『オタク経済圏創世記』（日経BP）などがある（2022年3月7日インタビュー実施）。

に縛られた意識から発した幻想に過ぎない。20 年というのは、子供が大人に
なり、成人として社会が認めるまでの時間に等しい。20 年という韓流の歴史
は韓国コンテンツが売れる商品として多種多様化し、日本ではカルチャーの一
つとして定着する時間であった。今後の展開と発展に、より深く注視していく
必要がある。

4．コンテンツビジネスの変遷、そのストーリー

1）越境する文化、プラットフォームが与えた影響と国際競争力

　2020 年、新型コロナウイルス感染症の影響で、ステイホームでのエンター
テインメントを楽しむ機会が増加し、その結果、韓国コンテンツはグローバル
配信プラットフォームを経で世界中の人々が気軽に接することになった。その
結果、ドラマ、映画、K-POP など、世界市場への挑戦が加速し、華麗な成果を
得ることができた。ボン・ジュノ監督の映画『パラサイト 半地下の家族』の
アカデミー賞 4 冠達成や米三大音楽授賞（American Music Awards、Grammy Award、
Billboard Music Awards）で受賞を果たした BTS、ドラマ『キングダム』『イカゲー
ム』など、全世界から韓国コンテンツへの期待は今後も続くだろう。**図 6-2** で
取り上げたように、第 4 次韓流が巻き起したことは、インターネット利用の
増加とともにより広い年齢層が消費した結果だと言える。

　放送コンテンツの 1 つであるドラマの利益構造を大きく分けると、放送権、
配信権、パッケージ販売権、商品化権、フォーマット権、の 5 つである。主に
放送権、配信権、パッケージ販売権をまとめてオールライツ権（All Rights）と
いい、韓国ドラマの場合、オールライツ権の取り引きを迅速に行ったことが海
外展開の成功要因と言われる。企画・制作の段階から権利処理を行い、完成後
は権利に縛られず、多角面で活用することがコンテンツビジネスの成功の前提
である。しかし、海外展開とともに OTT プラットフォーム（Over The Top、イ
ンターネット回線を通じてコンテンツを配信するストリーミングサービスを指
す）によってドラマのビジネス構造に変化が生じている（**図 6-3**）[12]。

　このようなドラマ制作現場のビジネス構造が変化しているなか、国際競争力

12　特別講演「韓国ドラマのグローバル戦略の現状」（株式会社テレパック / 実施日 2021 年 6 月 14 日）

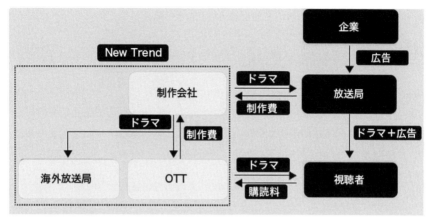

出所：特別講演「韓国ドラマのグローバル戦略の現状」

図 6-3　韓国ドラマにおけるビジネス構造の変化

を保つための工夫について脚本家、羽原大介氏は「素晴らしい作品はどんな国や地域でも生まれ、人の心を動かすものだと考えている。言語や文化が違っても、普遍的な共感を呼ぶ作品であればあるほど、その作品はより多くの視聴者に届き、愛されるものだ」と語る[13]。韓国のドラマ制作プロデューサーのキム・ウノ氏は「みんなが共感できる大衆的なストーリーテリングが重要だ。ユニークなオリジナルストーリーができ、映像でどのように美しくかっこよく表現できるのかが強み」と言う[14]。

　ドラマとは異なり、K-POP の場合はファンを中心にした新たなビジネス展開を進めている。ファンコミュニティのプラットフォームを自ら立ち上げ、情報発信を含め、ファンコミュニティ運営、グッズ販売、電子決済サービス、イベント、オリジナルコンテンツなど、ワンストップで場を提供する（**図 6-4**）。代表的プラットフォームは WEVERSE、UNIVERSE、bubble である[15]。

13　羽原大介（脚本家）：映画『パッチギ』『フラガール』で日本アカデミー賞優秀脚本賞を受賞、NHK 連続テレビ小説『マッサン』、テレビ朝日『サイン―法医学者 柚木貴志の事件』など、映画、ドラマ、アニメ、演劇とジャンルを問わず執筆活動を続ける。2022 年前期 NHK 連続テレビ小説『ちむどんどん』を執筆。2020 年 11 月 12 日開催された「2020 韓日コンテンツビジネスフォーラム」の講演の一部分を引用。

14　キム・ウノ：韓国のドラマ制作会社 DOREMI ENTERTAINMENT 本部長。2021 年 6 月 8 日韓国で開催された「OTT 時代、ドラマ制作社の悩みと挑戦 #1 OTT 市場展望及び制作社の役割」の講演の一部分を引用。

15　WEVERSE：2019 年 6 月開始。BTS などが所属している韓国のエンターテインメント企業 HYBE とインターネット企業 NAVER が共同出資した WEVERSE COMPANY が開発・運営。「私たち（We）」と「宇宙（Universe）」の合成語の WEVERSE 加入者は全世界 238 カ国・地域から 3,600 万人。（2021 年 12 月基準）

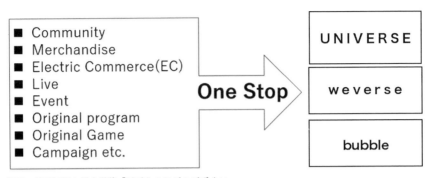

出所：城西国際大学大学院「ビジネスモデルデザイン」

図6-4　ファンコミュニティのプラットフォームビジネス構造

2）日韓リメイクという協業

　2019年7月、日韓関係に再び葛藤が生じる事態が発生した。日本が安全保障上の理由に韓国向けの半導体素材の輸出管理規制を強化し、2019年8月2日に優遇措置の対象国であるホワイト国（「グループA」に改称）から韓国を除外することを決定したのである。これに対し韓国側は、2018年韓国の最高裁判所が強制徴用賠償として日本製鉄（旧新日鉄住金）資産の強制還水を決定したこと、福島県の水産物の輸入を禁止したことなどに対する報復だと反発し、両国間の外交的、政治的対立は大きくなった。

　反面、日本のテレビメディアでは、日韓共同制作の作品が一斉に放映され、話題になった。日テレ『ボイス110緊急指令室（以下、ボイス）』、テレ朝『サイン—法医学者 柚木貴志の事件（以下、サイン）』、カンテレ『TWO WEEKS』が7月に地上波ドラマとして放映され、それぞれ、高い視聴率と好評を得た[16]。同時期、NHK総合では韓国の時代劇ドラマ『100日の郎君様』が放映中だった[17]。ドラマ『ボイス』のプロデューサーである尾上貴洋氏[18]。彼は韓国メディ

UNIVERSE：2020年11月5日開始。韓国のゲーム会社NCソフトが運営。AIなど最新のIT技術とエンターテイメントコンテンツを融合,K-POPアーティストと国内外のファンに新しい経験と楽しさを提供。加入者は330万人。(2021年7月基準)
bubble：2020年2月開始。SMエンターテインメントの子会社DEAR Uが開発・運営。メッセージ中心のファンコミュニティプラットフォーム。数多くの韓国エンターテイメント会社と契約を結び、総171名のアーティストが活動。加入者は100万人（2021年7月基準）

16　ドラマ『TWO WEEKS』https://www.ktv.jp/twoweeks/
　　ドラマ『サイン—法医学者 柚木貴志の事件』https://www.tv-asahi.co.jp/ch/sphone/drama/0874/
　　ドラマ『ボイス110緊急指令室』https://www.ntv.co.jp/voice/

17　ドラマ『100日の郎君様』https://www.nhk.or.jp/dramatopics-blog/20000/426162.html

18　尾上貴洋：日本テレビドラマプロデューサー。『イノセンス冤罪弁護士』、『レッドアイズ監視捜査班』など多数のドラマ作品を手掛けている。韓国ドラマ『ボイスシリーズ』のリメイク版『ボイス110緊急指令室』、『ボイスⅡ110緊急指令室』

アのインタビューで「ドラマ放映を始めたあと、日韓関係が悪化することはあったが、視聴率も良い水準を維持している。（中略）政治的葛藤にもかかわらず、両国の国民間には情緒的に交流し、異なる部分を認めて和合できるきっかけを設けることができる」と話した[19]。韓国でも、日本のリメイク作品が放映された。2019 年 7 月はフジテレビドラマ『昼顔〜平日午後 3 時の恋人たち』が韓国の総合編成チャンネルの「チャンネル A」で放映され、その前には韓国の JTBC にてフジテレビのドラマ『リーガルハイ』がリメイクされて放映された[20]。その年、公開された映画『新聞記者』は韓国の俳優シム・ウンギョン氏が主人公で、翌年 2020 年第 43 回日本アカデミー賞最優秀主演女優賞を受賞した。

　両国のリメイクに関しては学問領域においても多様な研究が行われた。特に、メディアコミュニケーション分野では、文化的近接性、ダイバーシティ、ローカライズ、社会的役割の観点からの研究が数多くある。一方、人的交流の側面では、メディアビジネスや協業体制から得られる成果と課題について研究の余地があり、それにより日韓の文化交流を促進・振興する可能性があると考えられる。メディアビジネスおよび制作プロセス観点など、より日韓における相互協力・共存関係を築くために研究領域を拡張することを提言する（**表 6-6**）。

表 6-6　リメイクに関する研究領域の展望

メディアコミュニケーション	メディアビジネス	メディア制作プロセス
リファレンス	国際共同制作による市場拡大	
文化的近接性	ビジネスモデル	OSMU
ダイバーシティ	出資・投資	共同制作
ローカライズ	収益構造	分業・共創
社会的役割	グローバル戦略	ネットワーキング

出所：北海道大学「韓国コンテンツのグローバル戦略と日韓文化産業交流の展望」

3）ローカライズとグローバル

　最近ニュースで、アイドルグループ INI のファンたちが「推し活」として地

を制作担当。

19　「アジア経済」記事 https://view.asiae.co.kr/article/2019082317092133893（2022 年 3 月 14 日閲覧）

20　チャンネル A『평일 오후 세시의 연인（和訳：昼顔〜平日午後 3 時の子恋人たち）』
http://www.ichannela.com/program/template/program_refinement.do?cateCode=0502&subCateCode=050216&pgm_id=WPG2190068D
JTBC『리갈하이（和訳：リーガルハイ）』https://tv.jtbc.joins.com/legalhigh

152

下通路の壁の広告に投資し、応援メッセージや PR 活動を自ら行うことが報道された。INI はオーディション番組『PRODUCE 101 JAPAN』のシーズン 2 で選抜された男子グループである[21]。実は、2020 年日本列島を巻き込んだガールズグループがある。INI と同じく、オーディションを通じてダンス、歌、パフォーマンス、特技、さらに各話に与えるミッションで勝ち残った 9 名のメンバーで結成した NiziU である[22]。日本のソニーミュージックと韓国の JYP エンターテインメントによる日韓合同のグローバルオーディションプロジェクト「Nizi Project」。地上波日テレ、動画配信サービス Hulu との連携によるマーケティング戦略が非常に成功し、正式デビューの前に各種の音楽ランキングで 1 位を獲得するほど世間の注目を浴びたが、彼女たちよりも注目された人物がいる。プロデューサーの J.Y.PARK である[23]。彼は NiziU の誕生秘話について、「最初の K-POP は韓国コンテンツを海外に輸出していた。韓国スター、音楽、ドラマ、とても人気があった。次のステップは、海外のタレントと韓国のアーティストを組み合わせたものだった。それによってコンテンツを海外に輸出するということが強みになった。（中略）K-POP はさらに進化し、海外のタレントを排出していくことと確信している」と語る[24]。彼は、海外展開における戦略ステップを「GLOBALIZATION BY LOCALIZATION」と表明した。現地化によるグローバル化を狙う戦略が音楽産業においての次のビジネスモデルになると宣言した。その 2 年後に誕生したのが日本のガールズグループ NiziU である。

　このような海外進出先の現地化は、音楽産業にとどまらず、放送産業の制作システムや仕組みでも推進している。コンテンツを販売するためには、販売先における権利問題を解決する必要がある。また、販売先の国のメディア規制、著作権などの問題も解決する必要がある。特に宗教、文化などを現地化するためのローカライズは不可欠である。ローカライズが重要なのは宗教や文化などの問題を解決するだけにとどまらない。制作する段階からローカライズが可能な仕組みを取り入れることが求められる。今までは、制作した完成品を販売す

21　INI オフィシャルサイト https://ini-official.com/

22　NiziU オフィシャルサイト https://niziu.com/

23　J.Y.PARK：株式会社 JYP Entertainment 設立者。作詞家、作曲家であり、Rain、Wonder Girls を誕生させ、現在 2PM、GOT7、DAY6、TWICE、Stray Kids、ITZY、NiziU のプロデューサー。

24　SparkLabs Demoday 11 https://youtu.be/08257W8sdNs

る市場に合わせて作り直すことが主な関心であったが、ローカライズの仕組み
を取り入れた制作プロセスを考えることも可能である[25]。

5. もう一つの韓流、「嫌韓」をめぐって

1）嫌韓意識の現状と出版メディア

　「韓流」が韓国の肯定的なイメージ形成に影響を与えた一方、否定的なイ
メージ形成を代弁するのが「嫌韓」現象である。日本社会に嫌韓、嫌韓とい
う用語が広く定着するようになったのは、山野車輪『マンガ嫌韓流』（晋遊舎、
2005）の影響が大きい。この本には韓国を蔑視するヘイトスピーチに対する
論理的な根拠を提供し、彼らの活動をエスカレートさせた。また、韓国を卑下
する用語は「嫌韓」から始まり反感意識が高まっていくことによって「反韓」
「非韓」「悪韓」「恨韓」「悪韓」など新しい用語が登場し続けている。ここでは、
第1回鶴峰賞の研究支援によって筆者が共同研究として参加した「日本の出
版メディアにおける嫌韓意識の現状と批判的考察」の一部分を要約した内容を
紹介する[26]。これは、日本の出版メディアが嫌韓意識をいかに醸し出している
のか、それらが日本人の対韓意識にどのように影響を与えているのかを分析し
たものである。それにより、嫌韓本の発行と嫌韓意識との関連は如何なるもの
であるのかを批判的に考察することを目的とした。

　1998年から出版された嫌韓本は230冊、そのうち2005年以後が89％、
205冊を占め、55の出版社から発行された（**図 6-5**）[27]。嫌韓意識を定着させた
と言われる『マンガ嫌韓流』が出版された2005年、翌年の山野車輪『マンガ
嫌韓流2』（晋遊舎、2006）は合計で65万部以上を売り上げ、日本社会に一
定の関心を有する層が存在していることを示している。嫌韓本の扱ったテー
マ（複数選択）は17つで、政治が94.1％で一番多く、その次に歴史が63.8％、
社会が44.7％となっている。文化（27.6％）、経済（26.3％）は少ない。これを

25　黄仙恵（2019）「ノンフィクション番組の海外展開可能性を拡大するためのローカライズをマネジメントする制作プロセス
　　―日・韓の放送コンテンツを中心に―」

26　鶴峰賞（ソウル大学法科大学主催／財団法人鶴峰奨学会 後援）は、在日韓国人の実業家であった故 李基鶴先生（1928～
　　2012、イ・キハク、号「鶴峰（ハクボン）」）の志と理念を称え、その遺志を継承すべく制定されたもので、2015年度が
　　第1回となる。第1回の鶴峰賞は「日韓文化交流と両国関係の未来」をテーマに、論文と研究助成が公募された。サイト
　　https://law.snu.ac.kr/hb_award／

27　李洪千、金美林、李京垠、黄仙恵（2016）「日本の出版メディアにおける嫌韓意識の現状と批判的考察」（pp.22-25）

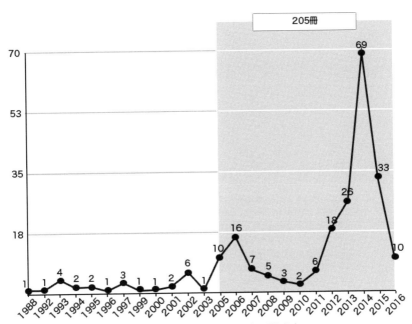

出所：「日本の出版メディアにおける嫌韓意識の現状と批判的考察」

図 6-5　嫌韓本の出版の推移

みても、日韓関係において相互関連性が高い文化、経済について関心が少ないのは当然とも言える。

　このような出版メディアが伝えた嫌韓意識とはどのものなのか。嫌韓関連記事や本を読んだことのある日本人を対象に、韓国に対する感情・意識または行動に関して調査を行った[28]。「韓国全般に対するイメージと感情」の程度を図るため、「韓国」・「韓国人」・「韓国文化」・「韓国社会」・「韓国政治」と設定した。各項目の中で最も‘好き’と‘どちらかと言えば好き’を合わせた割合が高く表れた項目は、「韓国文化」（28.3％）である。一方、‘嫌い’と‘どちらかと言えば嫌い’を合わせた割合が高い項目は、「韓国政治」（72.7％）である。全体的にみると、「韓国文化」（41.0％）と「韓国人」（47.9％）を除いたすべての項目で‘嫌い’と‘どちらかと言えば嫌い’を合わせた割合が50％を超えている。

28　李洪千、金美林、李京垠、黄仙惠（2016）「日本の出版メディアにおける嫌韓意識の現状と批判的考察」（pp.35-36）

イメージ形成に大きな影響を与えた原因として取り上げたのは「日本と韓国の領土問題」(63.9%)や「過去の日韓関係」(59.4%)、「インターネット上の情報」(54.3%)、「日本のテレビニュースや情報番組」(51.9%)、「日本の新聞や雑誌」(46.6%)である（**図6-7**)。

それ以外、韓国の芸能人やスポーツ選手（39.2%)、K-POP（33.5%)、韓国の映画やドラマ（39.9%)、韓国料理（35.0%)、韓国の伝統文化（34.3%)などの韓国関連コンテンツもイメージ形成に影響を与えていることが分かった。その結果からは、韓流が韓国のイメージ形成にポジティブな影響を与えている

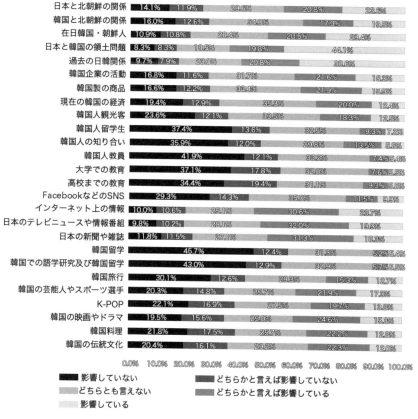

出所：「日本の出版メディアにおける嫌韓意識の現状と批判的考察」

図6-6 韓国全般に対するイメージや感情の程度

と考えられる。

　20 年という歴史を経て日本で 1 つのカルチャーとして定着した韓国コンテンツは、「嫌韓」という現象の中においても韓国文化への共感を失わず、日韓文化交流の懸け橋として存在し続けた。

6．日韓の協業による文化交流の取り組み

　言論 NPO と韓国の東アジア研究院が共同で調査した「第 9 回日韓共同世論調査結果」によると、日本に対する韓国側の肯定的な印象は、20.5％で 2020 年の 12.3％より増加したものの、低い水準である（**表 6-7**）[29]。

表 6-7　相手国に対する印象の割合（単位%）

	2013 年	2014 年	2015 年	2016 年	2017 年	2018 年	2019 年	2020 年	2021 年
相手国に対する印象を「良い」とした割合									
日本	31.1	20.5	23.8	29.1	26.9	22.9	20	25.9	25.4
韓国	12.2	17.5	15.7	21.3	26.8	28.3	31.7	12.3	20.5
相手国に対する印象を「良くない」とした割合									
日本	37.3	54.4	52.4	44.6	48.6	46.3	49.9	46.3	48.8
韓国	76.6	70.9	72.5	61	56.1	50.6	49.9	71.6	63.2

出所：言論 NPO・東アジア研究院「第 9 回日韓共同世論調査結果」

　2021 年の調査結果から韓国人の日本への印象は若干改善の傾向が見られる。「良くない」は依然として 6 割を超えたものの、前年より 8.4 ポイントの減少。逆に「良い」が昨年の 12.3％から 20.5％へと 8.2 ポイント増加した。一方、韓国に「良くない」印象を抱いている日本人は 48.8％と、半数近い。両国の国民感情は昨年よりやや落ち着いたものの、依然冷え込んでいる状況からは抜け出していない。韓国に「良い」印象を持つ日本人の 64.6％が「日韓の政府関係が悪化しても相手国のポップカルチャーを楽しんでいる」と回答。特に 20 代未満では約 80％が良い印象の理由として韓国のポップカルチャーを挙げている。韓国人でも 20 代未満や 20 代で日本のポップカルチャーを「楽しんでいる」（「とても」と「ある程度」の合計）人はそれぞれ 50％、40.6％である。

　コンテンツビジネスにおける日本と韓国のあるべき姿について日韓の協業の

29　詳細は言論 NPO のホームページを参照。
　　https://www.genron-npo.net/world/archives/11348.html（2022 年 1 月 14 日閲覧）

事例を取り上げながら、今後の展望と課題をまとめていく。2020 年、音楽ガールズグループ「NiziU」とともに、日本のテレビ、IPTV、インターネット配信にとどまらず、全世界で旋風を巻き起こした作品がある。テレビアニメーション『神之塔―Tower of God―』である[30]。この作品は、韓国の NAVER WEBTOON にて 2010 年から連載中したデジタル漫画で、2014 年からは海外展開版の LINE WEBTOON にて英訳版が配信された。日本では LINE マンガにて 2018 年からサービスをはじめ、テレビアニメーションとして日本を含め、8 言語（英語、ドイツ語、フランス語、イタリア語、ポルトガル語、スペイン語、アラビア語、ロシア語）で世界展開した。第 1 話の配信後には 13 カ国の Twitter でトレンド入りを果たすなど、非常に大きな注目を集めた作品となった。制作プロデューサーの黒須信彦は「この作品は韓国の優れたストーリーやビジネス展開力と日本の繊細なアニメーション制作力が協働し、グローバル市場に展開した成功事例」だと強調した[31]。

　この事例のように、日本と韓国はお互いの文化形成が既に成熟しており、市場を奪い合うライバルではなく、協業することによってアジアおよび全世界に向けて両国の文化を共に発することが十分可能である。また、アジアのソフト・パワーは、文化を含めた普遍的な価値観がコンテンツを通して発信していくことにより、新しい国際秩序を見出すことが可能になると考えられる。日韓両国における「協業」「分業」「共創」、そして多角面での「活用」こそが、両国のコンテンツビジネスの価値が最も輝き、共に成長していく原動力となっていくことを確信している。イマドキのコンテンツ市場は、「こんなにいいものを作りました」と上から下に見せるものではなく、横に広がっていくものである。横に広がるためには、異業種とのコラボレーションと協業体制が必要である。「一緒に作れば、お互いにファンになる」という効果、それによって「共感」を分かち合い、世界に向けてもっともっと拡散していきたい。日韓のコンテンツ産業において文化交流のあり方は、共に考える、共に創る、共に伝え続ける、この 3 つを実践することである。

30　テレビアニメーション『神之塔 -Tower of God-』公式サイト https://tog-anime.com/
31　黒須信彦：クランチロール株式会社アニメプロダクションシニアプロデューサー、2020 年 11 月 12 日に開催された「2020 韓日コンテンツビジネスフォーラム」の講演の一部分を引用。

第**7**章

日韓の考え方の比較と補完性

鞠　重鎬　（横浜市立大学）

1．日韓の考え方の3つの軸

　もしかしたら日韓の間柄について、少なくない人々には、「何か分かるような分からないような気がしてすっきりしない」、という「もやもや感」があるかもしれない。あるいは断片的な知識はあっても、全般的で立体的な姿は描けず、何かはっきりつかめなく、ぼやっとしている方々もいるかもしれない。

　「郷に入っては郷に従え」という言葉がある。私も、日本で暮らしながらの郷、つまり日本の習慣、掟、考え方などを掴むため、それなりに悩んできた部類の1人である。悩みの末、考え抜き、「これか」「あ、これか！」という「小さな悟りあるいは閃き」の経験は、生き方を充実にしてくれると考えている。その悟りや閃きを気づき重ねていくうちに、自分も知らないある瞬間、「あ、これだ！」という1つの道が開かれるような気がする。その閃きも検証が求められるが、まずその悩みと閃きの過程は何よりも大事であろう。苦しさが過ぎると楽しさがやって来る。

　私が日本に留学で来日したのは1992年4月3日である。本章を執筆する時点で30年が経つ。2020年以降はコロナ禍で自粛の時期が続いたが、その前は日本と韓国を随分と行き来した。日韓をまたぐ空を往来しながら、両国をどのように理解したら良いか、途方に暮れて過ごす日々も多かった。両国を貫く核心概念は何かを探るため、悩んで来た時期も長かったともいえよう。ある日、「あ、これかも！」と辿りついたのが、「ストックの日本、フローの韓国」という軸または柱であった。

　本章では日韓の考え方の違いとして3つの軸を提示する。その1つ目が上

記の「ストックの日本 VS. フローの韓国」である。それに加えた 2 つ目の軸
は、「アナログの日本 VS. デジタルの韓国」で、3 つ目の軸は、「狭く深くの日
本 VS. 広く浅くの韓国」である。これらの 2 つの軸も、韓国を行き来するとか、
日本で暮らしながら考え出した軸である。

　後者の 2 つの軸が生まれた経緯について簡単に触れよう。日韓の産業展開や
企業・個人の仕事への取り組みに接すると、それぞれの臨み方や仕事振りに大
きな違いが観察できる。その違いに気付き至ったのが「アナログの日本 VS. デ
ジタルの韓国」という軸である。

　それから「狭く深く」という日本の行い方は、日本の歴史に関心を抱き幾つ
かの書物を読むうちに、「一所懸命」という言葉からヒントを得て生み出され
たものである。韓国の歴史書には「一所懸命」の言葉は登場しない。韓国の
人々は一所に長く居着くよりは、あっちこっちに動き回ろうとする行動が目立
つ。定住性の強い「一所懸命」の日本と「動き回ろうとする」韓国、という両
国の違いから創り出された軸が、「狭く深くの日本 VS. 広く浅くの韓国」である。

　本章では、「ストックの日本 VS. フローの韓国」、「アナログの日本 VS. デジ
タルの韓国」、「狭く深くの日本 VS. 広く浅くの韓国」という 3 つの軸または柱
を用い、両国の特徴や考え方の違いを浮き彫りにしたい。その後、それらの軸
に基づき、日韓が目指すべき指向点を探る。その指向点または提言を先取りす
ると、「ストック感性とフロー感性の兼備」、「アナログとデジタルの調和」、「広
く深くの追求」である。

2．ストックの日本 VS. フローの韓国

1）ストックやフローとは

　全てのケースにおいてではないが、日本人教授の研究室にお邪魔すると、1
つの特徴が見られる。とくに年季の入ったベテラン教員によくみられる現象が
ある。時間が経つにつれ、本や資料などが山積みに蓄積されることだ。その蓄
積される事柄を表したのがストックである。お陰様で停年退職される先生の研
究室整理を手伝うと、貴重な本や資料を相当もらえるときが往々にしてある。

　自身の努力や研究費を用いて手に入れたものが、年月が過ぎ蓄積するのは当

たり前と思われる方々が大勢だろう。日本滞在歴30年の私の研究室にも、数多くの本や資料が積まれており、古いパソコンや他の備品などが棚の片隅に置かれている。一部は備品のシールも貼られていて、使わなくても処分するのをためらったりする。

　蓄積またはストックの徴候が見えるのは、おそらく大学教員の研究室だけではなかろう。家庭の押し入れや会社・官庁の倉庫にも、使わないがストックされたものが一杯置かれているところも多かろう、と推測する。日本で近年になり「断・捨・離」に興味が高まったのも、蓄積やストックが多いことの裏返しとも解釈できる。

　そこで、「韓国も同じではないか」と反問する方もいるかもしれない。もちろん、韓国の家庭・会社・官庁などにも、時間が経つにつれ蓄積されるところが沢山あるだろう。日本と異なるのは、韓国は引っ越しの回数が多く、引っ越しの際、「捨てて新たにこしらえる」ケースがしばしばあることだ。さらに、韓国では前任の担当や管轄下にあったものが否定され、前任者のものの多くが処分されることが、日本よりも断然頻繁に起きている。つまり、以前のものが続かず流される（フローされる）傾向が強いと言える。

　今の若い世代はその傾向が変わりつつあるものの、日本の場合、定められた場所に長く居着いて住む、という「定住性」の傾向が強い。一旦自分の住宅を購入すると、日本の方が韓国よりも住み続ける期間が相当長いことが見受けられる。韓国では生涯に何回も引っ越しをする人が多く、会社への勤続年数や自営業を営む期間が日本よりも短く浮沈も激しい。韓国人の中には、住処を長年居続ける居所として捉えるよりも、より良いと思うところを求め引っ越しする人々が、日本よりもはるかに多い。日本には何百年営業し続けている企業や老舗が全国各地に散在するが、韓国には日本のように何百年も続く企業や老舗はまれである。

　上述した個人の引っ越しや企業・老舗の例は、韓国が日本よりも一所に長く居続け、ストックされる性向が弱いことを浮き彫りにする。日本のストック特性とは異なり、韓国はあっちこっちに動き回るという傾向が日本よりも強いからである。要するに、一所に長く居着き蓄積される事柄を表したのがストック（stock）であり、活発にあっちこっちに動き回る（流れる）事柄を表したのが

フロー（flow）である。

2）地政学的に見たストックの日本とフローの韓国

　哲学者で文化史家として知られる和辻哲郎（1889 ～ 1960）の『風土』（岩波書店、1979）には、地政学的な位置関係が人々の考え方や生き方に大きな影響を与えることが述べられている。この書物では、モンスーン、砂漠、牧場という 3 つの類型に分け、それぞれの特徴を提示している。 和辻は、「人間の存在は歴史的・風土的なる特殊構造を持っている」（161 頁）と言い、われわれ国民（つまり日本人）は、モンスーン的で、「受容的・忍従的」であると言う。

　和辻の『風土』での議論が、本章のように日韓をストック文化やフロー文化を捉え、両国の特徴について説明しているわけではない。ここで言いたいことは、地政学的な位置関係によって人々の考え方にも特徴的な違いが現れる点である。日本と韓国は、同じくアジア大陸の極東に位置する。両国は文化圏が似ているとも言われるが、国ごとに掘り下げていくと、その違いが歴然と見えてくる。以下では、日本と韓国の地政学的な位置を取り上げ、それぞれの考え方にどのような違いが生じているかまたは生じ得るかを示したい。

　歴史的に中国大陸の文化・文物は東漸し、朝鮮半島を経由し日本に流入してきた。つまり、朝鮮半島（韓半島）はユーラシア大陸の東端にあり、海を挟んでさらに右側と下側に日本が位置する。日本列島の東側は広大な太平洋という海となっており、文化・文物の流れは日本で止まることになる。このように、アジア大陸の東の果てに位置する日本は、歴史的に大陸文化の終着地であり、他の国の文化を受け入れ蓄積してきた「ストック」文化の特徴を帯びやすいところに置かれている。

　日本とは違って朝鮮半島に位置する韓国は、大陸と海洋をつなぐパイプ（管）のようなところにある。朝鮮半島は、日本、中国、ロシアを始め、遠くにはアメリカまで強大国の影響を受けて来たし、歴史的に列強の角逐の場でもあった。つまり地政学的に韓国は、周辺国の文化が行き来する、という「流れる」場所に位置し、「フロー（流れ）」の特徴を帯びやすい。強大国の狭間から生き残るためにも、素早く適応しなければならない俊敏さが求められた。

　以上に述べたように、韓国は大陸と海洋の両方をつなぐパイプのように「流

れる」役割が担えるところに位置し、日本は島国として流れ来たものが留まって「蓄積される」位置にある。すなわち、地政学的な位置関係の差からも、日本はストック性、韓国はフロー性という異なる特性を持つだろうと推測でき、「ストックの日本 vs. フローの韓国」として、日韓の特徴の差をまとめることができる。

　近代以前は大陸の文化・文物が日本に流れたが、近現代に入ってからは、逆に日本から西洋文明が韓国に入り、さらに中国大陸へと流れることも多かった。このように韓国には、大陸文化と海洋文化が常に行き来してきた。その行き来する特徴を「フロー（流れ）」として捉えている。一方、日本は近世に至るまで、大陸から流れてきた文化・文物が蓄積されてきた。その蓄積する特徴を「ストック（積もり）」として捉えている。

　上述したストックやフローという特徴は、それぞれの地政学的な位置付けまたは歴史的背景から言えることであって、良し悪しで判断する事柄ではない、ということに注意が求められる。相手国の悪い面の揚げ足を取って、それを批判してばかりでいると、昨今のような感情的な「嫌韓」や「反日」の論調に振り回されてしまいがちになる。感情論の激突にこびりつくと、視野の狭い極論に走りかねない。

　感情論の背後には、排他的なナショナリズムが付きまといやすい。例えば、相手国の弱点にかじりつき貶めながら、自国の方が優秀だという自己陶酔や国粋主義に浸ってしまうことが挙げられよう。生産的でない感情論に基づく議論は消耗戦に転じやすく、自他の情緒基盤を蝕んでしまう。排他的な消耗戦に与することで、まともな話し合いによる進展ができなくなると、隣国の持つ良い特性も活かせなくなる。もったいないことだ。

3）ストック特徴とフローの特徴の違い

　「ストック社会」としての日本は、着実に積み重ね物事を成し遂げていくことを重視する反面、一旦決まったことはなかなか変わらないという「静的」特性を帯びる。それに対し、「フロー社会」としての韓国は、状況が変わると既存のことをすぐに変えたりするという「動的」特性が際立つ。このようなそれぞれのストックとフローの特性上、長短の事柄が現われることになる。

長所と短所を合わせ持つストックやフローの長短について見てみよう。まず、「スットクの日本」は、良いものが蓄積されるという長所があるものの、悪いものも積りがちである。悪い仕来りが度を越えると、めったに前に進まないという閉塞感に陥ったりする短所が現われる。次に、「フローの韓国」は、悪いものをすぐ変えるという長所があるが、せっかく成し遂げた良いものも、さほどためらいもなく壊してしまう不安定さに陥りやすい、という弊害がある。

　日本は蓄積（ストック）性向に縛られやすいだけに、変化の激しい現代社会への迅速な対応には苦手なところがある。ここで、良い面での蓄積と悪い面の蓄積の例を挙げてみよう。長期間に渡る技術・資本・知識などの蓄積が多いことは、良いストックの例と言える。ところが、国債残高が膨大に膨らむことや、他国に比べ繁文縟礼が多く残っていることは、悪いストック（蓄積）の例と言えよう。

　産業面においてもストックの日本の長短が指摘できる。数多くの蓄積技術が用いられる機械装備や伝統産業に、日本が強みを発揮することは長所と言えるが、状況変化への対応が遅れ、柔軟性に欠けていることは短所と言える。最近の技術変化と絡んで言うと、ストックの日本は、迅速な意思決定を必要とする情報通信技術（ICT）産業や、素早い対応が求められる金融サービス面においては弱点を露呈する。日本のデジタル産業が、韓国に遅れを取るようになったことからもその一端が窺える。

　様々な分野間の垣根を超え、柔軟に活用し合い新しい技術を生み出すのが融合産業である。日本は垣根を超えた融合産業の構築にも、韓国に比べ時間がかかり過ぎる印象である。それぞれのタテ社会の組織の中で、垂直の人間関係や組織文化に捕らわれ、横のつながりが弱くなりやすいことがその背景にある。中根千枝の『タテ社会の人間関係』（講談社現代新書、1967）にはタテ文化の日本社会が手際よく述べられている。

　ストック社会のもう1つの盲点は、過去の成功体験への縛りが強過ぎるということである。成功体験への執着がむしろ重荷となり、急変する環境への対応に合わなくなりやすい。1990年代初めにバブル経済が崩壊した後、経済社会構造が変わったにもかかわらず、過去の成功体験にこだわった政策実施は、日本を「成長喪失期」へと追いやった。日本は1970年代の2回に渡るオイルショッ

クを上手く乗り越えた成功体験がある。しかし、未来に向かって進むことへの停滞が続くと、もどかしい足踏み状態から抜け出せず、停滞してしまうという「閉塞感」に陥る恐れがある。「閉塞感」という言葉は、韓国ではほとんど使われない。

　一方、フロー社会の韓国では、周辺国のうち、どちらの国が強いかあるいは強くなるかを見極め、政治、経済、外交などの諸政策の向きが、その国へ傾いてしまう出来事もしばしばあった、そのような傾向も、あちらこちらに行ったり来たりするフロー特性の反映と解釈できよう。日本人の感覚からすると、忙しい韓国政府や韓国人の動きに対し、落ち着きがないと思い、さほど好感を抱かないかもしれない。ところが、立場を換えると、韓国にとっては生き残りを掛けた選択という見方もあり得よう。フロー社会の韓国はストック社会の日本に比べ、移り変わりの激しい環境への敏捷な適応が求められたからだ。

　「パルリパルリ（速く速く）」と急ぎ、ビビンバを好む韓国が、ICTや融合技術分野に強みを見せるのは、フロー文化の特性が作用していると言えよう。その反面、フロー文化の韓国では、見栄えや体面が重視され、下手すると不安定な状況に陥りやすい問題を孕む。裏を返すと、落ち着いてルールを守り、一貫性を長く保ち続けることについて、日本が韓国よりも勝っている。フローの特徴がいつも良いとも限らないわけだ。

　フロー文化の韓国は、挑戦的で素早い動きを得意とする。物事への処し方にスピード感があって、悪いことがあるとすぐに改めたりする。ところが、既に述べたように、それとは裏腹に、せっかく成し遂げた良いことまでも、状況が変わるとまたは後任が変わると、さほどためらいもなく崩してしまうときも往々ある。日本政府が解決済みと主張する従軍慰安婦問題への対応にも見られるように、一度決まったことであっても、状況が変われば、再度交渉しようとすることが、韓国ではしばしば生じる。慰安婦問題への韓国の出方も、フローの特性に起因すると解釈できる。

　ストックの特徴とフローの特徴をまとめよう。ストックは、静的（スタティック）で落ち着いた安定感はあるが、迅速な対応には弱いという短所がある。フローは、動的（ダイナミック）で躍動感はあるが、落ち着きが乏しく不安定さが潜む。フローとストックのどちらかだけに偏ってしまうと、バランス感に欠

ける。日本は、ストック性を帯びながら良い面を蓄積してきた半面、悪しき仕来りもそのまま保ちやすく、その仕来りから抜け出せないという閉塞感に陥る恐れがある。一方、フロー性の強い韓国は、悪いことをすぐ変えるという改革の動因が働くが、前任者が成し遂げた良い業績もすぐ壊してしまう傾向を見せる。では、何をどう目指すべきか。その点については本章の第5節で述べたい。

3．アナログの日本 VS. デジタルの韓国

1）アナログ変化とデジタル変化のイメージ

　もう1つの軸または柱として、日本はアナログの特性、韓国はデジタルの特性が目立つことが挙げられる。まず、アナログとデジタルの辞典的意味を見てみよう。アナログとは、「①ある量またはデータを連続的に変化しうる物理量（電圧・電流など）で表現すること、②比喩的に、物事に割り切って考えないこと、また電子機器の使用が苦手なこと」とある。かつ、デジタルとは、「ある量またはデータを、有限桁の数字列（例えば二進数）として表現すること」とある（『広辞苑』第6版）。

　辞典に載る意味だと、その具体的な特徴やイメージが浮かばないかもしれない。アナログとデジタルの特徴の違いを浮き彫りにするのが、そのスピード感である。そこで、そのスピード感と連続性の如何に注視し、アナログとデジタルの特徴の違いを浮き彫りにしよう。

　アナログはスピード感が遅いが、連続性をその特徴とし、デジタルはスピード感が速いが、切れたり続いたりする断続性ををその特徴とする。デジタルは、0（断）と1（続）の組み合わせという二進数に基づく断続性を用いて、表現の世界を飛躍的に広げてきた。第2節で説明したストックとフローに絡んで言うと、「ストックの日本」は、繋がりを重視するアナログに相性が良く、「フローの韓国」は、飛躍の広がりに深くかかわるデジタルに相性が良いと言える。

　自然数と2の自乗数という2つの種類の数列（数字の列）を用いても、アナログとデジタルのスピード感の違いを現すことができる。1つ1つの積み上げを大事にする日本は、「1, 2, 3, 4, 5, 6, 7, ……」のように、自然数の展開のようにこつこつと徐々に進むスピード感に馴染む。それに比べ、普段「パルリパ

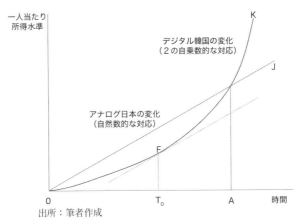

出所：筆者作成

図7-1　「アナログの日本」と「デジタルの韓国」の変化のイメージ

ルリ（速く速く）」と急ごうとする韓国は、「1, 2, 4, 8, 16, 32, 64, …」（または、「2^0, 2^1, 2^2, 2^3, 2^4, 2^5, 2^6, ……」）のように 2 の自乗数の展開のようなスピード感がある。

　自然数と 2 の自乗数という 2 つの数列に基づき、日韓のスピード感の違いを示してみよう。具体的には、これらの 2 つの数列を使って、日本のアナログ的変化のスピードと韓国のデジタル的変化のスピード感との違いについて、どういうイメージなのか見てみたい。例えば、一人当たり所得水準の変化を取り入れ、そのイメージ図を描くことができる。それを描いたのが**図7-1**である。

　図7-1の横軸は時間の経過を現し、縦軸は 1 つの例として一人当たり所得水準を示している。すなわち、**図7-1**は、時間が経つにつれ、日本と韓国の一人当たり所得の大きさがどのように増加するかを表している。日本はアナログ的な変化を好み、自然数のように徐々に 1 つずつ着実に積み上げようとする。**図7-1**の OJ のイメージである。それに対し、韓国は「パルリパルリ（速く速く）」進もうとする傾向があり、2 の自乗数のようにデジタル的変化のイメージである。**図7-1**の OK のイメージである。

　図7-1を用いて、デジタルとアナログの変化のスピードを見よう。T_0 よりも前の時期（T_0 の左側）では、アナログ日本の所得水準が高く、その増加のスピードも速かった。ここで、日本の一人当たり所得水準の増加のスピードは、それぞれ OJ と OK の傾きとなる。つまり、T_0 の左側では OJ の傾き（所得増加のスピード）が OK の傾き（所得増加のスピード）よりも大きく（急であり）、

日本の所得増加スピードが韓国のそれよりも速かった。

　ところが、T_0 を過ぎると、つまり T_0 の右側になると、デジタル韓国の所得水準の増加スピードが、アナログ日本の所得水準の増加スピードよりも速くなる。つまり、T_0 の右側では、韓国の方（OK）が日本（OJ）よりも急な傾きとなり、韓国の所得増加スピードが日本のそれよりも速くなる。つまり、T_0 A の区間（時期）では、日本が韓国よりも一人当たり所得水準は高いものの、その増加スピードは遅いことを意味する。デジタルの韓国は 2 の自乗倍的に速く進むのに対し、日本は自然数的に 1 つずつ段階的に進むからである。ちなみに、T_0 時点の F 点においては、OK と OJ の傾きが等しい。

　さらに、A 時点を過ぎると、韓国が日本よりも所得水準が高くなり、その増加のスピードも速い。第 1 章で言及した賃金水準からすると、韓国が日本より高くなった A の時点は 2015 年であり、購買評価で表した 1 人当たり GDP（国内総生産）からすると、A の時点は 2018 年であると言える。

2）今後日本がさらに遅れを取るかも

　自然数の変化は、2 の自乗数の変化に比べその変化のスピードが遅い。2 の自乗数の変化を持つ社会では、「1 → 2 → 4 → 8 →……」のように飛躍的なスピードを持って、前へ進もうとするデジタル的特性を見せる。**図 7-1** において、自然数的動きを見せる日本の OJ の変化のスピードと、2 の自乗数的動きを見せる韓国の OK の変化のスピードを見れば、日本の変化のスピードが韓国よりも遅いことが明らかであろう。

　もしデジタル時代が訪れなくて、アナログ的変化に留まる時代が続いたとするならば、日本は世界でその力が存分に発揮できたであろう。ところが、昨今はデジタル革命と言われる時代が進んでおり、アナログとはその発想や変化のスピードがまるで違う。アナログは「漸進的な発想と着実に進む変化」だが、デジタルは「飛躍の発想と素早い変化」に相性が良い。1 つずつ改善していくアナログ性の発想が支配的な日本では、飛躍を特徴とするデジタルに馴染まず傍観するところも多い。

　図 7-1 に見るように、初めは日本の変化へのスピードが、韓国よりも速かった。ところが、デジタルが主流を成す時代が進むことになり、ある時点（T_0 時点）

を過ぎるや、韓国が日本よりも変化へのスピードが速くなった。一人当たり所得水準からすると、現在は両国がA時点の辺りに位置しているものの、今後韓国が日本に大きく水をあけていく（つまりA時点の右側に位置することになる）と考えられる。

　図 7-1 は、一人当たり所得水準を例示したものであるが、これまで述べてきたことは所得水準だけではなかろう。ほとんどの分野において、韓国が日本よりも物事の処理への運び方が速い。日本は依然として伝統のアナログ産業に強みを発揮しているが、案の定、デジタル産業には遅れを取り始めた。現状のアナログ的接し方のままだと、とくにデジタルの接し方において、日本はこれからも韓国に周期遅れてしまう恐れがある。

　日本で暮らす私には、「郷に入っては郷に従え」というスタンスが要る。そうとはいえ、韓国で急ぎ足の雰囲気に慣れていた私には、日本での物事への処し方を目の当たりにすると、未だに違和感を覚えるときも少なくない。例えば、日本ではマニュアルがないと不安がり、マニュアル通りに行うと安心感を覚えたりする。ところが、ときには、気になるマニュアル的な運び方に遭遇したりする。「マニュアルに従うだけに留まるのではなく、それ以外の別の良い方法があったら、その方法の取り入れに積極的になっても良いのでは」「十分知っているはずの段階は省いても良いのでは」という「じれったさ」がよぎるときもある。

　日本のマニュアルによる物事への処し方を韓国のそれと比較し、「マニュアル通り物事を進めようとするやり方だと、韓国では歓迎されないかも」と思ったりもする。韓国人は普段の段取りにおいても「パルリパルリ（速く速く）」という言葉を多用する。「パルリパルリ」に慣れている韓国人には、スピードを重視するデジタル属性に合致するかも知れない。この言葉が象徴するように、韓国では変わり身が速く、1つの分野に長くこだわることに関してはあまり得意ではない。

　日本の「侘びと寂」に安らぐ情緒は、静かな連続性のアナログ感性に似合う。韓国のデジタル感性と対比していえば、日本で重んじられる「石の上にも3年」という考え方は、素早く動こうとする韓国人の身動きとはずいぶんと違う。韓国人の身軽さや速さは、デジタルのスピード感に通じるところがある。日本人

の立場からすると、そのような韓国人の物事への処し方は、慌ただしくて荒く映るかもしれない。

3）デジタルの究極はアナログ

　デジタルはアナログよりもスピード感があるが、「デジタルの究極はアナログ」という一見矛盾したような関係をも導くことができる。それを示すため、デジタル液晶画面の仕組みを取り上げ、デジタルとアナログの結び付きについて考えてみよう。液晶画面は「画素」という小さい四角の枡目の集合体によって構成されている。その枡目は技術の発展とともに密になってきた経緯がある。液晶画面に丸い円を描くとして、デジタルとアナログの関係を見てみよう。**図7-2**はその関係を描いたものである。

　画素数が少なく枡目が粗い初期の液晶画面上に表現される円は、ぎざぎざな形になる（**図7-2（a）**）。円の曲線部分をより滑らかにし、デジタルの液晶画面に円を描きたいとしよう。そのためには技術を発達させ、画素数を増やす必要がある。画素数が密に近づき枡目が細かくなるにつれ、画面に表す円曲線のぎざぎざな部分も、より滑らかな形として表現されていく（**図7-2（b）**）。

　液晶画面上のデジタルの円は、連続のアナログの滑らかな円とはその属性が違う。デジタルの液晶画面では、**図7-2**の**（a）**と**（b）**のように、枡形の画素を用いて円を現すが、厳密にいうと、画素数を増やして表現したデジタルの

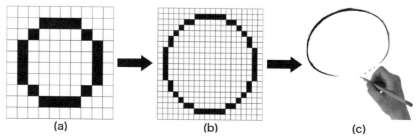

| (a) | (b) | (c) |

注：デジタルの円は、枡目を用いたぎざぎざの円である。初期のデジタル液晶画面に円を描くことは、(a) のような荒いぎざぎざの円として現われる。技術が発達し、より滑らかなアナログの円（○）に近づけることは、(b) のように画素数を増やし表すことを意味する。手描きのアナログの滑らかな円 (c) は、デジタルの円の究極であり、安らぎが感じられる。つまり、「デジタルの究極はアナログ」とも言える。

出所：鞠重鎬『フローの韓国、ストックの日本』（韓国経済新聞社、2018年）

図7-2　デジタルの究極はアナログ

円は、滑らかな連続のアナログの円ではない。アナログの円に限りなく近づけようとするのがデジタルの円である。スピード面でデジタルがアナログに勝る印象であるが、デジタル円の彼方にアナログ円がある。

　ぎざぎざのデジタルの円とは違って、アナログの円は最初から滑らかである。つまり、デジタルのぎざぎざな形を突き詰め、滑らかさを追求していくことは、究極的にはぎざぎざのないアナログの滑らかな円にたどり着こうとすることに他ならない。その究極がアナログ円である（**図 7-2 (c)**）。このようなデジタルとアナログの関係より、「デジタルの究極はアナログ」と現すことができよう。

4．「狭く深く」の日本 VS.「広く薄く」の韓国

1）　一所懸命

　日本が歴史的に中国大陸からの文物を受け入れたとはいえ、鎌倉時代からは地域性の濃い武士支配の封建時代を築いた。移動の自由も大幅に制限され、定住性が強かっただけに、与えられた仕事を粘り強くやりこなす生き方が望まれた。そのような生き方においては、自分の分野に打ち込むことが美徳とされ、他の分野の塀越しまでに介入しようとしない行動パターンを、長きにわたって定着させた。それは、「狭く深く」特定の領域に従事する専門家（スペシャリスト）を生むに適する環境であった。

　「狭く深く」の特徴を端的に表す言葉として、長い歴史を持つ「一所懸命」が挙げられる。今は「一生懸命」として普段使われるが、中世時代には「一つの場所」を意味する「一所懸命の地」が始まりだった。辞書に載っている一所懸命の意味を見ると、「賜った一カ所の領地を生命をかけて生活の頼みとすること」とある（『広辞苑』第六版）。つまり歴史的に見たとき日本は、1カ所に定住し与えられた仕事に「狭く深く」かかわる事柄を帯びてきたと言えよう。

　「オタク」という言葉もある。ある特定の物事にこだわり、他の物事に関与しない人を指す。この言葉も「狭く深く」と相通じる。特定の分野だけに没頭する仕事人は、ある意味で「オタク」色が染みついているとも言えるだろう。韓国にも「オタク」の意味の「徳厚（ドック）」という言葉があるが、徳厚に比べオタクの方がその気質がはるかに強い。そのオタク気質が横のつながりと

上手く合わさると、大きな力を発揮できることになろうが、タテ社会の特徴を帯びる日本は、横のつながりがスムーズにいかず、オタクの専門性がそのまま葬られるケースも少なくない。

　多くの韓国人は、1つのことに長くこだわらず、ある程度興味を示してからは、次のことへと関心を移していく傾向を見せる。1カ所に長く居座らず様々なところや分野に関心を示すことは、「広く浅く」という特徴として捉えられよう。日本の「専門家」は自分の仕事に「静的」に取り組みながら生きていくのに重きを置くが、韓国の「一般人」はあちらこちらを行き来しながら「動的」（ダイナミック）に動き回るのに忙しい。

　アジア大陸の東端に位置する日本は、蒙古襲来（1266年）以外には、外国からの侵略を受けなかった。それに対し、半島国家として韓国は、周囲の国々から幾多攻められた歴史を持つ。そのような地政学的位置関係や歴史を持する韓民族であるだけに、落ち着いて1つのことに集中して長い期間取り組み、一家言を持つことが難かったところがある。

　韓国人の「広く浅く」という特徴は、ある分野に長期間居続けるよりも、第2節に述べたあちらこちらを行き来しようとする「フロー特性」とも相通ずる。一方、「狭く深く」の日本では、多様な分野にかかわる八方美人型よりも、1つの得意分野に根気強く携わるという「石の上にも3年」型に惹かれる。1つのことを辛抱強く突き詰めていくので、その分野に長けている人々も多い。「狭く深く」という特徴は、技術・知識が蓄積される「ストック特性」に似合う。実際に自分の分野に優れた業績を上げていき、世界的に評価される日本人も少なくない。

2）日本人と韓国人のイメージ

　日本人と韓国人は外見は似ているが、実に違う考え方の持ち主である。ここではその違いをイメージ化して捉えてみよう。日本人はあちらこちらにかかわるところが少なく、自分が従事する分野に深く入り込む傾向が強い。韓国人も専門分野の知識を身につけるため、持ち味の力を打ち込んだりするが、日本人に比べると該当分野に従事する期間が短い場合が多い。その分韓国人は、自分の従事する分野以外にも、アンテナを張って興味を示そうとする傾向が強い。

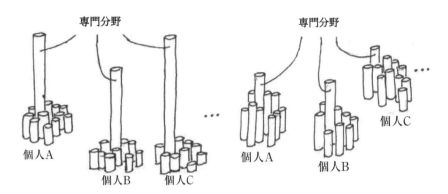

出所:鞠重鎬 (2018)『フローの韓国、ストックの日本』。出所:鞠重鎬 (2018)『フローの韓国、ストックの日本』。

図7-3　日本人のイメージ：「狭く深く」　　**図7-4　韓国人のイメージ：「広く浅く」**

自分の専門分野に限定するとき、日本人が韓国人に比べ、はるかに具体的なところまで踏み込んでいる。その反面、韓国人はある1つの分野に特化しそれを一生を掛けて極めようとするよりも、様々な分野へと関心の触手を伸ばそうとする。そのため、日本人と韓国人が初めて会って、いろいろな話題に話が進むことになると、韓国人が日本人よりも他の分野までよく知っているように映る。

　自身の専門分野では頭角を現したりする日本人だが、従事すること以外における知識水準がさほど高いとは言い難いところがある。「一つのところに命を懸ける」という「一所懸命」の日本人は、自分の物事に「狭く深く」打ち込むイメージを浮ばせる。そのような日本人の「狭く深く」のイメージを描いたのが**図7-3**である。図の中の棒の高さは、それぞれの分野に対する知識水準の程度を現す。

　図7-3の棒のうち、1つ高くそびえているものが専門分野であり、そのずば抜けている棒の高さは当該分野の高い知識水準を表す。つまり**図7-3**は、日本人が自分の専門分野の知識には長けているものの、それ以外の分野には疎いところがあるという「狭く深く」の日本人のイメージを表現している。長い年月をかけ1つの分野に根気強く携わる性質を表す言葉として、前項で「一所懸命」という言葉を取り上げたのも**図7-3**のイメージに通じると言えよう。

　図7-3に示すように、自分の専門分野で一見識を持つ人々が、日本人の中には数多く存在している。私が日本で過ごしながら多大な影響を受けた方が、

指導教官だった一橋大学元学長の石弘光先生である。石先生は「財政学に関しては絶対に他人に負けない」と、大学山岳部時代から体得した根気で努力してきた人物でもあり、実際、日本財政学界の巨頭として位置づけられていた。山男でもあった石先生は2018年この世を逝り魂は山に戻った。

　一方、韓国人のイメージは自分の従事分野についての専門知識がずば抜けて高いとは言いにくく、従事する分野以外の領域についてもそれなりの知識水準を示している人々が数多い。そのような韓国人のイメージを描いたのが**図7-4**である。**図7-4**のように、韓国人のイメージは「広く浅く」を浮かばせる。

　図7-4に見るように、韓国人は自分の専門分野の知識について、日本人ほどきめ細かに知識を身に付けているとは言い難い。代わりに、専門以外の分野にも結構な知識を身に付けている。一般人としてのイメージを色濃く残していると言えよう。1つのことに長くこだわらず、ある程度興味を示し臨んでからは次のことへと関心が移っていき、他の分野に飛び回る傾向を見せたりするからだ。

　多くの韓国人が専門以外の分野の知識も少なからず備えていることは、当該分野に携わる日本人からすると、専門家（スペシャリスト）というレベルまでには達していないと思うかもしれない。1つのことに長く居座らず多方面に関心を示すことは、「広く浅く」という特徴として捉えられよう。**図7-4**は、そのようにあちらこちらへ関心を示す韓国人の「広く浅く」のイメージを描いている。

3）思考実験：日本人と韓国人との言い争い対決

　ここで、1つの思考実験として、「日本人と韓国人の間に言い争いが起きたら、どちらが勝つだろうか」という俗物的な質問を投げ掛けるとしよう。その言い争いを、短期戦、長期戦、及び団体戦に分けて考えてみたい。

　まず、短期戦の行方についてである。短期戦においては、「広く浅く」の韓国人が、「狭く深く」の日本人を圧倒する雰囲気になりやすい。「あれもこれも知っているが如く」、自分の知識を披瀝しようとする韓国人が大勢いるからだ。「出る杭になり打たれる」ことを嫌う大概の日本人は、積極的に前面に出ようとする韓国人の出方に、「あ、そうですか。それは知りませんでした」という

控えめな態度を取ることが多かろう。

　日本人の場合、自分がある程度知っているとしても、専門領域あるいは従事する分野でないと答えを控える人が主流であろう。日本では韓国よりも急に横やりを入れる人が少ない。横やりが少ないことは、日本が韓国よりもリズムが乱れず集中できる環境であることを意味する。ところが、見方を変えれば、横やりが少なく議論に控えめな出方は、活発な議論の場を整えることが難しいことを示唆する。

　韓国人の場合には、ある程度知っているとしたら、それについてしゃべりたがる傾向が見られる。つまり、多方面に渡る言い争いでは、日本人が韓国人に敵わないかもしれない。瞬発力の発揮においても韓国人が日本人に勝る傾向を見せる。これらのことを念頭に入れると、短期戦の論戦の勝負だと韓国人が判定勝ちになろう。

　さて、長期戦はどうだろう。回を重ねることになり、ある特定の分野に深い議論を交わすことになるとしよう。すると状況は逆転する。日本人のある特定のことへのこだわり感、または「狭く深く」1つのことに没頭する行いは、韓国人が日本人に敵わないところがある。韓国人と違って、一所懸命の事柄を帯びる日本人は、自分の担当領域に長く携わる傾向が強いからだ。「広く浅く」のかかわり方が多い韓国人は、長い年月をかけてある特定分野に集中し、それを掘り下げる習慣があまり身に付いていない。つまり、ある特定分野への長期戦は日本人が韓国人に勝り、日本人の判定勝ちになろう。

　「狭く深く」に傾く日本人の性向は、普段出てくる日本語の言葉使いからも推察できる。根気強さを表す言葉として、中国のことわざ由来の「塵も積もれば山となる」という諺は韓国でも使われる。ところが、「継続は力なり」「石の上にも3年」のような言葉は韓国では滅多に使わない。一方、日本の影響もあり、「オタク」という言葉は、先述したように、韓国においても「徳厚（ドック）」という表現で使われている。ところが、徳厚は、「オタク」という言葉のニュアンスとはずいぶん異なる。「オタク」という言葉ににじむ、「周り見ず特定のことに打ち込む」というニュアンスの深さからすると、「オタク」が「徳厚」よりも、長く深く当該事に閉じ籠る印象がある。

　最後に、団体戦はどうだろう。「狭く深く」の高い専門知識を持つ人々が集

まると、多様な専門家たちが集まった集団となりうる。**図7-5**は、**図7-3**の「狭く深く」の複数の日本人が集まった集団（組織）をイメージ化して描いたものである。

図7-5が示すように、ある集団の中で、それぞれ多くの日本人の専門性が活かされると、甚大な力が発揮できる余地を孕む。それに対し、**図7-4**の「広く浅く」の韓国人は集団として1つに集まりづらく、集まるとしても深い専門性を保ちにくいところがある。すなわち、「広く浅く」のイメージを持つ韓国人は、結集した力を発揮するに一苦労かかり、意見がまとまらず分裂してしまう恐れがある。よって、団体戦は日本人の勝ちになりやすい。

日本の集団の力が存分に発揮しているのが、地震や台風などによる災害が起きたときの相互協力である。秩序を守り、「みんなが力を合わせて」災害を乗り越えていく姿に、外国の人々は感動を覚えたりする。また、戦争のような非常事態が発生し、「国のために」というスローガンの下に集まると、集団としての大きな力を発揮する。歴史小説ではあるが、司馬遼太郎の『坂の上の雲』（文春文庫、1999）では、日本が日ロ戦争で勝つ過程が生々しく描かれている。一方で日本は、太平洋戦争に突っ込んだこともある。そのような無謀な戦いに日本人が駆り出されるとしても、それを止める力が内部では働きにくい危険性も抱えている。

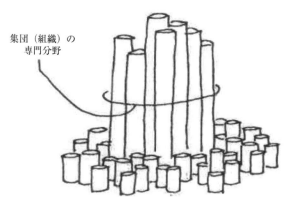

集団（組織）の
専門分野

出所：鞠重鎬（2018）『フローの韓国、ストックの日本』

図7-5　日本の集団(組織)のイメージ

　日本がいつもそれぞれの専門性を存分に活かしているかと言うと、残念ながらそうとは言い難いところがある。タテの系列（line）の影響力が強く、横のつながりが弱い傾向を帯びるからだ（中根千枝『タテ社会の人間関係』）。タテ関係の縛りがしぶとい日本は、普段は専門知識が横断的に活用されないまま、一種の潜在力として隠れている。「宝の持ち腐れ」が多く、埋もれてしまう宝が沢山あるわけだ。埋もれている宝を掘り起こし裾野を広げるには、多様な専門性を幅広く稼働し、さまざまな分野を渉猟することが求められる。

　多様な分野を上手く練り上げると、シナジー（相乗）効果も期待できる。タテの人間関係に縛られやすい日本では、横との関係の調和がなかなか進まなかったりする。横への往来が日本よりも頻繁な韓国を活用した方が、持ち腐れになっている多くの知識・資本・技術が活性化でき、相乗効果を創り出す機会を増やしてくれる。韓国のダイナミズムという横風を入れることは、「持ち腐れの宝」を活かし、日本経済の活性化を促すことにもなろう。

5．目指すべきは

1）3つの軸の接点探し

　本章では日韓の特徴を示す3つの軸または柱について述べてきた。互いに違う特徴を帯びる日本と韓国が、その3つの軸を踏まえ、どのような関係を目指したら良いかについて考えてみたい。

　面子を重視する韓国では、伝統を重んじる我慢強きの感性が、古臭いものとして置いてけぼりにされたりもする。フロー感性が強いため、ダイナミックではあるものの安定感を欠きやすい。それに対し、日本では前例や伝統が重視されるが、1990年代初めバブル経済が弾けてから、潑剌な気運が失われてきた様子だ。気運を取り戻し、主体的な感性をどのように確保するかが問われている。

　日韓の抱える課題を解くカギとして、3つの軸の接点探しが考えられる。その接点探しを提示すると、「ストック感性とフロー感性の兼備」、「アナログとデジタルの調和」、「広く深くの追求」となる。これらの接点探しの実現を形作るには、日本（J）と韓国（K）の特徴を活かした「JK網」の構築のような「戦略的協調関係としての相互活用戦略」のやり方が有効に働くだろう。

以下では、より具体的に３つの軸について述べていくが、ここで簡単にその接点探しの大筋を先取りしておこう。まず、「ストック感性とフロー感性の兼備」は、ストックの安定感とフローの融通性を併せ持つことである。次に、「アナログとデジタルの調和」は、アナログとデジタルの融合時代の到来を見据え、アナログの安心感とデジタルの便利さを志向することである。最後に、「広く深くの追求」は、夏目漱石の力説を参照すると、「実直な経験と読書」を通じて磨くことである。以下、それぞれの接点探しについて見てみよう。

２）ストック感性とフロー感性の兼備

　自分の分野への着実な取り組みが強調される日本では、他の所で蓄積された技術や知識の活用度が、それほど高いとは言い難い。タテ社会の事柄を帯びる日本であるだけに、柔軟な横のつながりは乏しいため、組織間の壁を乗り越えて他の組織の人々との並列な交流を進めることが難しいからである。柔軟性が低いことと蓄積（ストック）の特徴が現われることとは、密接な関連がある。蓄積に伴う仕来りが重く伸し掛かっていることもあり、その動きが鈍く柔軟性を欠きやすいからだ。

　現今日本が解決しなければならない問題が、新しいことに速やかに対応できず足踏みしてしまう「閉塞感」である。「閉塞感」という言葉は韓国ではほとんど登場しない。韓国は不安定性はあるが、フロー社会としての動的な特性が強いことがその背景にあろう。韓国のフローの良い特性を活用し、蓄積された日本の技術・知識・資本などのストックを活かす戦略は、日本にもスピード感と活力を与え、閉塞感から脱出するに役立つだろう。

　ストック特性とフローの特性を以下のようにまとめることができよう。①ストックは蓄積の特性、②フローは流れの特性、③ストックは静的特性、④フローは動的特性、⑤ストック社会では良いことも悪いことも積み上がっていく、⑥フロー社会の韓国は良いことも悪いこともすぐ変えてしまう、⑦ストック社会の日本は安定的であるが閉塞感に陥る恐れがある、⑧フローの韓国はダイナミックであるが不安定になりやすい。

　以上の特性に照らし合わせると、日本のジレンマと韓国の苦脳が浮き彫りになる。まず、日本のジレンマとしては、多くの人々が切羽詰まったデジタル対

応の必要性を十分認識できずにいるか、たとえ認識しているとしても、個々人が主体的に当事者意識をもって進めようとする推進動力があまり働かないことが挙げられる。「臭いものには蓋をする」雰囲気が漂い、虚心坦懐な討論の場を設けにくい。つまり、臭いが重要なものが蓋の下に置かれたまま放置されている格好だ。

　次に、韓国の苦悩も多い。韓国は物事への推進動力はあるが、根気強く取り組みにくく、長い年月を要する蓄積技術の確保が難しい環境になりやすい。「パルリパルリ（速く速く）」という言葉を多用する韓国では、我先に出ようとする人も多く、相互尊重の合意形成に向けた取り組みが課題となっている。あれもこれもほじくり出し、落ち着いた解決方法が取りづらい。

　以上より推察できるように、ストックだけあるいはフローだけだと、バランス感に欠ける。そこで、フロー感性とストック感性との兼備が求められる。ストック特徴のみが強調されてしまうと、良いことも悪いことも積み上がっていく。フロー特徴のみが支配的な雰囲気になると、良いことも悪いこともすぐ変えてしまう。上述したように、ストックは安定的であるが、閉塞感に陥る恐れがある。フローはダイナミックであるが、不安定になりやすい。「ストック」と「フロー」の良い属性を活かすことが肝心であり、ストック感性とフロー感性のバランス感覚を培うことが緊要である。

　両方のバランス感覚を育んでいくには、日本は韓国を通じたフローの良い特性を活用し、韓国は日本を通じたストックの良い特性を活用することが有効である。安定性のあるストック感性と力動性のあるフロー感性とのバランスを保つ、という「ストック感性とフロー感性の兼備」が生き方を豊かにする。両感性の兼備を実らせることで、落ち着き感性と素早い感性が合わさり、心豊かで奥深い感性に生まれ変わる余地が広がる。

3）デジタルとアナログの調和

　第3節では、アナログの変化を「1, 2, 3, 4, 5, 6, 7,……」のように1つずつ増えていく自然数の数列を用いて表現した。そのねらいは、日本人は飛躍的に前進しようとするよりも、コツコツと着実に進もうとするやり方、または日本社会が徐々に変化していくこと、という性質を自然数の数列のような姿として捉

えるためであった。日本人の物事への処し方や日本社会の変化パターンが、自然数的な変化のスピードに進むというイメージに相応しいと思ったからだ。

一方、デジタルの変化は「1, 2, 4, 8, 16, 32, 64, ……」（あるいは「2^0, 2^1, 2^2, 2^3, 2^4, 2^5, 2^6, ……」）のように、直前の数値の2倍ずつ飛び越えていくという2の自乗数的な変化として表した。「速く速く」という言葉を多用する韓国では、物事に接する際、その変化のスピード感が重視される。スピード感の速い変化のイメージは、2の自乗数的に変化する姿と相通じるところがある。ここでアナログとデジタルの属性に絡んで日韓の特徴についてまとめてみよう。

まず、アナログ属性を帯びる日本では、以下のような特徴が現われる。①連続量をもって物事を示すアナログはストック性向と相性が良く、日本はアナログ部門に強みを発揮する。②アナログ技術に大きく依存する部品・素材・機械・装備産業は、長い期間をかけた蓄積技術によって支えられる。③日本の技術は、繊細な感覚や経験で培われた、「暗黙知」を通じ磨き上げて来た要因が大きい。④歴史的にも日本では、「一所懸命」が謳われ、蓄積技術を重んじてきたし、今後もアナログ産業による経済の下支えは続くと思われる。

次に、デジタル属性が良く現れる韓国の特徴をまとめてみよう。①デジタルは変化のスピードが速く、フロー性向と相性が良い。②デジタル企業は、巨額の富を手にしアナログ企業との差がつきやすい半面、浮き沈みも激しい。③デジタル産業は、世界経済の情勢に大きく依存する傾向が強く不安定性も高い。④デジタル部門は雇用創出の裾野（すその）が広くなく、少数の成功者に富が偏りがちであるため、相対的な剥奪感に陥りやすい。

以上のアナログとデジタルの属性を踏まえると、自分の生き方や自国の発展に重要な要素として、「アナログとデジタルの調和」が浮き彫りになる。デジタルとアナログの融合や共存の道を探ることが、暮らしへのゆとりをより高めてくれる。

日韓間に相互の弱点を補う方法について、両国の産業構造の違いから探ってみよう。既に産業面においては、日本と韓国が国際分業の構造を成しているところも少なくない。韓国が日本の部品や素材を輸入して製品化し、海外に輸出しながら貿易立国として利益を上げ、経済を発展させてきたのも事実である。そのような貿易構造であった経緯もあり、日韓貿易では韓国の対日赤字が続い

てきた。韓国の対日貿易赤字を別の角度から言うと、両国の分業体制を示す裏付けでもある。それが昨今、「経済安保」を口実に、貿易の妨げにならないか懸念される。

　年韓国の大法院（最高裁判所）による2018年秋の徴用工賠償判決への事実上の報復措置として、2019年日本政府は韓国に対し、輸出管理規制措置を下したことがある（これについては本書第3章を参照されたい）。政治的な対立が両国の貿易にまでこじらせたケースだが、その措置による経済的メリットはほとんどなく、日韓関係の悪化を長期化させてしまった。日韓企業間のネットワーク構築の強化は、両国の経済発展に寄与する。

　日本企業と韓国企業とのネットワーク形成の例としてサムスンを挙げてみよう。サムスンの李秉喆創業者は日本から半導体の技術を取り入れ発展させた。その後サムスンは、日本のメーカーを追いつき追い越し、世界的企業に上り詰めた。日本の素材・部品・機械装備は、サムスンが大手の取引先となっており、密な相互依存関係を維持してきた。

　日本は韓国に比べ、製造業・中小企業の底辺が広い。一方、韓国はデジタル産業において日本よりも強みを見せているが、サムスンと日本企業とのかかわりから見るように、その裏では日本の素材・部品・装備技術に負うところが大きい。一方、韓国企業は市場開拓やマーケティング能力に優れている。日韓企業がタッグを組んで互いの比較優位を活かし合い、不足なところを補い合うことで製品開発や市場開拓に強みを生み出し、国際競争力においても大きな力が発揮できる。

4）「広く深く」の追求

　韓国人の「広く浅く」と日本人の「狭く深く」の特性に現われる弱点を克服し、両国民が目指すところは、「広く深く」の教養人である。日本人は韓国人の「広く」の特徴を受け入れ、かつ韓国人は日本人の「深く」の特徴を受け入れ、相互間の不足を埋め合わせ「広く深く」を目指す、という補完性への道を模索することが求められる。

　ここで、果たして「広く深く」の追求は可能だろうか、と疑問を抱くかもしれない。あることを成し遂げていくには、他のことの犠牲を伴うのが世の常と

思われるからだ。確かに「広く深く」を目指すことは容易いことではない。それにもかかわらず、「広く深く」の追求への価値は大きい。

「広く深く」へのヒントは、夏目漱石の作品の中から見つけられるような気がする。自分の作品著述の最盛期であった 20 世紀初め頃に、漱石は、既に職業の分化によってそれぞれの領域が狭小になっていることを懸念していた。彼は自分の分野以外についてはほとんど知らない「片輪な人間」としての問題にどう対処するかを論じている（夏目漱石「道楽と職業」、磯田光一編『漱石文芸論集』（104 頁）岩波書店、1986）。漱石は、足が不自由な専門家から脱皮するための手段として、「異分野を身をもって経験すること」を提言する。

「広く深くの追求」は、生き方を豊かにしてくれる。それを追求することは長い道程ではあるが、その方法として、漱石は「文芸の哲学的基礎」という作品において、「実直な経験と読書」を力説している。漱石は作品の中で、「一つのことを集中してやるのは良いが、それだけではバランスに欠けてしまう」という趣旨を述べ、そのバランスを取るためには、「真」の経験をすること、もし真の経験が難しい場合には、まともな読書を通じて思考範囲を広げることを薦めている。

文学作品は多彩な感性を育ててくれる。漱石が読書を薦めていることは、「多様な文学作品の読書」を通じた感性養育による間接的な経験ができるからであろう。漱石の言葉をそのまま借りると、「真は深くもなり、広くもなり得る理想であります」（夏目漱石「文芸の哲学的基礎」、同上）とある。漱石の書物が 100 年以上も前の著作でありながら、今の我々にも示唆に富む内容が多いことに思いを馳せる。

しかし、漱石作品からのメッセージが、日韓共にあまり活かされていないのはもったいない気がしてならない。私のゼミ生たちに聞いても、大半は漱石の作品を読んでいない反応である。上述した漱石の言う「真に基づいてやれば広くも深くもなり得る」ことが、どこまで可能かを言い切るのは難しいところがあるものの、目指すべきは「広く深く」の教養人の域であろう。その域が実現できれば、物質面や精神面の豊かさにもつながろう。

第8章

日韓の認識の差と日韓関係の構築

鞠　重鎬　（横浜市立大学）

　経済学が専門の私が、日韓の歴史認識問題や両国関係のあるべき姿について詳しく触れるのは度を越すことでもある。以下では、約30年間日本で暮らし日韓を行き来しながら両国社会を観察してきた立場から、歴史的背景から見た日韓の認識の差、最近の安倍・菅・岸田政権における日韓関係とそれへの取り組み、国際情勢と日韓関係、戦略的協調関係の必要性について考えてみたい。つまり、ここに述べる日韓の認識の差や日韓関係についての言及は、「一市民」の立場から見た見解に過ぎないことを添えておきたい。述べ方としては、自分の見解について言及した後、本章の末尾には第1章から第8章までで議論してきた執筆者たちの提言をまとめる。

1．認識の差と歴史教育

1）歴史問題の認識の差

　日韓関係に生じる問題をどう解いていくか。難題である。とくに、日韓における歴史認識問題においては、相互間にものごとへの臨み方や処し方が異なる。両国社会の価値観や哲学が違うからである。歴史問題に立ち向かいながら、未来志向の関係を築いていくとしても、歴史的に形成された異なる慣習や考え方の影響を受ける。そのため、どのような解決の手立てがあるかを探るときに、相違な見解がぶつかり合うのは、ある意味当然のことでもある。

　近年の日韓のやりとりを見ても、相互が主張する立場や言い分の差が歴然である。文在寅政権当時には、その中枢部に1980年代民主化運動に参加して

いた人たちが多かった。文政権には、個人の人権や人間の尊厳などの「抽象」概念に照らし、「歴史認識に未解決のことが残っている」との立場が強かった。それに対し日本は、「一度合意し決着したことなのに、なぜ韓国はそれを蒸し返すのか」と言い放ち、対話にすら応じようとしなかった。木宮正史『日韓関係史』（岩波新書、2021）では、日本の明治期と韓国の朝鮮末期から現在までの日韓関係史をまとめている。同書では、「非対称的」日韓関係（日本の植民地支配期が究極の非対称性の時期）から「対称的」で相互競争的な日韓関係へと変容してきたことを示す。

　第3章や第5章にも議論されているように、従軍慰安婦や徴用工問題にも日韓の認識の差は大きく、その認識を反映した主張の差が浮き彫りになっている。立場を異にする歴史認識へのアプローチの差があるため、両国の間で合意点を見出すことは難しい状況が続いている。日韓が対称または水平関係になっている昨今、非対称または垂直関係にあったときには埋もれていた争点が浮上したりする。さらに、日韓には竹島（韓国名、独島）をめぐる領土問題が、歴史問題と絡んで合意解決に至らないまま潜んでいる。歴史認識や領土問題は、互いにゆずり難い価値判断の差が介在するため、それらへの向き合い方にもくいちがいが生じる。

　日韓における歴史認識の差が、なぜ大きく開いているかについて、両国の歴史展開の視点から考えてみよう。議論の展開のため、歴史認識にかかわるある出来事やものごとについて、日韓が一度決着がついたとしよう。すると日本はその決着を守るのが筋となるのに対し、韓国はその決着がずっと不変のままという意識が日本よりは薄い。殊に、歴史上のある出来事において、個人の人権や人間の尊厳が傷ついたという色合いの濃い場合には、韓国の民主化運動の当事者たちは敏感に反応する傾向が強い。昨今の日韓間の徴用工や慰安婦問題に関する認識がその代表例と言える。

　ここで、日韓歴史上のある決め事（例えば、条約や合意）を巡って、大きな状況変化や政策路線の変更が、後になって生じたとしよう。すると、その決め事について、見直さなければならない時もあり得る。フロー（流れ）属性の強い韓国では（第7章を参照されたい）、過去のものを引き継がず、状況変化などに対応しようとする傾向を見せたりする。そのため、一度決めたことであっ

ても平気で再び変えようとすることがしばしば起こる。その反面、日本は約束
事をより重視するため、一度決めたことはめったに変えようとせず、そのまま
一件落着としようとする心持ちが強い。

　以上のような日韓の考え方や対応の仕方の差が、相互間の摩擦の種になった
りする。日本は韓国が以前とは違うことを言ってくる態度に対し、「駄々をこ
ねる」とか「ゴール・ポストを動かす」というふうに思うかもしれない。とこ
ろが、民主化運動に耽っていた経験を持つ韓国の人たちは、日本が個人の人権
や人間の尊厳などをあまり尊重しないと受け止め、日本側の対応には不十分
さがあるとの認識を持つ。とくに文政権の補佐役を担っていた人たちの中には、
そのような認識が強く、また反日感情を政権維持のために利用しようとしたこ
ともあり、日韓の摩擦は大きかった（後述の「擦れ違う日韓の見方」の部分を
参照されたい）。

2）日本の歴史教育への印象

　歴史認識問題と歴史教育とは深くかかわる。ある国や社会をより深く理解す
るためには、その国や社会の歴史・文化について知っておく必要がある。日韓
間に歴史認識問題のこじれや両政府間の排他的対応によって、ここ数年厳しさ
を増してきた背景には、両国の歴史教育に大差があることも無視できない。

　日本の高校教科書に『新詳説日本史』（山川出版社）という本がある。私が
来日し、甚だ時間をかけて読んだ本である。その本では人名や地名などの固有
名詞に、初出のときだけルビが振ってあるので、途中で読み方を忘れてしまう
とどう読むのかが難しかった。初めてその本を読むときには歴史の中身もさる
ことながら、人名や地名の読み方に大変苦労した経験がある。四苦八苦してそ
の教科書を何回か読みながら、日本の歴史について勉強した。また全ての漢字
にルビが付けられ分かりやすいものとして、小学館の『少年少女日本の歴史』（全
23 巻）という漫画本も読んだ。イメージも浮かぶので大いに勉強になった。

　白状すると、私の日本の歴史に関する知識は、これら『新詳説日本史』と『少
年少女日本の歴史』の2つの書物を独学した程度である。それに間歇的に新
聞雑誌やテレビ歴史番組を通して勉強したことが加わっている。その程度の知
識からしても、最近の日本の学生は自国の歴史について、あまり勉強しないよ

うな印象を受ける。教え子たちと歴史の話をしても、噛み合わないときが往々にしてある。学校教育で近現代史の部分は学んでいない話もよく耳にするせいか、とくに、明治維新以降の歴史については、その知識が相当欠けている感じである。

　大学に身を置く者として、日本人の学生たちに接しながら浮かんでくるのは、自分の身の回りのことについては関心が高いが、社会・時事問題に疎く歴史問題についても比較的関心が低いことである。学生たちの時事ニュースの習得は、インターネットでの浅読みからで、資料や書物などを通じた深読みからの習得は少なくなっている。1992年留学生として来日してから今まで、私が購読しているのは朝日新聞である（そのうち、一年間は読売新聞も購読）。授業に役立つような記事を切り抜いて使うときもしばしばある。その際にも、時事的な政治・経済・社会・歴史問題についての知識水準が、それ程高くないことに気付くが、時事学習を学生たちがありがたく思ってくれるようで今も取り入れている。

　もし他国の学生たちと歴史に関し議論をする機会があるとすれば、日本人学生の多くが自分の主張を淡々と言えないかも、という危惧もある。日本国が犯した太平洋戦争については、日本政府としても積極的に学ばせようとしない態度と相俟って、学生たちの知識も十分ではないし、そのために議論が深まらないこともある。危ういのは、事実・史実・事情や相手の立場も知らないまま、激しい感情論に入り込むことである。単に学生だけの問題というよりも、近現代史の教育に真剣に向き合おうとしない教育当局の及び腰も憂慮される。

　「臭い物に蓋をする」という諺にあやかるように、近現代史を臭いものとして蓋をするのではなく、事実・史実の歴史教育にも力を入れてもらいたいという期待を寄せたい。

2．歴史的背景と価値観の差

1）日韓の歴史的背景の差

　私なりに日本や韓国の歴史について勉強しながら思い起こされる感覚は、日韓の歴史的背景が大きく異なることである。古代から日本の遣唐使の廃止（894

年）までの日韓の歴史は、中国大陸文化の影響も強く、日中韓の交流も比較的に活発であったと言える。遣唐使の廃止後、日本ではしばらくして「国風」文化が起こり、12世紀末鎌倉幕府の成立以降から明治維新（1868年）まで武士政権が続く。日本とは違って、朝鮮（韓）半島では古代の三国（高句麗、百済、新羅）時代から王朝文化が続き、日韓併合（1910年）になってその王朝時代は終わりを告げる。

　日本はアジア東端の島国、韓国はアジア大陸と海洋をつなぐ半島に位置する。第7章で述べているように、そのような両国の地政学的位置関係の差は、人々の考え方にも少なからず違いをもたらしたと言えよう。それに加え、両国の歴史展開の相違から出てくる思考形成の違いも大きい。日本は鎌倉幕府以降から明治維新まで、約700年間の武士政権の歴史であるが、韓国は古代から朝鮮時代まで1,500年以上の王朝の歴史が流れる。その間日本は天皇制を維持したままの武士政権の封建制が敷かれるが、朝鮮半島では王制の分裂と統一が繰り広げられてきた。両国のこのような歴史的背景の差は、同じ出来事についても違う見方や反応を見せたりする。

　武士政権体制であった日本と王朝体制であった韓国との間には、その文化や考え方にも大差が生じ得る。例えば、両国の歴史展開において、「士農工商」という身分制度がある。日韓における士農工商の中身はまるで違う（今後の日本の歴史教育の際、士農工商を身分制度というよりも、職域の差として捉えるとの話しもあるが、そこには深入りしない）。とくに支配階層の構成が相当異なる。両国における支配層は同じく「士」と表現しているが、文武の視点からすると、その「士」の意味合いは対照的である。日本の士は「武士」の士であるのに対し、韓国の士は「両班・士大夫」という「文士」の士であるからだ。両班という言葉には文班と武班を含む意味があるが、文人のイメージが強く武士というイメージは薄い。また士大夫というのは門閥や学識の高い上流階級の人を言う。

　武士による支配の日本と、文士（文人）による支配の韓国との間には、支配層だけでなく被支配層における考え方も大きく違う展開となる。韓国では出世や身分上昇の登竜門として、日本にはなかった「科挙制度」（官僚登用試験）があり、出世志向の意識も強かった。科挙の種類には文科と武科があったが、

文科の文士が武科の武士よりも重んじられた。それに対し、日本では「武家諸法度」による統制から見るように、武士による統治が主だった。法度や規範による庶民への縛りは、日本が韓国よりも厳しかったと言える。

2）日韓の政治を見る目と価値観の差

　法度による縛りが強かった日本と官僚出世志向が強かった韓国との間には、政治への関心度にもかなりの差が見られる。一般に韓国人は政治の話に関心が高く、日常でもよく政治談議を口にする。普段の会話に政治の話をほとんど持ち込まない日本人とは、その趣向の差がずいぶんと大きい。両国の芸能人の政治への向き合い方もそうである。韓国の芸能人は別段恐れることなく政治イシューを話題にしたり政治活動にかかわったり社会運動をしたりするが、日本の芸能界では政治的発言や活動はタブー視される。

　政治家の職の持続性においても日韓には大差がある。日本では政治家の職も代々の家業とされている家系も多いが、韓国では政治家を家業とする人々は稀である。日本が得意とする連続性または持続性が、政界にも現われているわけだ。その背景として、与えられた一所で命を懸けて（つまり懸命に）やっていく、という歴史上の「一所懸命」の意識とも深くかかわっていると言えよう（「一所懸命」については第7章を参照されたい）。もちろん日本でも、一般の人々が政界に入門し活躍することも少なくないが、何の背景もない畑違いの新米が、政界に旋風を巻き起こし、大物として頭角を現すには、あまりにも地盤（勢力・組織）、看板（知名度）、鞄（資金力）という「三ばん」に弱い。

　政治にかかわる日韓の環境の違いもあり、一般人の政治を見る目にも両国の間には大きな差が見られる。多くの日本人は自分が政治家になって大鉈を振るい、自分の意思を貫徹させたいという気持ちよりも、政治は政治家がやることと放置し、自分は自分に与えられた仕事をやっていけば良いと思いをめぐらしたりする。それに対し、流動性の高い韓国では、自分なりの勢力を持とうとする人々が大方存在する。

　生活領域の持ち場があまり変わらない日本人には、それほど認識していないような気がするが、元来組織や社会全体の意思決定に多大に影響を及ぼす領域が政治の世界である。そのことを念頭に入れると、指示されるよりも指示する

立場への趣向の強い韓国人が、日本人に比べ政治に関心が強かろうことは推し量れよう。自分なりに指示する立場に立って勢力圏を持ちたいことは、それなりの地位に就きメンツを立てたいことでもある。歴史的に官僚登竜門試験だった「科挙」への及第（合格）を熱望したことも、自分の存在感を示したいという意気地の現れだったとも解釈できる。

　面子を重んずる傾向の強い韓国人の心境を、日本統治の植民地歴史に絡んで推察してみよう。多くの韓国人は、日本の植民地支配を受けたことについてメンツが丸つぶれになったと受け止めたりする。第4章で議論しているように、植民地をめぐる感覚は、日本人と韓国人との間で甚だ異なる。韓国の年輩の方々の心の奥底には、自分たちが大切にしていた自尊心が、日本統治によって傷つき踏みにじられたと憤慨する気持ちが残っているかもしれない。

　1945年8月日本の植民地統治から朝鮮半島が解放されたとき、一つ興味深い現象が起きた。日本の津々浦々には神社が散在する。そこまでには及ばないにしても、日本統治期の朝鮮半島にも数多くの神社が建てられた。それが日本の植民地支配から解放されるや否や、全土にあった神社は一気に撤去されたのである。つぶされたメンツを回復したかった韓国人の鬱憤晴らしの行動が、神社撤去へと一気に噴き出したことだろう。

　「臭いものには蓋」ということわざに見られるように、日本では面倒なものごとについての議論を避けて通りたがる。歴史認識問題もその「臭いもの」の範疇に入るかもしれない。ところが、韓国人の場合、日本との歴史認識問題になると、心の奥に沈潜していた「恨」という情緒が、間歇泉のように込み上げてくる人も少なくないだろう。韓国人が歴史認識問題と関連づけて心のこもった謝罪を求める背景には、そのような「恨」という心情と結び付きが深いと言えよう。

　日韓にまたがる昨今の歴史認識問題については、互いに擦れ違う隔たりが大きい。その違いの背景には、前述した木宮正史『日韓関係史』や第2章で触れているように、日韓関係が「非対称関係から対称関係へ」と変容したことが大きく作用している。第1章では、所得水準から見たとき、非対称的な（垂直）関係が対称的な（水平）関係に変わったことを示している。

3）擦れ違う日韓の見方

　日韓間には民主化運動や抽象・具体概念への向き合い方が大きく異なる。それに関連し、昨今の両国の政権において、なぜ歴史認識への情緒的距離が一層浮き彫りになり、互いに噛み合わずせめぎ合いが続いたのかを考えてみたい。本章第1節にも簡単に触れたが、一つの例として、どうしてそのような隔たりが生じたかについて、文在寅政権を支えた中枢メンバーの考え方に照準を合わせ掘り下げてみよう。

　戦後の韓国においては、学生や市民らが立ち上がり、軍事独裁政権に抗いながら民主化運動を強烈に展開し、「民主化を勝ち取った」という自負がある。その運動の際には、人間の尊厳、個人の人権、自由など、「抽象」概念としての価値を掲げて闘った。とくに文在寅政権を補佐していた人々の中には、民主化運動にかかわった人たちが多かった。彼らは人間の尊厳や個人の人権のような抽象概念に基づく価値観を打ち出したりする。韓国大法院（最高裁判所）の徴用工への賠償判決を下した心底にも、日本側が、「徴用工への人間の尊厳や人権についてより重く受け止めてほしい」という願望が潜んでいると言えよう。

　どちらかと言えば、日本は抽象概念の議論に弱く、「具体性」を色濃く求めようとする傾向を見せる。「抽象価値」と「具体性」をめぐって、韓国の見方と日本の受け止めとは大きく違うわけだ。日本では、「人間の尊厳」や「個人の人権」などの抽象価値に目を向け深く言い合うよりは、具体的なこと、例えば、自分の仕事や身の周りのこと、相互間に約束した決め事に、より重きを置いたりする。日本のマスコミや政治家が、徴用工問題は解決済みと言えば、多くの日本人は「もう決着したことなのに、韓国はどうしてそれを蒸し返すのか」「約束事を守らないのか」という反応を示したりする。

　敷衍すると、韓国の文在寅政権の座にいた人たちは、人権や人間の尊厳などの抽象価値に鑑み、日本がその抽象価値へより積極的に対応してくれることを期待していたと言える。その反面、日本側からすると、抽象概念に基づく議論にはそれ程関心が高くなく、「既に決着したのだからその約束を守れ」という立場を貫こうとする。このように日本と韓国の見方や発想が擦れ違うために、相互の話しに齟齬があり、合意に至ることが難しかった経緯がある。

　一般人の認識水準を高めることが、相互理解への要であるとはいえ、人々の

認識が変化するには長い時間がかかる。人々の思考や社会文化は、長い期間の歴史の中で形成されるからだ。それ故に、日韓の歴史的背景の違いが、国民の価値観の差をもたらすだろうことは容易に想像できる。長年にわたって形成された考え方の違いやそれに根付く葛藤を、現代を生きる私たちが、短い期間に理解し乗り越えていくことは多難な道程でもある。

　韓国の民主化運動の世代が民主主義の実現と絡んで日本の限界と思うものがある。それは、日本の民主主義は、1950～60年代の安保闘争があったとはいえ、民衆が立ち上がり自らが戦って、勝ち取った民主主義ではないということである。日本が民主主義国家であることはもちろんであるが、民主主義を見る目にこのような違いがあったことも、文在寅政権と安倍・菅・岸田政権との話が嚙み合わなかった要因と言えよう。

　歴史認識の問題は、個人同士や国同士においても納得できる合意に至るのが難しい領域である。そのため、日韓両国民の考え方の差に基づく歴史認識問題をどう扱いどのような答えを出す（または出すべき）かは至難の業でもある。考えられる問題解決の方法としては、文化交流や経済協力を進める際には、感情的に走りやすい歴史問題を持ち込まないことである。歴史認識問題を文化交流や経済活動の場に持ち込むと、まとまらずにこじらせてしまいがちになるからだ。

　昨今の日韓関係がこじれた理由の一つに、歴史認識の違いを政治問題として捉え、またそれがエスカレートし、経済分野にまで持ち込まれたことが挙げられる。その結果、政治・経済・安保・外交などがごちゃまぜとなり、事態を複雑化させてしまい、ぎくしゃくしてきた状況が続いてきた。韓国の大法院の徴用工判決と日本のそれへの事実上の報復策として取られた輸出規制強化措置がその例である。その背景には、上述した日韓間の認識の差に加え、木宮正史『日韓関係史』が指摘しているように、以前の非対称的な日韓関係では表沙汰にならなかった話題が、対称的な日韓関係に変容してきたことで、新たな争点として浮上しそれが複雑に絡み合っている側面も大きい。

　歴史認識の違いに起因する日韓葛藤を解いていくためには、まず、専門家組織による討論の場を作り、そこでどのように歴史問題をアプローチするかを議論してもらうことが良かろう。両国の専門家同士でも嚙み合わず、進展へのじ

れったさがあるかもしれないが、喧々諤々の議論の末相手を深く理解し、答え
を模索していくことは大切なプロセスである。

　すぐに解決の糸口が見えない問題を、政治家達がマスコミ沙汰として表に出
し紛乱を引き起こすことは、彼らの都合には合うかもしれない。ところが、一
般の人々にまでその諍いに巻き込まれてしまうと、消耗戦になるばかりで、両
国民の健全で文化的な生活の営みにも害をもたらす。日韓の文化交流や経済協
力をより生産的方向へ進めるためには、そこに歴史問題を持ち込まないことが
肝心である。逆に、両国の歴史専門家会議による議論を行う際には、文化交流
や経済部門にできる限り歴史認識問題を拡張させない、という環境作りが重要
であろう。その環境作りには、両国首脳同士のリーダーシップや決断が求めら
れるのも否めない。

　具体的な解決のきっかけとしては、多くの知日・知韓の専門家たちが提言す
るように、1998年の金大中大統領と小渕恵三首相の時の日韓関係構築が一つ
の良いモデルである。金大中大統領は、日本国内での拉致歴などその来歴から
すれば、日本に対して最も怨恨深くなりがちな立場だったかもしれない。それ
を克服し、日本との関係改善を進めたことで日韓関係の大きな転換点となった。
今後、日韓の指導者が金・小渕の「日韓パートナーシップ宣言」のような度量
を示してもらうことを期待したい。

　上述した木宮の『日韓関係史』では、同宣言を対称的関係の「理想型」と表
現する。尹錫悦政権も「金・小渕宣言」を重視する。岸田・尹政権のときに、
果たしてその理想型に近い成果を生み出すかどうかが注目されている。以下で
は安倍・菅・岸田政権における日韓関係と国際情勢の変化に絡む日韓関係につ
いて見てみたい。

3. 安倍・菅政権における日韓関係

　日本人の中には、第2次安倍晋三内閣発足（2012年12月26日）以降、安
倍元首相が日韓関係を改善しようとしたという意見も少なくない。それにもか
かわらず、当時韓国の朴槿恵政権が中国と接近しようとしたため、日韓関係の
改善は難しくなったという立場を取る人々もいるかもしれない。安倍政権は

第 2 次内閣の発足後、「日本を取り戻す」という掛け声の下、戦争にかかわれる国家としての踏み台を整えようとした。そのため、安倍元首相は右翼性向の政治家として、安倍以前の政権とは違った安保や外交観の持ち主として見られ、「歴史修正主義者」と呼ばれたりした。そのような安倍政権の外交路線を韓国は非常に警戒したと言える。

第 1 章の**図 1-1** に見るように、所得水準（一人当たり GDP）から見たとき、2010 年代以前まで韓国は日本に比べて大きく下回っていた。日本が韓国に比べて所得水準が相当高かった時期は、両国の経済力の「非対称」状態にあり、歴史問題は日韓関係の一部を占める程度だった。韓国の所得水準が日本に匹敵するほど上昇し、第 6 章に示しているように、文化面においても世界への発信力が急伸するようになり、人権にかかわる歴史問題について物言いを強めた側面が大きい。韓国は従軍慰安婦や徴用工などの歴史問題に対し一定の合意点を見出せないと、日韓関係の進展につなげようとしない主張や認識であった。

日本国内においては、安倍が日本で歴代最長寿首相として政権を握ったこともあり、一般の人々にも韓国を見る目が変わった雰囲気も醸し出された。安倍が長期政権を可能にした裏には、彼が日本人の心理をよく読み取って政権の座に就いたことも看過できない。2022 年 7 月銃撃を受け死亡する前まで、安倍は自民党の最大派閥を率いていて、岸田文雄政権にも強い圧力要因となっていた。官房長官として安倍政権を支えた菅も、安倍政権の経済や外交政策からほとんど離れていなかった。菅政権は、徴用工や慰安婦問題に対しては安倍政権と同様なスタンスで、韓国が日本を納得させる案を用意しない限り、首脳会談を拒否するという立場を取っていた。

朴槿恵政権末期の 2015 年末に慰安婦合意に達したとはいえ、その後の文在寅政権は同合意を守ろうとせず北朝鮮との関係改善に走ったため、日本では文政権が左翼革新政権として位置づけられた（第 2 章の執筆者木宮正史は、当時与党の共に民主党を「進歩リベラル」と呼んでいる）。それは文政権と右翼性向を見せた安倍政権とは、互いにコードが合わなかったことを意味する。結局安倍と文との建設的な対話は行われないまま両政権は終わった始末である。

安倍晋三という名前に「歴代最長」首相という冠がつくことは、歴史的にその名前が取りざたされることでもあり、日本の政治色を形作る一つのシンボル

的存在にも位置づけられよう。安倍の長期政権が続く間、日韓指導者間の見解の相違が顕著になり、両国内で日韓関係の改善が難しいという考えが支配的となった。日本政治の象徴的な姿としての安倍政権において、日韓関係が悪化したという点からすれば、両国の良好な関係改善に戻すに、その象徴的な姿のイメージが情緒的障害として立ちはだかっていた。それだけでなく、第3章で議論されているように、日韓関係の悪化には、文政権の頑（かたく）な態度が一役買ったのも事実である。

　安倍政権のときに行われた安全保障法制の改正や改憲論議などは、「戦争にかかわれる日本」という攻撃的なイメージを与えた。それとともに、第2次安倍内閣を発足してからは、植民地支配への反省の言葉を込めた河野談話や村山談話を再検証するとし、歴史修正主義者という疑念を抱かせた。その後発表された安倍談話も、隣国への配慮を欠いたものとされ、韓国としては受け入れがたい見方を示した。そのような安倍政権の一連の政権運営や、徴用工判決への事実上の報復措置と言える対韓輸出規制措置という強硬対応は、良好な日韓関係の構築に冷や水となった（詳しくは第3章を参照されたい）。

　安倍と文政権のとき、平成から令和への天皇交代や冬季平昌（ピョンチャン）オリンピックなど、日韓関係改善のための契機となれる機会が何回もあったにもかかわらず、日韓当局はそれも生かせなかった。さらに安倍政権のときには、太平洋戦争時に韓国人労働者の強制動員があったという軍艦島の世界文化遺産登録、金大中―小渕共同宣言に対する冷淡さ、歴史・経済・安保を絡め韓国を困惑させた対応などが、日韓関係改善のきっかけをつかみにくくする方向へ押しやった。一方、日本との交渉に臨む韓国のやり方にもずさんなところが目立ったため、安倍政権としても受け入れ難いものが多かった。

　安倍晋三の著書『新しい国へ』（文春新書、2013）で述べられている「戦後レジームからの脱却」路線には、それ以前の政権路線とは異なる保守右翼政権としての色合いが漂う。安倍政権以前は政治の面で日韓関係が悪化したとしても、一般国民の水準にまでに及ぶ影響は軽微であった。ところが、安倍政権ではほとんどの自民党議員や多くの国民が、政権に追随する動きも目立つようになった。多くの人々はその保守右翼の「長い物に巻かれ」、政権批判に尻尾を巻く後退り（あとずき）も目立っていた。政治批判を嫌う順応的な日本人が安倍政権に同

調する空気に包まれ、日韓国民間の好感度も互いに低くなってしまった。他方で、民主化や人権などを掲げ日韓関係に臨もうとした文政権の下での韓国人には、「右傾化が進む日本」というイメージが強く印象づけられた。

　果たして安倍政権は日本に「毒」だったのか、それとも「薬」だったのか。それを評価することは今の段階では難しい。とはいえ、少なくとも日韓関係においては、毒性が薬性よりも強く働いたと言える。長期の安倍政権やその後の菅政権においても、日韓関係改善への関心は薄く実際に改善も見られなかったからである。つまり、良好な日韓関係という物差しを当てたとき、安倍政権は毒性として効いていたと言えよう。岸田政権に問われるのは、影を落としていたその毒性の影響力から抜け出すことができるかどうかである。

４．岸田政権の韓国への見方

１）韓国は「国民情緒法が支配する国」

　日韓関係が芳しくない中、日本の一般国民にも、韓国は「国民情緒法が支配する国」という受け止め方が、ある程度植え付けられているかもしれない。2021年10月に岸田文雄政権になってから安倍政権のような保守右翼の色合いは薄れているが、岸田政権は韓国について、「国民情緒法が支配する国」というイメージを依然として抱えている。政権出帆のときに出された岸田首相の『岸田ビジョン』の改訂版（講談社＋α新書、2020）にも国民情緒法の話が登場する。『岸田ビジョン』には、岸田自身の成長過程、外交、軍事、政治、派閥に関する見解をはじめ、「朝鮮半島有事に備えよ」「韓国の国民情緒法」に関する岸田の考えが記されている。その書物を参照しながら岸田の韓国を見る目について述べてみよう。

　同書物が書かれたのは韓国の文在寅政権期であるため、主に文政権が対象となっている。文政権を見る岸田首相の視線は、それほど良いとは言えなかった。同書によると、岸田は、「文政権は支持率維持のために世論受けする反日に活路を見出そうとしているように見えます。側近……疑惑、不動産政策の失敗などで支持率が落ちていく状況では、国民の目を逸らすために日本バッシングを止めたくても止められないわけです」（91頁）と診断している。

岸田の言葉通り、文在寅政権が反日を支持率維持のために利用していたことは否めない。

　日本の多くの政治家たちは、文在寅政権が、2015年の朴槿恵政権時に成された慰安婦合意を覆したため、岸田政権は文政権と対話しようとしなかったと見ていると言えよう。岸田の上記の書物には、文在寅政権が朴槿恵政権を支えていた人物たちを苛烈に扱っていたため、後に保守政権に変わればそのブーメランになって帰ってくるだろうと言及する。その理由として岸田は、「文政権にとって支持率は死活問題で、もし保守派が実権を握れば、今度は自分（つまり文在寅大統領）が禁固刑を言い渡される恐怖があるからです」（92頁）と述べている。文前大統領が果たしてそのような恐怖を持っているかは分からないが、多くの日本の政治家のように岸田総理も、韓国の歴代大統領が監獄に入れられたり自殺したりする事件を皮肉な視線として見ていたと言える。

　岸田首相が外交・安保政策の基盤としているのが「信頼」である。岸田は戦後最も長い期間（4年7カ月）外務大臣を務めた人で、2015年12月に韓国と「慰安婦合意」を行った張本人でもある。彼は、国際的な約束事で行われた慰安婦合意を国内事情により覆してしまうと、信頼関係は維持できないという見解を打ち出す。岸田は、韓国には時には国民世論が最上位にある目に見えない「国民情緒法」がある言及した上で、「国と国の国際的約束ほど重いものはなく、韓国が取る態度には、率直に言って腹が立ちます」（同上93頁）と言い、その気持ちを露にしている。

　日本側からすると、「国民情緒法」が支配することが、合意した約束を守らないという否定的な部分だけが浮き彫りになる印象だが、国民情緒法支配の裏を返すと、韓国国民がそれだけ政治に向けて強い態度を取る証しでもある。日本人の政治への牽制が弱いこととは逆の現れとも言えよう。もちろん韓国の政権が反日感情を政権維持に利用することは望ましくないし、国民の意識水準が高くなった今の時代に照らすと幼稚な策略でもある。反日感情の広がりは日韓関係を悪くし、知識・資本・技術などのストックの多い日本とダイナミックな韓国との協働の機会を失わせ、少なくとも経済面から言えば両国の国益にはつながらない。

2）日韓関係の変化への模索

　日韓間には韓国が提起した慰安婦・徴用工の強制動員問題や、日本の歴史教科書の記述問題（慰安婦・徴用工の強制動員表現の削除など）、日本の竹島（韓国名、独島）の日の制定などの領土問題も抱えている。これらの問題は、すぐに解決されない事案であるため、両国がこれらを前面に出して争う限り、日韓関係の円滑な改善を期待することは難しい。安倍・菅政権と文在寅政権ではまさにこれらの問題が前面に立ちはだかり、日韓関係改善を見出すことはできなかった。岸田政権と尹錫悦政権もこれらの問題から自由でないため、どう突破するかが問われている。

　岸田政権が安倍政権の路線を継承するとしても、岸田は安倍政権とは違うというイメージを与えようという方向で差別化を図ってきた。政権発足時には閣僚級人事に安倍派を相当数登用したが、それに加え、アジア重視の福田系の人物を登用したり、安倍氏とは路線を異にする林芳正を外務大臣に起用したりした。慰安婦や徴用工問題については、韓国側の出方を見極めて応じるという受け身的なスタンスを取っていることもあり、岸田政権の対韓政策はまだ全体像が可視化されていない状況である。

　岸田政権の発足前、日本の自民党内の派閥についての韓国の主な関心は、安倍晋三の率いる保守安倍派（旧、細田派）であったと言える。岸田派は今まで中国への関心は比較的高かったが、朝鮮半島に大きな関心があったとは言い難い。今後自民党内の派閥の主導権争いがどう変わるかは日韓関係の展開を占う要素ではあるが、現在は米中対立やロシアのウクライナ侵攻の出来事が日韓関係の行方にも直結している（次節を参照されたい）。そんな中、自民党の伝統的な保守勢力が、日韓関係を主導するには次第にその限界が露呈するかもしれない。それを踏まえると、北朝鮮と対峙している状況下で、岸田政権が日韓問題を悪化させたくないのは本音であろう。

　2022 年 5 月韓国での政権交替とともに、日韓関係がどのような展開になるかを巡って、今後硬直した関係を打開するという「変化への模索」を探っている。しかし、日本の国内だけの状況だと、国会議員の最大派閥の安倍派の日韓関係改善への協力がそれほど積極的ではない上、日本はボトムアップのやり方をもってものごとに当たる傾向が強いため、すぐに動き出すとは思われない。

ボトムアップ型の意思決定メカニズムは、トップダウン型の意思決定よりも遅くなるのが通常であるからだ。岸田自らが自分は「聞き上手」であることを強調している点からすると、彼もボトムアップのやり方を好むことが推察できる。そのため、おそらく日韓だけだと関係改善への打開に向けたスピードは、それほど速くはならないだろう。

　岸田首相は、韓国との外交において決して原理原則を曲げず、日本の最終的国益のために「妥協点を見出していく」という観点を取ろうとする。外務大臣の経歴の長い岸田は、朝鮮半島の有事の際、韓国内の日本人を救出しなければならないということを何よりも重視する。また、日本が北朝鮮と向き合っているという現実の下では、韓国の協力なしに日本単独で行動することはできないという認識を持つ。以上の岸田首相の韓国を見る目からすると、日韓関係がこれ以上こじれることは望んでいないことが窺えよう。

　日韓関係において、岸田内閣は当分現状維持するものと見えるが、2022年5月韓国での大統領交替や、ロシアによるウクライナ侵攻など国際情勢の変化に乗って、改善への契機をつかむかも知れない。つまり、安倍政権の時よりは両国関係が悪化することはないと思われる。今後コロナ禍が終息し、日韓間の民間人の往来が活発になって、両国間の交流が滞りなく進むことになれば、両国関係も好転する余地があろう。

5．国際情勢と日韓関係

1）米中・米ロ対立と日韓関係

　もはや日韓関係は二国間だけの問題で済む時代ではなくなりつつある。日本では2020年の新型コロナ・パンデミック以降、日韓関係への関心も薄れていた。その関心低下は岸田政権にも続いたが、日韓関係の焦点が過去の両国関係だけでなく、米中対立やロシアのウクライナ侵攻とも関連し、以前とは違う様相で展開されている。岸田政権がどのように日韓関係を築いていくかはまだ未知数であるが、最近の国際情勢の変化が日韓関係にも影響を及ぼすのは確かである。

　米国主導の安保に組み込まれ、中国・ロシア・北朝鮮からの脅威に対応しようとするのが日本の立場と言えよう。一方、日本よりも中国への経済依存度が

高く南北統一問題を抱えている韓国としては、中国に対し強気の姿勢を取ることは難しい事情がある。実際に文在寅政権当時は、中国の要請に順応するといった外交的行動を見せたりした。このように、中国や北朝鮮を見る日韓の見方が相違なこともあり、日米韓協力の体制にも不協和音が起き、それが日韓関係の葛藤要因としても働いたりしていた。それに加え、2022年2月ロシアのウクライナ侵攻によって、日韓関係をめぐる方程式も複雑さを増している。

　文在寅政権が描いていた朝鮮（韓）半島平和プロセスや日韓関係の構図が、国際情勢の変化の中、韓国の意図とは違う方向に進んでいたと言える。日韓の2カ国だけが抱える関係性ではなく、米中・米ロ対立とウクライナ情勢、北朝鮮といった要因を一緒に考えなければならない時代となったからだ。国際情勢の力学関係の中での日韓関係となりつつ、両国関係にとどまらず、米国、中国、ロシアのような強大国との外交の枠組みの中で捉えられる問題に変化している。朝鮮半島の平和維持と日韓関係は、そのような変化を見据えた上で進められるべき事案になったという認識が求められる。今後米中と米ロ対立が進むと、体制・安保・経済・貿易が絡み合った複雑競争の時代に入り、その中での日韓関係の枠組みという長い道程に入っていく。

　朝鮮半島の情勢は日本の安保と直結する問題であるだけに、日本にとって半島の情勢は神経を尖らせながらもかかわろうとする事案である。朝鮮半島を巡る力学関係において韓国の役割が大きくなれば、日本の韓国への関心は高まらざるを得ない。それは朝鮮半島を巡る国際関係の中で、日本がどのように国益を追求するかの問題でもある。逆に言うと、韓国としても日本の朝鮮半島への介入の動きを見過ごすわけにはいかない。その際、岸田首相の出方も注目のポイントとなる。例えば、岸田は広島出身として平和構築を重視する立場を取っており、そのスタンスを日韓関係の改善にどう活かすかが問われる。

　韓国は北朝鮮と対峙しながらも統一問題が横たわっているが、日本は中国の脅威とロシアの行動を警戒している。日本は、2010年中国と尖閣諸島をめぐる対立を機に、安保法制の改正を通じて戦争ができる国に進もうとした。それに加え、2022年2月ロシアのウクライナ侵攻後、日米の安保への関心は一段と強まり、岸田は軍事費の倍増（GDP比のおよそ1%から2%へ）も決めていた。同年5月末にバイデン米大統領が来日したときには、さらに強固な日米同盟

の構築に乗り出し、経済・政治・軍事面における両国の連帯をアピールした。

　以上の国際情勢の変化を念頭に入れると、今後は日米韓連携の中での日韓関係に位置付けられるかもしれない。尹錫悦政権も韓国の外交の中心軸を米韓協力と日米韓協調路線に舵を切ったような様子である。

２）重視されるインド太平洋地域

　文在寅政権の中国に対する認識は、日米連携による「中国牽制論」とは異なる立場だった。バイデン政権の登場後、米国は同盟復元、多国間協力関係に進めた。ロシアのウクライナ侵攻前の日本は、「EU+日本」さらにはオーストラリア（A）、英国（UK）、米国（US）が軍事連携を行う AUKUS 発足により、中国を牽制する勢力を拡大していた。ロシアのウクライナ侵攻後は、ウクライナを支援するヨーロッパ国々の存在感も大きくなり、日韓関係の悪化のままでいられない局面に入りつつある。

　中国への牽制をねらって、日本は他国と連結し中国が印度太平洋に出ないようにする封じ込め外交を進めてきた。安倍晋三政権のときには、「自由で開かれたインド太平洋」（FOIP: Free and Open Indo-Pacific）構想が打ち出された。FOIP 構想は米中関係に日本の存在感を確保しようとする努力と見ることができる。**図8-1** は FOIP 構想が具体化された日米豪印の四カ国による QUAD 結成とその後の「インド太平洋経済枠組み」（IPEF: Indo-Pacific Economic Framework）を示している。

　QUAD とは、日米豪印４カ国の安全保障対話（Quadrilateral Security Dialogue）を言うが、尹錫悦政権も QUAD への参加に前向きである。「インド太平洋」構想は日本が先に提示したものだが、米中対立が進む中、アメリカもそれに前向きに関与した形である。2022 年５月に日韓を訪問したバイデン米大統領は、IPEF という経済圏構想を提唱した。米中対立やロシアのウクライナ侵攻に伴い、QUAD や IPEF がどのような役割を果たすか注視されている。

　尹政権になってからは、日米韓協力や多元主義的アプローチを取っている。上述の IPEF には、日米韓だけでなく豪州、インド、シンガポール、インドネシアなど 13 カ国が参加することになった。IPEF は、「デジタル経済の促進を含む公正貿易の推進、半導体や重要鉱物などのサプライチェイン（供給網）の

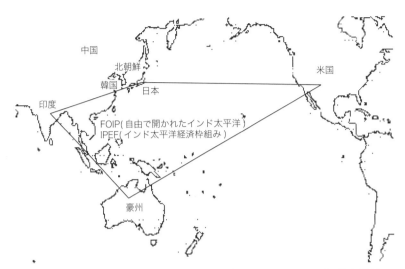

注：FOIP とは「自由で開かれたインド太平洋」（Free and Open Indo-Pacific）構想、
QUAD とは「日米豪印 4 カ国の安全保障対話」（Quadrilateral Security Dialogue）、
そして IPEF とは「インド太平洋経済枠組み」（Indo-Pacific Economic Framework）を言う。
出所：筆者作成。

図 8-1　重視されるインド太平洋地域：FOIP、QUAD 及び IPEF

構築、脱炭素に向けた環境インフラの整備、そして税逃れや反腐敗対策によ
る公平な競争の創出」という 4 本柱が主な内容となる。すなわち、QUAD や
IPEF 構想は、中国とロシアを牽制する「多国間連携構築」の模索と言える。

　日本は、QUAD（日本、米国、豪州、インド）協議体、環太平洋経済連携協
定（CPTPP）の展開も見極めながら、中国脅威にどのように対応するかとともに、
日韓関係も調整していくと見られる。岸田内閣が掲げた経済安全保障は、外部
からの攻撃に対して守備し、経済手段を用いて圧力をかけるというやり方であ
る。軍事的安全保障において中国を警戒しながらも、経済面では中国を意識す
る戦略と解釈できよう。米中対立が続く中、中国への経済依存度が高い日韓と
しては、相互の共通利益を模索する努力が求められる。

　安保の観点から朝鮮半島に緊張が高まらないことを望む日本としては、北朝
鮮の非核化を先に進め、北朝鮮への経済制裁を緩和する戦略をとろうとする。
北朝鮮の出方に敏感に反応する日本であることを勘案すると、日米韓協力に向

け合意点を見出すところからのアプローチは、日韓関係改善の重要性を気付かせることになろう。日本にとって北朝鮮の非核化は安保上の最重要事案であり、中国の海洋脅威及び北朝鮮のミサイル発射に対する警戒感は、日本が韓国よりもはるかに高いからである。

　米中対立やロシアのウクライナ侵攻といった国際情勢の変化は、今のような日韓関係の悪化は望ましくないことを思い起こしてくれるかもしれない。バイデン米大統領が 2022 年 5 月末に日韓を訪問した際も、インド太平洋重視を掲げながら日韓関係の改善を促した。日韓関係の改善に意欲を示す尹錫悦政権と朝鮮半島の戦略的肝要さを認識する岸田政権が、両国関係を良い方向へ向かわせる努力に期待する次第である。

6．日韓関係の展望と取り組み

1）日韓関係の展望

　岸田政権は 1965 年日韓基本条約を取り上げ、韓国と再び協議するインセンティブをあまり見出していないと考えられる。韓国にはこの基本条約の枠組みについて、「自分が劣位にあった非対称的位置関係から生まれた条約」という認識も根強い。日韓間の対称的位置関係に変わった現状では、当時の非対称的解決策と思われるその基本条約の一部に、韓国として受け入れるには無理があると見ているかもしれない。それが日韓葛藤を引き起こしたりするが、第 4 章に述べているように、日韓関係は今後も両国が上手く管理（マネージメント）していかなければならない課題である。

　ここで岸田政権の日韓関係の基本的枠組みを予想してみよう。1965 年の日韓基本条約とともに結ばれた日韓請求権協定は、池田勇人政権当時、大平正芳外務大臣と金鍾泌中央情報部長とのメモ合意事項が基礎となって成立したものである。当時の首相だった池田は、現岸田総理の属する宏池会を創設した人物である。そのような背景からすると、岸田総理が日韓関係を定立するに当たって、1965 年の日韓基本条約の枠組みから外れるやり方は好まないだろうことが推測できよう。

　そのように推測できるものの、今後日韓関係をめぐって摩擦が生じる恐れも

ある。日韓基本条約が両国間の国交正常化をもたらすきっかけになったとして
も、日本の韓国に対する援助が主な内容となり、その援助の性格に関する両国
の認識は異なるからである。認識の差による相互摩擦や対立が予想される状況
を打開するには、摩擦や対立事項に引きずられたり非難合戦を展開するのでは
なく、どのような方法であれ、互いに納得できる議題を探す取り組みがより重
要となる。木宮正史は『日韓関係史』にて、「見るべきは日韓外交の共通利益」
（218 〜 220 頁）という。

　日韓関係を占う際、両国の国民感情も介在する。とくに、日本の中年以上の
男性の中には、昨今の日韓関係に対し、心情的に良くない感情を抱く人々も少
なくない。その男性層は、長い間経済活動に携わって来た人々で、高度経済成
長を成し遂げたという自負もある。彼らは日本が韓国よりも「上にある」ある
いは韓国を「低く見る」という観念を、女性や他の階層に比べ比較的多く持っ
ているかもしれない。日本の政治家達の中にも韓国への固定観念を抱く中年男
性が多く、韓国の地位が過小評価されている。韓国が対称的な見地から日本に
求めている今時の主張が、彼らには情緒的・感情的に受け入れ難い一面もある
ようだ。

　日韓国民間の感情的な受け止めはさておき、国家間の安保戦略の差、過去の
出来事に対する認識が両国関係の葛藤原因として働いている。第１章に示して
いるように、少なくとも経済パフォーマンスの客観的なデータに基づくと、日
本の相対的な位置付けの低下と韓国の所得水準の増加は明らかである。それと
相俟って、慰安婦・徴用工問題を始めとする歴史問題の懸案が差し掛かり、日
韓関係において解決すべき問題が複数に浮上する状況下にある。にもかかわら
ず、日韓関係を「過去のフレーム」または「旧態依然の認識」と見ている傾向
が少なくないが、そのようなフレームや認識では解決策が描けない時期になっ
たと言えよう。

　日韓間に横たわる葛藤の克服に臨む韓国側の不手際も目立っていた。日本に
対等になるくらいの所得水準にまで発展したにもかかわらず、依然として従来
のやり方で駄々をこねるような意識が残っているからだ。とりわけ韓国は日本
からの被害意識が強いだけに、日本が軍事武装をし戦争が出来る国として再び
進むのではないかという警戒心が根強い。日韓関係の改善のためには、非対称

的な日韓関係に基づいた古い認識に囚われる固定観念を打破する、という発想の転換が求められる。

　第6章に示しているように、日本の若者や女性層の中には、K-POPや韓流ドラマなどへの肯定的なイメージを持つ人々も幾多存在する。そのような変化傾向を考えると、今後は、政治的意思決定に強い影響を及ぼして来た中年男性世代の日韓関係への固定観念の縛りも弱まっていくと予想される。

2）日本の日韓関係への取り組みと韓国の出方

　近ごろの日本の対韓戦略を見ると、日本が先に行動に移さず、「韓国がどのような解決策を提示して来るかを見極めて対応する」という傍観主義のやり方に終始する感じである。日本の日韓関係への主流の立場が、「放置すればいい」という「放置戦略」となっているため、日本に能動的かつ積極的な措置を望むことにも無理があるのが現状である。

　第2章に詳しく取り扱っているように、韓国では2022年3月、事実上李在明候補と尹錫悦候補との一騎打ちの第20代大統領選挙が行われ、尹候補が当選された。選挙結果は尹候補が48.56％を得票し当選したものの、李候補（47.83％）と、その差がわずか0.73％ポイントで超接戦だった。選挙戦のとき、日本は李在明候補を敬遠する態度であった。その理由は、李在明候補は保守日本に戦いを挑むような姿に映ったからである。強硬な姿勢で事を処する印象を与えた李在明候補は、日本には「気難しい相手」として日韓関係を硬直させるのではないかと警戒していたと言える。

　逆に言うと、日本は尹錫悦候補の勝利を望んでいたと言えるし、その尹候補が当選を果たし、2022年5月10日大統領に就任した。尹大統領の日韓関係を見る視点は、1998年10月の金大中 - 小渕日韓共同宣言（「日韓共同宣言―21世紀に向けた新たなパートナーシップ」）を受け入れるというスタンスである。尹錫悦が選挙戦の際、金大中－小渕共同宣言をもとに日韓関係を展開するという意向を掲げていたとはいえ、金大中元大統領は民主党政権と接点がある。尹候補は民主党ではなく「国民の力」候補であったため、政策の一貫性に対する批判が提起される可能性もあった。今後、金－小渕共同宣言に基づいた日韓関係展開の具体的な事案がどのように展開していくのかに注目されるだろう

（金大中－小渕共同宣言については、第 5 章を参照されたい）。

　尹大統領が「金・小渕共同宣言」に基づき日韓関係改善を図ろうとしても、すぐにその改善を期待することは難しいだろう。韓国が 1965 年の日韓基本条約の変更を提起することに対し、岸田政権はそれに不満を抱きながら、しばらくは放置戦略を取ることが予想されるからである。韓国としては日本に対し、65 年の基本条約をなぜ変える必要があるのか、また変えることがなぜ重要なのかを説得しなければならない課題が残っている。日本経済の国際的な立ち位置が下がり韓国は上がって来た中、日本が果たして韓国を放置していけるのかというメッセージを、韓国側から投げかけ交流を深めるやり方も考えられる。

　日本が日韓関係改善に受け身的な出方を取っているとはいえ、韓国独自の取り組みも重要であろう。例えば、慰安婦問題において第 5 章にも提示しているように、日本が出した 10 億円の予算がどのような状況にあるのかを点検し、日本にその使い途を提示するなど、韓国としては国内的に解決していく努力を惜しまない方が良かろう。別の取り組みとしては、新型コロナウイルス感染症の防疫の徹底とともに、日本の大衆文化との交流を含め、人的交流を活発に進めることも日韓関係改善への有効な方策となろう（日韓の文化交流の重要性については、第 6 章を参照されたい）。個人や企業の自由なネットワークを育てていくことは、両国民の生活の質を高めてくれる。

7．相互活用戦略とバランス感覚

1）相互活用戦略と JK 網

　第 7 章ではストックとフローの良い属性を活かすことの有用性について述べた。その際、ストック社会の日本は、韓国のフローの良い属性（例えば、融通性、流動性）を活用する戦略が望ましく、フロー社会の韓国は、日本のストックの良い属性（例えば、安定性、持続性）を活かす戦略が望ましいことを強調した。それは、ストック感性とフロー感性を兼備する智恵であり、日韓相互の「戦略的協調関係」の模索でもある。

　戦略的協調関係の構築は、日韓が互いに良いところを活用する「相互活用戦略」でもある。日本には、一所懸命の「狭く深く」の専門知識を持つ人も多いが、

分野や部門間の「タテ割り」の仕切りが高いため、十分に稼働していない多様な分野の専門知識が散在する。そのタテ割りの「横つなぎ」効果を発揮するには、ダイナミック性の強い韓国を活用する方法が考えられる。横つなぎの役割を担う韓国としても、日本の蓄積技術や知識を活かすことによる便益が得られよう。日本は韓国を、韓国は日本を、相互に活用するやり方はその長点が大きい。

　具体的な方策のイメージとしては、「JK網」の構築が考えられる。「経緯」という言葉がある。「経」はタテ糸を意味し、「緯」はヨコ糸を意味する。日本（J）では、「タテ糸」にぶら下がろうとする意識がはびこりやすく、ヨコ糸の結び目の力が働きにくい。韓国（K）は、ヨコ糸を広げようとする力が日本よりも旺盛であるが、あっちこっち飛び回ろうとするため、連続性に基づく代々の（タテ糸による）技術蓄積が日本よりもはるかに乏しい。故に、タテ糸とヨコ糸を編み合った「JK網」作りは、日韓双方に利益をもたらす有力な方法となろう。**図8-2**は、「JK網」のイメージを描いたものである。

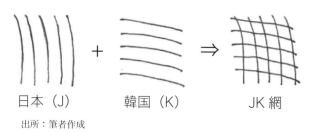

日本（J）　　韓国（K）　　JK網

出所：筆者作成

図8-2　「JK網」の構築

　例えば、日韓企業が「JK網」を作り、世界市場に臨む方が、獲るものが多く経済活性化にもつながる。現にそのように協力し業績を上げている企業も存在する。日韓政府が「共通利益」をねらった「JK網」作りを用いてアメリカや中国に働きかけることも考えられよう。両国の戦略的協調によって、互いにウィン・ウィン（勝ち・勝ち）の結果をもたらす余地が大きい。「嫌韓」とか「反日」とかの感情的な対立は、互いに補完し合える機会を失わせ、ルーズ・ルーズ（負け・負け）になりかねない。感情的対立による歪みや排他は、相手だけでなく自分の心も蝕む。

２）バランス感覚と中庸

　外国人が日本や日本人を語るとき、「日本の街は綺麗で、日本人は親切で秩序や約束も良く守る」などの誉め言葉が飛び交ったりする。誉め言葉に酔いしれず、そのような見方以外に、日本を警戒や心配の目で見る視線も看過すべきではなかろう。

　日本はある決定事項が一旦偏った方向に社会全体が動き出すと、その動きを阻止する力、または元に戻す力が働きにくい恐ろしい一面をも秘めている。日本の歴史を振り返っても、偏った動きにブレーキが利かなかった前歴がある。その代表例が太平洋戦争に至る過程である。戦前の日本は、軍部の力が強く真の政党政治はほとんど作動しなかった挙国一致内閣が 1932 年から始まり、ついに太平洋戦争にまで突き進んでしまった経歴を持つ。とどのつまり、1945 年、広島と長崎に原爆が投下され無条件降伏という敗戦によって、挙国一致内閣が解消されたが、その戦争による犠牲はあまりにも大きかった。

　批判を嫌う傾向の強い日本では、丁々発止の活発な議論を行うよりも事態が丸く収まる方向へ傾きやすい性向を見せる。臭いものに蓋をし、他人に知られないように手立てをし抑えようとする。戦国時代には、喧嘩になったとき、双方に罪があるとして両方を罰する「喧嘩両成敗」の慣習もあった。「両成敗」は江戸時代に法的には廃止されたが、その考え方は残った（『広辞苑（第六版）』を参照）。過ちをさらけ出したり内紛の諍いが表沙汰になることを避けようとする日本では、是非を問うことにまで踏み込もうとしない嫌いがある。

　「両成敗」は、一種の和を重視するやり方にもなろうが、どちらが間違っていたのかに判別をつけようとしないため、是々非々が隠されてしまう弊害を孕む。健全な批判ができなくなってしまう。和合によって争い事のわだかまりが溶け、後味良く解決されると良いが、そうでないと不満の種は潜在したまま燻ることになる。

　健全な批判を嫌うことのツケは、ものごとへの核心にまで届かず、本質的な争点から遠ざけてしまう有耶無耶の終局である。事態がこじれると閉塞感に陥る。腫物があるとき、痛みを伴うが、膿を出す過程を健全な批判に譬えると、その批判を嫌うことは、膿を出させないまま腫物を放置することと同じ脈絡である。「日本人は討論に弱い」と言われるのも、他の人からの批判を避け、丸

く収めようとするやり方に起因するところが大きい。

　昨今、日本と韓国の政界やマスコミでは、非難合戦も飛び交っていた。感情や偏見が先走ってしまい、その歯止めが掛からないときも往々にして起きたりした。思いやりの協力と公正な競争は、やり甲斐と発展を生み出すが、悪感情交じりの非難合戦からは、生産的・創造的なことは生まれず後味も悪い。相手を傷つけるとともに善意な交流さえも妨げてしまう。当然のことだが、なぜ相手が自分とは違う考えを持っているのかを探ってみるやり方が、互いの理解を深める。本章第2節で述べたように、人々の考え方の形成はその国の歴史展開の深層にかかわる。歴史的背景の学習は当該社会理解に欠かせない。

　本来ならば政治家や政策当局が、非難合戦を抑制させていくべきだが、彼らだけを頼りにするにはそもそも無理がある。人気を集めないとその職を維持し難いのが政治家という職である。それだけに、国会議員のような政治家は近視眼的に人気取り政策に走りやすい。そのような属性を帯びる政治家集団に、冷静な対処を期待することが難しい時も日常茶飯事である。真の交流を深めていくには、市民レベルの意識の成熟が求められる。とはいえ、首相や大統領のようなリーダーたちの意思決定は、社会全体に多大な影響を与えるため、良いリーダーへの期待が肝心であることは言うまでもない。

　個人の見解が片方に傾いたとき、我々は「バランスが崩れた」と言う。バランス感覚を取り戻さないとドグマ（独善）に陥ってしまう。社会システムにおいても、片方だけに傾かずバランスを保つためには、より客観的な議論のできる環境造り、健全な意見や批判が自由に提示でき、それを包容する土壌の醸成が鍵となる。2024年より1万円紙幣の顔となり、注目の人になったのが渋沢栄一である。その渋沢も『論語と算盤』（ちくま新書、2010）にて、「何をするとき極端に走らず中庸に適う」というバランス感覚を何よりも重視した人物である。日韓関係にもバランス感覚が望まれる。

8．提言

　最後に、各章からの提言をまとめて提示し、本書を締め括る。第1章末尾の概要と同じくここでの提言も各執筆者に書いてもらっただけに、述べ方の違

いが出ていることをご了承願いたい。

【第 1 章】日本の高度経済成長が終わる 1973 年には、韓国よりも 10 倍近く高かった日本の所得水準が、今はほぼ同じ水準になった。しかも物価水準を考慮に入れた購買力平価では、2018 年から韓国が日本を追い越している。つまり、所得水準から見たとき、日韓が対称的または水平的になったと言える。日本経済の低迷の原因を政策面から見ると、産業政策、財政政策、金融政策の舵取りの誤りがあったが、その政策ミスへの牽制力が働かず、「成長喪失期 30 年」に陥ってしまった。日韓関係の改善は、日本の閉塞感からの脱出や日韓経済の活性化にも役立つ。

【第 2 章】何よりも、自分の方にだけ正義があり、関係悪化の責任は全て相手側にあるのだという認識を、日韓両政府および社会が改める必要がある。その上で、北朝鮮の核ミサイル開発の再本格化、米中対立の深刻度の高まり、ロシアのウクライナ侵攻に伴う世界秩序の動揺という危機状況の中で、日韓の共通利益が存在することを認識し、そうした利益は日韓が協力することによって初めて十分に実現されるという点について合意する必要がある。そうすれば、現在の日韓間の緊張をもたらしている懸案についても、知恵を出し合って妙案を案出することが可能となるはずだ。

【第 3 章】憲政史上最長となった安倍晋三政権、現職大統領の弾劾・罷免という異例の事態を継いだ文在寅政権。両政権により、長年築かれてきた日韓関係は大きく傷ついた。ただ、時を戻そうにもかなわない。私たちが、せめて次世代につなぐべきは、安倍・文両氏の失敗を反面教師として学ぶことだろう。そのための教訓は、「何をすべきか」ではなく「何をやってはならないか」を考えることではないか。つまりそれは、等身大の隣国を冷徹なまでに「知る」という作業から始めねばならないのである。

【第 4 章】戦後における日韓の実践を「植民地支配・被支配の事後処理にかかわる日韓モデル」「和解と繁栄と平和のための日韓モデル」として認識することが、重要である。「日韓モデル」は妥協の方法論ではない。支配した者と支配を受けた者が、対等な関係で、互いに批判しあえる関係をつくりあげていく過程が「日韓モデル」なのである。この過程は真に苦痛と困難に満ち溢れた

道だったのであり、今後もそうであり続けるであろう。しかし日韓両国はこの苦痛に満ちた和解と繁栄と平和の道をさらに歩み続けるしかないのである。

【第5章】「2015年合意」にもかかわらず、従軍慰安婦問題は「被害者中心主義」の立場から見て、まだ未解決の問題であり、「生存・被害者なき時代」の問題として日韓両国政府が政治的責任の問題として解決に取り組むべきである。韓国政府は合意から出発し、日本政府は合意で終結しないことを認めることが求められる。問題提起から一世代が過ぎ、問題解決の中心が「事実認定、謝罪反省、法的賠償」から「真相究明、記憶継承、歴史教育」に移っていることに鑑み、「未来に開かれた形」の解決を図ることが望まれる。

【第6章】日本と韓国はお互いの文化形成が既に成熟しており、市場を奪い合うライバルではなく、協業することによってアジアおよび全世界に向けて両国の文化を共に発することが十分可能であると確信している。日韓両国における「協業」「分業」「共創」、そして多角面での「活用」こそが、両国のコンテンツビジネスの価値が最も輝き、共に成長していく原動力となっていく。イマドキのコンテンツ市場は、「こんなにいいものを作りました」と上から下に見せるものではなく、横に広がっていくものである。横に広がるためには、異業種とのコラボレーションと国際協業体制が必要である。「一緒に作れば、お互いにファンになる」という効果、それによって「共感」を分かち合い、世界に向けてもっと拡散していく。日韓のコンテンツビジネス産業においての文化交流のあり方は、共に考える、「共に創る、共に伝え続ける」、この3つを実践することであると提言したい。

【第7章】日韓の考え方について、「ストックの日本 vs. フローの韓国」「アナログの日本 vs. デジタルの韓国」「狭く深くの日本 vs. 広く浅くの韓国」という3つの軸を提示し比較した。これらの3つの軸は、両国の地政学的な位置、歴史展開、生存のための生き方の差からも導き出すことができる。その3つの軸を踏まえると、互いに違う特徴を帯びる日本と韓国が、何を目指しどのような関係を築いたら良いかが見えてくる。目指すは、「ストック感性とフロー感性の兼備、アナログとデジタルの調和、広く深くの追求」という3つの軸の接点探しである。

【第8章】日韓の歴史的背景や歴史教育の差などから、両国の擦れ違う認識

の差が浮き彫りになる。日韓関係のこじれと絡んで、日本の政治家及び一般国民の多くに、韓国は「国民情緒法が支配する国」という印象が植え付けられているかもしれない。一方で、最も長く続いた安倍政権を通じ、韓国人には「右傾化が進む日本」という印象を強めた。米中対立やロシアのウクライナ侵攻など国際情勢の変化の中、日韓は相互利益を模索することが望まれる。そのためにも、民間交流を広げ両国間の真の姿や考え方を「知る」努力が求められる。具体的な方策のイメージは、タテ社会の色合いの強い日本（J）のタテ糸と、あっちこっち広げようとする韓国（K）のヨコ糸を編み合った「JK網」という戦略的協調関係または相互活用戦略である。

エピローグ

小山内　いづ美　（横浜市立大学理事長）

　本書のプロローグでは、駐横浜大韓民国総領事館が主催し、2021年10月22日に開かれた、「日韓の課題解決を模索するシンポジウム」にて、尹喜粲総領事が開会の挨拶をされたご縁でプロローグをお書きになられたと伺いました。私も同シンポジウムにて閉会の言葉を述べたご縁により、エピローグを書かせていただくこととなりました。

　同シンポジウムは、オンライン・ウェビナーを活用し、横浜市立大学の「地域貢献センター」が、運営を担当し、協働開催できましたことを大変嬉しく思います。本書は、同シンポジウムで取り上げた講演内容を活かしつつ、他の研究者の方々による日韓関係に係わる興味深いトピックも取り入れています。テーマが各分野に渡りバランスのとれた著作となりました。本書の企画から監修まで、韓国出身の本学横浜市立大学の鞠重鎬教授が中心にまとめられ、出版に向けたいへんご尽力されました。

　公立大学法人横浜市立大学の基本方針の1つに「知の創生・発信」があります。知をどのように創生し発信するかについては、様々な方法があります。本書は、社会に横たわる問題が何かを見極め分析し、その問題への解決策を提示することを目指し編集されています。「国際都市横浜」を掲げる本学として、横浜に根差しつつ国内だけでなく国際的な課題にも関心を寄せています。本書が日韓の両国関係に横たわる各課題の現状分析と提言を行ったことは、まさに「知の創生と発信」といえます。

　日韓両国それぞれ研究者、学者の方々を一堂に集め、本書を上梓できました。長年それぞれの分野に携わってきた専門家の方々によるもので、幅広い内容で新たな発見や学びも期待できます。日韓関係について、考える機会となりまし

213

たら幸いです。

　横浜市立大学は、全国からの学生が在籍しています。韓国や中国からの留学生が多いことも特徴です。大規模な大学ではありませんが、グローバル人材の育成が大学の特徴でもあります。

　私は、横浜市職員の頃、韓国の方々と友好都市交流をはじめ、地域課題解決に向けた取り組みの経験があります。SNS などで世界中へ発信が可能な時代となり、ローカルとグローバルの境界は、世代を超えてゆるやかになっています。今後の相互理解の進展に期待しているところです。

　尹喜粲総領事はじめ、ご執筆下さった皆様へのお礼を申し上げ、本書の出版をお祝い申し上げます。

◎著者紹介

尹 喜粲（ユン ヒチャン）駐横浜大韓民国総領事館 総領事 ——プロローグ

    1991 年 1 月　外務部 入部

    1995 年 6 月　駐バンクーバー大韓民国総領事館 副領事

    1998 年 6 月　駐メキシコ大韓民国総領事館 三等書記官

    2003 年 12 月　駐国際連合大韓民国代表部 二等書記官

    2006 年 6 月　駐イラク大韓民国大使館 一等書記官

    2007 年 12 月　駐仙台大韓民国総領事館 領事

    2012 年 9 月　日本 九州大 研究員

    2014 年 9 月　駐福岡大韓民国総領事館 領事

    2017 年 11 月　在外同胞領事室 旅券課長（審議官）

    2019 年 10 月　駐横浜大韓民国総領事館 総領事（〜現在）

鞠 重鎬（クックジュンホ）横浜市立大学国際商学部教授
　　　　　　　　　　　　　　　　　　——編者、第 1 章、第 7 章、第 8 章

    韓国・忠清南道瑞山生まれ。1992 年 4 月文部省国費留学生として、一橋大学経済学研究科留学。高麗大学と一橋大学の両大学にて博士号（経済学）取得。一橋大学経済学助手、韓国租税財政研究院研究委員を経て、1999 年 4 月横浜市立大学准教授として赴任。現在、横浜市立大学国際商学部教授。この間、カリフォルニア大学バークレ校（UC Berkeley）訪問教授、ソウル大学客員研究員も務めた。慶應義塾大学特別招聘教授、東アジア経済経営学会会長も兼務中。

    専門は、財政学、経済政策、日韓経済。主著として、『韓国地方税論』『ひさごの中の日本』『フローの韓国、ストックの日本』（以上、韓国語版）、『韓国の地方税—日本との比較の視点—』『韓国の財政と地方財政』。共著に『現代韓国を知るための 60 章』『国家主義を超える日韓の共生と交流』『韓国経済システムの研究—高パフォーマンスの光と影—』『韓国経済の現代的課題』など多数。2016 年 8 月から 2022 年 4 月まで毎月、韓国経済新聞「世界の窓」（세계의 창）にコラム執筆。

木宮 正史（きみや ただし）東京大学大学院総合文化研究科教授 ——第 2 章

    東京大学法学部卒、同大学院法学政治学研究科博士課程単位取得退学。韓国高麗大学大学院政治外交学科博士課程修了（政治学博士）。法政大学法学部助教授、東京大学大学院総合文化研究科准教授を経て、現在同大学院教授。その間、ハーバード大学イエンチン研究所訪問研究員、東京大学現代韓国研究センター、韓国学研究センターのセンター長を歴任。

    主著（いずれも単著）として、『日韓関係史』（岩波書店、2021 年（2022 年大平正芳賞特別賞受賞））、『ナショナリズムから見た韓国・北朝鮮近現代史』（講談社、2018 年）、『国際政治のなかの韓国現代史』（山川出版社、2012 年）、『韓国　民主化と経済発展のダイナミズム』（筑摩書房、2002 年）、『박정희정부의 선택 1960 년대 수출지향형 공업화와 냉전체제（朴正熙政府の選択：1960 年代輸出指向型工業化と冷戦体制）』（후마니타스（フマニタス）、2008 年）など。

箱田 哲也（はこだ てつや）朝日新聞論説委員 ——第３章

1988 年　朝日新聞入社

1994 年　韓国・延世大学語学堂研修

1999 〜 2003 年　ソウル特派員

2008 〜 13 年　ソウル支局長

2013 年〜　日韓フォーラム参加

2014 〜 18 年　関西学院非常勤講師

2013 年 4 月〜　朝日新聞東京本社論説委員

小倉 紀蔵（おぐら きぞう）京都大学大学院人間・環境学研究科教授 ——第４章

1983 年　東京大学ドイツ文学科卒業。

1995 年　ソウル大学哲学科東洋哲学専攻博士課程単位取得退学。

1996 年　東海大学外国語教育センターに赴任。

2006 年　京都大学大学院人間・環境学研究科に赴任。

　現在、同研究科教授。日本外務省「日韓友情年 2005」委員、日本外務省「日韓交流おまつり」委員、日本政府「日韓文化交流会議」委員、現代韓国朝鮮学会会長、比較文明学会副会長などを歴任。主著として、『韓国は一個の哲学である』『歴史認識を乗り越える』（以上、講談社）、『心で知る、韓国』（岩波書店）、『北朝鮮とは何か』（藤原書店）、『朝鮮思想全史』（筑摩書房）など。

南 基正（ナム キジョン）ソウル大学日本研究所教授 ——第５章

　韓国のソウル市生まれ。ソウル大学にて国際政治学を学び、2000 年には東京大学で「朝鮮戦争と日本—‘基地国家’における戦争と平和」の研究で博士号を取得。2001 年から 2005 年まで東北大学法学研究科の助教授・教授、2005 年から 2009 年まで韓国・国民大学国際学部の副教授などを経て、現在ソウル大学日本研究所教授。

　戦後日本の政治外交、戦後日韓関係などを専門とし、最近は日本の平和主義や平和運動にも関心を持って研究している。主著として、『基地国家の誕生—日本が戦った朝鮮戦争—（韓国文）』『戦後日本と生活平和主義（編著・韓国文）』『歴史としての日韓国交正常化 II：脱植民地化編（共著）」「日韓関係をいかにすべきか—日韓関係再構築の必要性、方法論、可能性—（韓国文）」「日本の反原発運動—起源としてのベトナム反戦運動と生活平和主義の展開—（韓国文）」「戦後日韓関係の展開—冷戦、ナショナリズム、リーダーシップの相互作用—」「日韓 1965 年体制終息への道（韓国文）」、"Linking peace with reconciliation: Peace on the Korean Peninsula and the Seoul-Pyongyang-Tokyo triangle"、"Is the postwar state melting down?: an East Asian perspective on post - Fukushima Japan" など。

黄 仙惠（ファン ソンヘ）城西国際大学大学院 兼任講師 ——第６章

　1997 年、韓国放送公社（KBS）で情報・ドキュメンタリー番組の制作を担当、2002 年に来日。一橋大学大学院社会学研究科修士（社会学）、慶應義塾大学大学院メディアデザイン研究科博士（メディアデザイン学）取得。ソニーネットワークコミュニケーションズ株式会社にて 8 年間 CS チャンネルの編成、番組制作、コンテンツビジネスを担当。2014 年 SR ＆ Produce 株式会社を立ち上げ、

番組制作・流通、コンサルティング、執筆、講演を行う。2016 年より慶應義塾大学大学院メディアデザイン研究所リサーチャーを務める。2018 年より韓国コンテンツ振興院（KOCCA）日本ビジネスセンターセンター長に就任、韓国コンテンツの日本進出と日韓のコンテンツビジネスの支援活動を行う。2021 年より経営情報イノベーション専門職大学 (iU) 客員教授、李熙健韓日交流財団韓国研究次世代フェローなど、人材育成や日韓協業、実践研究プロジェクトに携わる。2022 年より城西国際大学及び大学院で兼任講師を担当。ビジネスモデルデザインと表象文化研究、メディアプロジェクト（韓流エンタテインメント実践）を担当する。

小山内 いづ美（おさない いづみ）公立大学法人横浜市立大学理事長

――エピローグ

昭和 59 年 4 月　横浜市採用
平成 15 年 4 月　磯子区福祉保健センターサービス課長
平成 17 年 4 月　保土ケ谷区総務部総務課長
平成 19 年 4 月　都市経営局経営企画調整部調査・広域行政課長
平成 21 年 4 月　都市整備局総務部総務課長
平成 22 年 4 月　都市経営局東京事務所長
平成 26 年 4 月　東京プロモーション本部長
平成 28 年 4 月　栄区長
平成 31 年 4 月　公益財団法人横浜市男女共同参画推進協会理事長
現在、公立大学法人横浜市立大学理事長

日韓関係のあるべき姿
－垂直関係から水平関係へ－

2022 年 10 月 4 日　初版第 1 刷発行

編著者	鞠　　重　　鎬
発行者	大　江　道　雅
発行所	株式会社 明石書店

〒101 0021 東京都千代田区外神田 6 9 5
電　話　03 (5818) 1171
ＦＡＸ　03 (5818) 1174
振　替　00100 7 24505
https://www.akashi.co.jp/

装幀／組版	明石書店デザイン室
印刷／製本	モリモト印刷株式会社

（定価はカバーに表示してあります）

ISBN978-4-7503-5452-1

近代日本の朝鮮侵略と大アジア主義

右翼浪人の行動と思想

姜昌一 著

■Ａ５判／上製／436頁 ◎5000円

政治的に大きな影響を及ぼしたにもかかわらず、無視されつづけてきた近代日本右翼浪人たちの朝鮮侵略・アジア侵略を先導した「大アジア主義」の思想と行動を解明する。韓国民主化運動に参与した著者が徹底した史料に基づく実証から掘り起こした彼らの実像とは。

未完の革命

韓国民主主義の100年

金惠京 著

■四六判／並製／256頁 ◎2200円

植民地からの独立、朝鮮戦争による荒廃、急激な経済発展、民主的な社会の建設。エネルギーに満ちた韓国現代史を、朴正熙・金大中・朴槿恵・文在寅という1960年代から現在までの保守と革新を代表する4人の大統領を縦軸に、韓国民衆意識と動向を横軸に描く。

〈価格は本体価格です〉

韓国のミドルクラスと朝鮮戦争

転換期としての1990年代と「階級」の変化

崔銀姫 著

■四六判／上製／280頁 ◎4000円

民主化抗争やソウルオリンピック、朝鮮戦争関連番組を通して1990年代の韓国社会を抉り出しながら、ダイナミックなミドルクラスの境界侵犯の実態を「転換期」として分析的に捉え直した文化社会学的アプローチによる朝鮮戦争研究の意欲作。

「反日」と「反共」

崔銀姫著

戦後韓国におけるナショナリズム言説とその変容

◎4500円

朝鮮戦争論

世界歴史叢書

ブルース・カミングス著 栗原泉、山岡由美訳

忘れられたジェノサイド

◎3800円

朝鮮戦争の起源1・2[上・下]

世界歴史叢書

ブルース・カミングス著 鄭敬謨、林哲、山岡由美訳

◎各7000円

現代朝鮮の興亡

A・V・トルクノフ、V・I・デニソフ、V・F・リ著 下斗米伸夫監訳

ロシアから見た朝鮮半島現代史

◎5000円

つくられる「嫌韓」世論

村山俊夫著

憎悪を生み出す言論を読み解く

◎2000円

思想・文化空間としての日韓関係

佐野正人編著

東アジアの中で考える

◎2500円

残余の声を聴く

早尾貴紀、呉世宗、趙慶喜著

沖縄・韓国・パレスチナ

◎2600円

朝鮮近代における大倧教の創設

佐々充昭著

檀君教の再興と羅喆の生涯

◎6800円

〈価格は本体価格です〉

和解学叢書

Series for Developing Reconciliation Studies

A5判／上製

[和解学叢書1＝原理・方法]　【浅野豊美／編】
和解学の試み
記憶・感情・価値 ──────────────── ◎4500円

[和解学叢書2＝思想・理論]　【梅森直之／編】
アポリアとしての和解と正義
歴史・理論・構想 （近刊）

[和解学叢書3＝政治・外交]　【波多野澄雄／編】
国家間和解の揺らぎと深化
講和体制から深い和解へ ──────────── ◎4000円

[和解学叢書4＝市民運動]　【外村大／編】
和解をめぐる
市民運動の取り組み
その意義と課題 ──────────────── ◎4500円

[和解学叢書5＝歴史家ネットワーク]　【劉傑／編】
和解のための新たな歴史学
方法と構想 ────────────────── ◎4500円

[和解学叢書6＝文化・記憶]　【浅野豊美・土屋礼子／編】
記憶の共有と和解文化
ナショナルな記憶を越えて （近刊）

近刊のタイトルは変更になる場合があります

国家主義を超える日韓の共生と交流

日本で研究する韓国人研究者の視点

韓国人研究者フォーラム編集委員会 [編]
（李旼珍・鞠重鎬・李正連）

◎A5判／並製／216頁　◎2,800円

日本で研究する韓国人研究者が、日韓の国家・政府の緊張や対立を超えて、日韓の間で深まる経済・文化・市民社会の共存と交流を分析し、今後の日韓関係のあるべき姿を提案する意欲的論集。

〈価格は本体価格です〉